지젝,
비판적
독해

이언 파커
토드 맥고원
브루노 보스틸스
조슈아 러메이
에이드리언 존스턴
베리나 앤더맷 콘리
에릭 포크트
자밀 카더
슬라보예 지젝
배성민 옮김

지젝, 비판적 독해

SLAVOJ ŽIŽEK

JAMIL KHADER

IAN PARKER

ERIK VOGT

VERENA ANDERMATT CONLEY

TODD MCGOWAN

ADRIAN JOHNSTON

BRUNO BOSTEELS

JOSHUA RAMEY

글항아리

여전히 혹은 아직도 지젝, 이데올로기 비판과 존재의 무

_자밀 카더

우리 시대 철학자 가운데 분명 가장 다작인 데다 폭넓은 독자층을 확보한 슬라보예 지젝은 인문학과 자연과학의 수많은 분과학문을 다루면서 의미심장한 주장을 내놓고 있다. 라캉주의 정신분석을 개념의 전용 받침대로 삼아 헤겔로 대표되는 독일 관념론을 마르크스주의와 (최근에는) 기독교로 재장전하고, 여러 언어를 구사하면서 어지러울 만큼 많은 주제에 대해 글을 쓰고 있다. 세계 자본주의와 정신분석, 오페라, 전체주의, 인지과학, 인종주의, 인권, 종교, 뉴미디어, 대중문화, 영화, 사랑, 윤리학, 환경주의, 뉴에이지 철학, 그리고 정치까지 다 다루고 있다. 그가 구축한, 간학문적으로 병치된 모든 작품은 이종적 영역과 분과학문들을 놀랍게 교차시키면서 예상치 못한 역전과 급변을 때마다 독자에게 선사한다. 이로써 지식 본질에 대한 이데올로기적 메타 비판으로 이종적 분과학문들을 끌고 와서 시차적 관점으로 여기에 개입한다. 시차적 관점은 "중립적 공통 근거가 가능하지 않지만, 서로 긴밀하게 얽혀 있는 두 관점을 대립"시킨다.(지젝 2006: 4) 지젝이 보기에, 이종적 분과학문들을 충돌시킬 때 맞수들은 종합되는 것이 아니라 틈새를 드러내는 것이 가능해진다. 이 영역들 사이와 내부에 있는 틈을 부정변증법이라는 헤겔적 방법으로 밝혀내는 것이다. 내재하는 적대에 새롭게 대응하는 데 이 방법으로 판을 새로 짤 수 있기 때문이다.

지젝이란 인물은 어떤 사람인가? 그의 모든 저작은 대체 무엇을 겨냥하는가? 저작의 흐름을 결정하는 더 큰 이론적 궤적은 무엇일까? 철학자이자 공적 지식인으로서 누리고 있는 대중적 인기는 어떻게 해명될 수 있을까? 지젝은 1949년 3월 21일 슬로베니아 류블랴나에서 태어났다. 슬로베니아는 유고슬라비아 사회주의 연방 공화국에 속하는 최북단 국가였다. 그가 성장하던 때에 요시프 브로즈 티토 대통령이 집권하고 있었고, 1953년부터 1980년까지 대통령을 역임했다. 티토는 코민포름의 창립자였지만 소련의 주도권에 저항하면서 독자적 사회주의 노선을 걸었다. 그러면서도 통일된 유고슬라비아를 내세우며 배타주의적 국수주의 정서를 눌렀다. 티토가 내세운 "두 번째 유고슬라비아" 아래서 상대적으로 확대된 문화적 자유는 지젝의 지적 발전과 이력에 영구적으로 영향을 미친 것으로 보인다.[1] 이에 지젝은 국가의 주류 문화 변방에 서서 당의 노선과 그 기관들, 다른 어떤 주류 이념들과도 거리를 두면서 비판적 태도를 취할 수 있었다. 이렇게 약간은 자유주의적인 환경에서 서구의 문화 상품에 빠져

들어 감상하는 능력을 길렀고, 특히 할리우드 영화와 영어권 탐정소설에 탐닉하면서 자기 나라의 문화와 문학작품은 멀리했다. 이 작품들이 공산주의나 국가주의 선전물이라고 생각했기 때문이다. 그렇지만 이언 파커가 이 책에 있는 자신의 논문에서 주목했듯이, 티토 정권의 특징이었던 "거짓의 시대"는 지젝의 사상에 지워지지 않는 흔적을 남겼다. 이는 풍자가 점점 공개적 반대로 발전하는 경향과 "밀접하게 연관되어 있다. 이 반대는 바로 이데올로기 비판의 정치학이었다. 이 정치학은 표면 아래에 있는 진정하고 순수한 현실의 이름으로 발언하는 것을 믿지 않을 만큼 명민했다". 최근 『텔레그래프』와 인터뷰를 하면서 지젝은 영화감독이 되겠다는 청소년기의 꿈을 버린 후 17세 때 자신이 철학자가 되고 싶어한다는 것을 깨달았다고 말했다. 이에 류블랴나대학에서 철학과 사회학으로 1971년에 학사학위를, 1975년에 철학으로 석사학위를 취득했다. 프랑스 구조주의를 주제로 400쪽에 달하는 논문을 작성했는데, 당국은 프랑스 구조주의가 이데올로기적으로 수상하다고 여긴 것 같다. 그래서 약속받았던 강사직까지 잃게 된다. 글린 데일리와 나눈 대화를 보면 지젝은 당시에 "특별한 보충 논문 작업을 해야 했다. 첫 번째 논문이 충분히 마르크스주의적이지 않다는 이유로 거부되었기 때문이다".(데일리 2004: 31)

그 후 2년간 유고슬라비아 군대에 복무했고, 독일 철학을 번역하며 아내와 아들을 부양했다. 1977년에는 "굴욕적인 일"을 맡았다. 영화 「지젝!」에서 털어놓았듯이, 슬로베니아 공산주의 연맹의 중앙위원회에서 맡은 일이었다. 이 시기에 믈라덴 돌라르, 레나타 살레츨과 함께 류블랴나 이론정신분석학회를 설립하고 『프로블레미Problemi』라는 학술지의 편집진으로 일하면서 『아날렉타Analecta』라는 연속간행물을 창간했다. 1979년에는 류블랴나대학 사회연구소에서 연구원직을 맡았다. 여기서 철학과 라캉주의 정신분석의 영역에서 자기 사상을 발전시킬 자유를 얻었고, 1981년에 독일 관념론을 다룬 논문을 써 철학으로 첫 번째 박사학위를 취득했다. 같은 해에 파리로 여행을 갔는데, 처음으로 라캉의 사위인 자크 알랭 밀러를 만났다. 밀러는 프로이트적 대의 학교에서 열린, 30명의 학생만 참여하는 특수 라캉 세미나에 지젝과 돌라르를 초대했다. 밀러는 지젝을 정신분석하면서, 파리 8대학 정신분석학과에서 지젝이 방문교수로서 특별 연구생으로 있도록 보장해주었다. 4년 후 지젝은 밀러의 지도를 받으며 두 번째 박사학위 논문을 제출했다. 이 논문은 헤겔과 마르크스, 크립키를 라캉주의로 해석하고 있다. 하지만 밀러는 자신의 출판사에서 학위 논문을 출간하는 것을 거부하면서 주류 라캉주의 학계 바깥에서 출간하라고 강요했다.

그사이 지젝은 반체제 민주주의 정치를 슬로베니아에 복귀시키는 일에 더 많이 관여하게 되었다. 급진 청년 잡지인 『믈라디나Mladina』에 기고하고, 이 잡지와 연관된 언론인들의 재판[고소]에 항의하는 뜻으로 공산당에서 공식적으로 탈당하기도 했다. 자유민주당을 공동으로 창당하고 처음으로 다당제 아래서 대통령 선거가 실시되자 1990년에 대통령 후보로 나섰으나 근소한 차이로 당선되지 못했다. 1991년에는 슬로베니아 과학대사로 활동하면서 슬로베니아 정부에 조언하는 비공식 자문위원으로도 계속 일했다. 현재 류블랴나대학의 철학과 교수이자, 런던 버크벡 인문학 연구소의 국제 담당자이며, 유럽 대학원의 방문 교직원이다. 1991년부터 미국과 영국의 여러 대학에 방문교수로 체류하고 있다. 슬로베니아에서는 『아날렉티카』 편집위원이며, 다른 두 연속간행물의 출간도 돕고 있다. 영어와 독일어로 나오고 있는, 노턴출판사의 『보 에스 바르Wo es war』와 듀크대학출판부의 *SIC*이다.

지젝은 영어로 쓴 첫 번째 책인 『이데올로기의 숭고한 대상』을 1989년에 출간하면서 서구 유럽과 북미 지식계에 등장했다. 이 책은 샹탈 무페와 아르헨티나 철학자인 에르네스토 라클라우가 편집한 연속간행물에 포함되어 있다. 인간 행위자와 이데올로기를 정신분석으로 검토할 때, 프로이트와 마르크스를 선구자처럼 해석하면서 이데올로기적 환상을 라캉주의로 분석한다. 더구나 백과사전 수준의 대중문화 지식과 전형에서 벗어난 헤겔 독해, 헤겔주의적 기독교 해석을 결합한다. 어지러울 정도의 광범위한 텍스트가 뿜어내는 효과는 전례가 없는 것이었다. 최소한 영어권 독자에게 당시 거의 알려지지 않은 저자였다는 사실은 대중의 관심을 더 부추겼다. 더구나 라클라우의 서문은 좌파 집단 안에서 세계적인 명성을 얻도록 보증했다. 실제로 전 세계적으로 많은 독자가 이 책에 공감했다. 특히 혁명적 정치의 급진적 핵심에 다시 활력을 불어넣고 철학의 중요성을 역설하는 데 관심 있는 독자들이 그랬다.

1989년에 『이데올로기의 숭고한 대상』을 출간한 후에도 50권이 넘는 저서를 내고 여러 책을 편집했으며 수많은 논문을 기고했다. 독일어와 불어, 슬로베니아어로도 책을 썼고, 그의 여러 저작은 20개의 언어로 번역되고 있다. 점점 늘어나고 있는 지젝의 전집을 네 가지 주요 범주로 나눌 수 있다. 첫째, 대중문화와 일상 사례로 라캉을 소개하는 저작이 있다. 『삐딱하게 보기』(1991)와 『당신의 징후를 즐겨라』(1992), 그리고 더 최근에 나온 『HOW TO READ 라캉』(2006)이 있다. 둘째, 철학과 정신분석을 엮어서 이데올로기적 환상과 행위자와 주체성에 대한 정치이론을 비판하는 이론적 작업들이 있다. 『그들은 자신들이 하는 일을 알지 못하나이다』(1991)와 『부정적인 것과 함께 머물기』(1993), 『향락의 전이』(1994), 『나눌 수 없는 잔여』(1996), 『자유의 심연』(1997), 『환상의 돌림병』(1997), 『까다로운 주체』(1999), 『진짜 눈물의 공포』(2001), 『믿음에 대하여』(2001), 『전체주의가 어쨌다구?』(2001), 『신체 없는 기관』(2004), 『시차적 관점』(2006), 『마지막 때에 살아가기』(2010). 셋째, 현재의 정치적이고 사회적인 사건을 논평한 평론집이 있다. 『실재의 사막에 오신 것을 환영합니다』(2002)와 『이라크』(2004), 『폭력』(2008), 『잃어버린 대의를 옹호하며』(2008), 『처음에는 비극으로 나중에는 희극으로』(2009). 넷째, 기독교에 내재된 급진적 무신론의 중핵을 기술한 저작이 있다. 『무너지기 쉬운 절대성』(2000)과 『죽은 신을 위하여』(2003), 『예수는 괴물이다』(2009). 최근에 쓴 두꺼운 저작인『헤겔 레스토랑, 라캉 카페』(2012)에서 독특한 헤겔 해석을 제시하면서 헤겔의 성취를 능가하는 헤겔주의로 돌아가자고 호소한다. 또한 헤겔의 표현을 다시 사용하면서 헤겔 안에 있는, 헤겔 이상의 것을 반복하자고 말한다. 이렇게 많은 저작과 그 은밀한 정치적 의도, 반자본주의 투쟁 옹호 때문에 지젝은 전 세계 언론의 조명을 받았다. 이에 따라 애스트라 테일러가 제작한 「지젝!」이란 다큐멘터리의 주인공으로 등장한다. 또한 애스트라가 만든 「성찰하는 삶」이란 영화에도 나오는데, 7명의 미국 대학교수가 함께 등장한다. 지젝이 해설자로 나오는 영화는 두 편 더 있다. 벤 라이트가 2004년에 감독한 「가상적인 것의 실재The Reality of the Virtual」와 소피 피네스가 2006년에 감독한 「도착자가 소개하는 영화The Pervert's Guide to Cinema」다. 지젝은 알자지라 TV와 BBC에 정기적으로 출연하고 있으며 세계적으로 강연 일정도 끊이지 않고 있다. 당연히 평론가들도 "류블랴나의 거장" "당대의 가장 위험한 철학자"라고 불렀으며, 대중매체에서 종종 "문화 이론의 엘비스 프레슬리"나 "지성계의 록스타"로 소개된다.(하르팜 2003: 504)

하지만 점점 늘어나는 저작과 국제적 명성, 카리스마를 발산하는 존재감은 경악과 우려의 원천이 되기도 한다. 이를테면 강연하면서 유머를 활용하는 경향이 있는데, 이는 학계 바깥에 있는 대중에게 호감으로 작용한다. 반면 어떤 평론가들은 바로 이것 때문에 그의 저작을 오락으로 치부해버린다. 심지어 "익살꾼"이라 부르기도 한다.[2] 지젝 자신도 테일러가 감독한 영화 「지젝!」

에 출연하여 한탄하면서, 어떤 이들에게 "지젝을 유명인으로 만드는 것은 지젝을 진지하게 다루는 것에 대한 방어기제"라고 지적한다. 더구나 아주 빨리 책을 쓰고 출판하는데, 연간 한 권씩 출간하며 어떤 주제를 기이하게 반복하는 방식으로 글을 쓰다 보니 일부 평론가는 지젝의 저작이 반복적이고 체계적이지 않으며 모순적이라고 우려한다. 하지만 이 지적은 핵심을 놓치고 있다. 이언 파커가 이 책에 기고한 논문에서 주장하듯이, 라캉을 전유하여 마르크스주의를 통해 헤겔을 재장전하고 있지만, 지젝 자신이 이런 이론적 작업은 "열려 있고, 부정적이며, 결정되어 있지 않아야 한다"고 주장한다. 더구나 『이데올로기의 숭고한 대상』에 있는 라클라우의 서문은 좋든 나쁘든 간에 평범한 독자층에서 떠도는 지젝 저작에 대한 어떤 미신들을 정의하는 데 도움을 준다. 이를테면 라클라우는 이 책 자체에 대해 다음과 같이 기술한다.

이 책은 예전부터 알고 있던 그런 책이 확실히 아니다. 즉 미리 짠 계획에 따라 논증이 전개되는 체계적 저술이 아니다. 또한 개별 논문이 완결된 작품을 이루고 있는 논문 모음집도 아니다. 작품의 '통일성'이 존재하는 가운데 나머지는 같은 문제를 주제별로 논의한 결과도 아니다. 오히려 서로 조명하는, 이론적 개입들의 계열이다. 그런데 하나의 논증이 점점 발전하는 과정이 아니라, 논의의 서로 다른 맥락들 안에서 하나의 논증을 반복하는 과정을 통해 이론적으로 개입한다.(지젝 1989: xii)

『이데올로기의 숭고한 대상』의 주요 쟁점들을 계속 소환하고 다듬는 것을 보면 그의 저작의 체계성이 명확히 드러난다. 게다가 빠르게 지나가는 정치적·사회적 사건들에 대한 개입을 올바로 이해하려면 그의 평론을 이론적 저작의 전제와 일반적 경향의 맥락 안에서 봐야 한다. 그는 책을 쓰고 다음 책을 통해 계속 수정하면서 전 세계 지식인, 평론가, 철학자들과 대화하고 논쟁하지만, 그의 철학 체계는 여전히 이론적 틀과 관심에만 초점을 맞추고 있다.

그의 저작은 비평과 주석을 담은 많은 저서의 주제가 되고 있지만, 인문학과 자연과학의 발전을 고려하여 그 가치를 평가한 저서는 아직 나오지 않고 있다.『지젝, 비판적 독해』는 이 공백을 지적하면서 지젝 사상이 다양한 분과학문에 어떤 유용함과 의미를 부여하는지 탐구하고, 서로 다른 영역에서 그의 작업이 부여한 의미와 부여하겠다고 약속한 의미를 평가해볼 것이다. 그래서『지젝, 비판적 독해』는 양자물리학과 지젝의 선험적 유물론적 주체 이론, 절대적이고 유물론적인 헤겔식 기독교, 탈식민주의적 폭력, 생태정치학, 의례 행위, 탈식민주의적 혁명 주체를 다룬 장을 마련했다. 필진은 지젝의 저작이 보여주는 넓은 궤적을 그려내면서, 이것이 시작한 혁신을 전시하고, 출발점과 연속성을 표시하여, 그의 저작을 이 분야의 더 넓은 이론적 추세와 연결할 것이다. 일부 필진은 지젝의 이론적 틀을 도구로 사용하여 지젝 자신의 개념으로 그의 저작에 개입하는가 하면, 또 다른 이들은 그의 저작에 반복해서 등장하는 주제에 대한 지젝의 입장을 평가하면서 이 분야에서 일어난 논쟁을 돌아보거나 주요 사상가들과의 대화를 시도한다(존스턴과 콘리가 이런 시도를 했다). 포크트와 카더는 지젝의 저작에서 그가 언급하지 않은 영역에 개입할 계기를 찾는다. 『지젝, 비판적 독해』는 지젝의 저작을 학계라는 사막에 울려 퍼지는 독백으로서 재현하기보다 포스트모던한 시대정신의 주도적 흐름에 그의 저작을 개입시킨다. 바로 문화 연구의 보편화된 역사주의와 인지과학의 진화지상주의, 문학 이론이 추구하는 의심의 해석학과 그의 저작이 교전하게 만드는 것이다.

이 머리말 다음에 이언 파커의 글이 이어진다. 저명한 지젝주의 비평가인 그는 세 가지 주요한 이론적 흐름을 요약하는데, 지젝도 이 안에서 저작을 생산하고 있다. 마르크스주의와 라캉주의 정신분석, 헤겔주의 변증법이 바로 그것이다. 파커는 지젝의 논쟁 방식대로 이의를 제기하고 있지만, 그를 여전히 "우리 시대의 사상가"로 간주한다. 지젝의 개입은 세계 자본주의의 위기와 이에 따른 지구적 "심리학화"라는 조건을 고려할 때 특별히 긴급하게 요구되기 때문이다. 특히 심리학화라는 개념은 파커가 얀드 보스의 최근 저서에서 빌려왔는데, 보스는 사상과 체험의 모든 측면이 자본주의적 합리성 안에 적응되고 흡수되어 재통합되도록 하는 다양한 기술을 지칭하고자 이 용어를 사용한다.(드보스 2011) 파커가 보기에, 지젝은 자기 저작 안에 있는 세 가지 이론적 조류 사이의 균열과 모순을 이용하여 "또 다른 세계"뿐만 아니라 "또 다른 주체"의 가능성을 만들어낸다. 이 기획은 반드시 미완으로 남아 있어야 한다. 그래서 파커는 지젝의 전 저작이 "불가능성의 조건"에 줄곧 주목하고 있다고 주장한다. 이 조건은 사회적 장의 중핵에 존재하는 무nothingness와 부정성의 조건인데, 전체나 통일성을 이루려는 어떤 욕망도 좌절시키는 것이 바로 무와 부정성이다. 또한 이들의 모순은 "우리가 그 안에서 결단하고 행동하는 상징적 좌표를 어떤 지점에서 폭파하여 바꿔버릴 것이다". 이런 무가 지젝의 저작 안으로 가지를 치며 전개되는 현상을 탐색하는 가운데 파커는 이데올로기 비판이 겨냥하는 다섯 개의 과녁을 논의하면서 결론을 제시한다. 자아의 통합에 대한 심리분석적 가정들, 리비도적 에너지를 억압하지 않음으로써 해방을 성취하자는 권고, 진실한 공동체를 만들자는 요청, 은폐된 진짜 의미 찾기, 내러티브의 자유로운 유희에 대한 찬양이 바로 그 과녁들이다. 파커는 이 주요 주제와 쟁점들을 간략하게 요약하고, 다른 필진들은 더 자세히 해명하면서 다종다양한 지젝의 저작에 비판적으로 개입한다.

2부에서는 토드 맥고원과 브루노 보스틸스, 조슈아 러메이가 지젝의 비판적인 변증법적 유물론을 이해하는 토대를 제시한다. 지젝의 이론적 틀을 도구로 활용하여 지젝 자신의 개념으로 그의 저작에 개입하면서, 맥고원과 보스틸스, 러메이는 라캉을 전유하여 독일 관념론과 마르크스주의, 기독교를 재활성화하는 지젝을 비판적으로 검토하고, 그의 사상이 철학과 종교·정치에 대해 가지고 있는 혁명적 잠재력과 한계들을 평가하는 출발점을 제공한다. 토드 맥고원은 독일 관념론을 기반으로 한 지젝의 변증법적 유물론으로부터 논의를 시작하는데, 지젝의 사상에서 '변증법적' 차원에 특히 집중한다. 이 차원은 헤겔의 "은폐된 정치적 중핵"에 독특한 방식으로 근거를 두며, 반유토피아적 해방 정치를 공식화하는 기초로서 기능하는 것도 이 은폐된 정치적 중핵이다. 헤겔이 말한 절대를 고려한 덕분에 맥고원은 특히 지젝이 정치 투쟁을 근본적 적대의 인식과 완전히 동일시한 것을 조명할 수 있었다. 더구나 근본적 적대는 세계적 자본주의 아래서 스스로 드러나기 때문이다. 지젝도 절대적인 것을 통해 "출구 없는 적대"를 통찰하고 있다. "어떤 투쟁도 극복할 수 없는 근본적 자기 분열을 인정하지 않고서는 화해가 가능하지 않다"는 것이 절대적인 것을 통해 분명해지기 때문이다. 그래서 맥고원은 지젝이 헤겔을 마르크스의 비판자로서 이해하는 전복적 해석을 검토한다. 지젝이 보기에, 오직 헤겔을 통과해야만 "(혁명적 잠재력을 대변하는) 마르크스 안에 있는 마르크스 이상의 것"을 분별할 수 있기 때문이다. 이를테면 헤겔을 이용하여 적대를 존재의 일자성oneness을 거부하는 것으로 이론화하면, 지젝이 헤겔을 통해 마르크스의 치명적 선언을 비판한 것도 승인할 수 있다. 마르크스는 생산수단 자체가 스스로를 규정한다고 선언했으나 실제로는 그렇지 않다. 더구나 지젝 덕분에 헤겔의 절대는 주체를 정치적 주체로 만드는 기초를 제공하여 마르크스의 혁명적 철학을 급진화한다. 정치적 혁명은 "사태를 관찰하는 새로운 방법을 구성하여 적대가 편재하므로 주체성도 편재한다는 것을 드러내기 때문이다". 요컨대 지젝에 따르면, 정치적 행동은 주체가 이 환원 불가능한 적대를 직면하도록 강제하여, 구조 안에 뿌리내린 적대를 극복하려는 어떤 시도도 거부한다. 이것이 신자유주의적 민주주의를 주체가 전유할 수 있는 유일한 길이기도 하다. 다시 말해, 우리 자신을 호되게 비난하고 민주주의가 역사의 종착점이라는 믿음도 질타함으로써 세계적 자본주의를 근본적으로 심문하는 길을 여는 것이다. 맥고원은 이렇게 결론 내린다. 헤겔 덕분에 "지젝은 집단수용소의 논리에 굴복하지 않고도 폭력(과 적대)을 자신의 정치학에 담아낼 수 있었다".

브루노 보스틸스는 지젝의 종교적 저작에 개입하여, 기독교의 도착적인 무신론적 중핵을 유물론적으로 방어하려는 그의 시도가 가진 정치적 한계를 심문한다. 행동의 '객관적 의미'를 결정할 수 있는 대타자는 없다는 것이 기독교의 도착적인 무신론적 중핵이다. 이 중핵은 하나의 유산으로서 보존하기 위해 싸울 만한 가치가 있고, 제도화된 이데올로기로 경직되기 전에 조직된 형태로 회수할 만한 가치도 있다. 하지만 지젝이 기독교를 유물론적으로 방어하려고 할 때, 여전히 일정한 철학적 구도에 갇혀 있다는 것이 문제다. 즉 헤겔과 라캉을 기독교로 경유하는 삼각 구도에 갇혀 있다. 보스틸스의 고발에 따르면, 지젝의 라캉적 헤겔주의는 "주체성 자체의 가능 조건을 구조적이거나 선험적으로 논의하는 수준에 머물러 있다". 유물론적으로 기독교를 방어하는 작업에는 계보학적이거나 역사적·유물론적인 조사가 빠져 있는 것이다. 이런 조사를 통해 "주체의 정치학을 이론과 역사 사이에 존재하는, 영구적 긴장의 장 안에 둘 수 있다". 보스틸스는 지젝 안에 있는 이런 공백을 메우기 위해 도착적이고 유물론적인 기독교 해석이 마르크스와 프로이트의 종교 비판을 수정하면서 뒤집는 방식을 검토한다. 그런데 마르크스와 프로이트의 종교 비판이 기독교의 도착적 중핵과 정확히 일치하는 것은 아니다. 보스틸스에 따르면, 지젝은 마르크스가 "역사의 절대적 주체 객체"라는 명분으로 인간의 유한성을 부인했던 반면 프로이트는 "유한성의 외상적 차원을 인정하고 이름을 부여했으나 결국 생명과 죽음이, 에로스와 타나토스가 서로 싸운다는 우주적이고 이방종교적 메시지로 회귀하고 말았다"고 생각한다. 보스틸스는 이렇게 철학에 국한된 지젝의 접근에 대한 대안을 제시하면서 역사적이고도 계보학적인 의제를 개발해보자고 제안한다. 이 의제는 아르헨티나의 프로이트 마르크스주의자인 레온 로치너의 계보학적 작업의 연장선상에 있다. 이런 작업을 통해 지젝이 시도한 정치적 주체성의 이론화가 여전히 기독교 신학 안에 뿌리 박혀 있음을 폭로함으로써 논의의 장을 새로 짤 수 있다. 보스틸스에 따르면, 로치너는 성 아우구스티누스의 『고백록』을 세심하게 해석하는 것으로 기독교가 없었다면 자본주의가 지금과 같이 발전하지 않았을 것임을 입증하면서 "역사적으로 주체가 중층결정되는 현상을 장기적으로 계속 확장하고 있다". 로치너는 바로 이것이 주체가 실질적으로 변혁될 수 있는 유일한 길이라고 주장한다.

2부의 마지막 장에서 조슈아 러메이는 지젝 정치철학의 특정한 차원을 끄집어낸다. 이는 바로 자유와 진정한 혁명적 행동을 유지하는 데 의례와 예식의 형식들이 갖는 잠재력이다. 질 들뢰즈가 "순수한 과거"라고 부른 가상적 시간성의 특정한 양상에 주목하면서 러메이는 지젝이 "자유로운 행동은 완전히 새로운 현재를 개시하기보다 과거의 본성을 소급적으로 바꾼다"고 주장하게 된 경위를 기술한다. 특히 "과거의 본성을 소급적으로 바꾼다는 말은 현재 어느 과거가 중요한지 '거꾸로' 결정하거나 과거의 어떤 사건이 현재 결정적인지 소급적으로 결정한다는 뜻이다". 진정으로 자유로운 행동이 식별되는 때는 바로 그 행동이 일어난 다음이다. 지젝은 과거 안에서 우연성을 다시 발견하면 역사를 재구성할 수 있게 된다고 생각하지만, 러메이는 자유에 대한 지젝의 해석에서 여전히 애매함을 탐지한다. 지젝에 따르면, 주체는 자유로운 행동들이 전개될 때 자신도 이 행동들에 참여하고 있다고 깨달을 수 있는데, 자유는 이런 인식 능력과 상관있다. 따라서 자유를 가동시키거나 실현하기 위해 지젝은 "의미의 영도와 대면하는 사건인" 진정한 혁명적 행동에 의례와 예식적인 행위가 중요하다고 주장한다. 이에 따라 러메이는 지젝의 다음과 같은 지적에 주목한다. "의식과 예식 행위들은 자유의 선험적 원천과 구체적인 역사적 행동들의 형태 사이에 존재하는 연속성에 대한 내재적 모형을 제공하는 것 같다." 왜냐하면 어떤 형식적 행위들이 반복되는 것은 완전히 자의적일 수는 없으므로 이 반복은 정치적 운동의 진리를 실현하기 때문이다. 그래서 러메이가 보기에, 최근에 지젝은 의례적이고 예식적인 행위가 진정한 형태의 공산주의 문화로서 기능할 역량을 긍정하면서 의례적 행위들의 능력이 중요하다고 생각한다. 이는 "일상을 의례로 만든다"는 측면에서 향락을 정치화할 수 있기 때문이다. 그렇지만 "해방과 사랑, 정의 같은 가상적 역량들과 안정적으로 관계를 맺을 거라고" 보장할 수는 없다. 그럼에도 러메이가 강조하듯이, 지젝은 혁명적 행동의 원천과 모든 의식의 실체는 "가상적인 것 자체의 풍부함" 안에 자리 잡을 수 있다고 본다.

3부에서 에이드리언 존스턴과 베리나 앤더맷 콘리, 에릭 포크트, 자밀 카더는 지젝의 저작에서 등장하는 도발적 주장을 조명한다. 이 주장이 생산적이라는 것은 증명되었다. 최근 양자역학과 미디어 연구, 생태학적 연구, 탈식민주의 연구에서 벌어진 논쟁의 맥락에서 예상치 못한 탐구 영역으로 인도하기 때문이다. 저명한 지젝 비평가인 에이드리언 존스턴은 지젝이 양자역학을 전유한 것을 검토하면서 지젝이 자연과학을 유물론적으로 활용한 것을 재평가하고, 자유로운 주체에 대한 어떤 이론이라도 완전히 유물론적인 설명을 제공해야 한다는 주장을 반박하려고 한다. 존스턴은 지젝이 자신의 존재론의 근거를 부분적으로 과학적 이론 안에서 찾는다는 것은 중요하긴 하나, 설득력 있는, 선험적이고 유물론적인 주체 이론을 제공하는 데는 실패했다고 평가한다. 과학과 존재론 사이를 오갈 때 충분히 주의하지 않았기 때문이다. 이에 존스턴은 그가 일반적인 철학적 근거로 양자역학에 의존한다고 의심하면서 다음과 같이 논평하고 있다. "양자역학을 보편적 경제학이자 모든 것을 포괄하는, 편재적인 구조적 연관으로 확장한 이론 형식은 인간 주체를 포함하여 원자이하보다는 큰 다른 많은 사물까지 포괄할 수 있다. 그런데 이런 이론 형식은 지젝이 똑같이 양자역학 안에서 밝혀졌다고 주장한 존재론적 명제, 이를테면 존재 자체는 일관되지 않고 전체를 이루지도 않는다는 명제와 지속될 수 없는 방식으로 충돌한다." 다시 말해, 지젝은 양자역학을 대타자가 상정하는 하나이자 전부로 변형하여 자신의 존재론을 정면으로 위반하고 있다. 존스턴은 오히려 자신이 명명한 지젝주의 존재론의 명제인 전부도 아니고 하나도 아닌 물질적 존재의 빗금 친 실재, 즉 대타자 없음을 고수하면서 대안적 형태의 주체성을 설명한다. 이는 카트라이트적인 '법칙론적 다원주의'와 결합되고, 생물학적 창발론에 근거를 둔다.

베리나 앤더맷 콘리는 지젝의 '에코 시크eco-chic'의 급진적이면서도 보수적인 차원을 살피면서, 자연을 대하는 그의 태도와, 뉴에이지를 비판할 때 등장하는 오래된 수사적 대립 구도를 조사한다. 콘리는 지젝이 생태학적 논쟁들을 선별적으로 가져오는 데다 정치적 생태학이란 용어를 모호하게 활용한다고 비판하면서도 정치적 생태학에 초점을 맞춘 것은 설득력 있다고 생각한다. 그가 생태학적 문제를 언급할 때, 혁명적·평등주의적 정의라는 이념을 상세히 전개하면서 "자기 몫이 없는" 이들, 즉 세계적 자본주의 체제에서 배제된 이들의 문제를 병치시켜 언급하기 때문이다. 콘리는 이렇게 기술한다. "지젝은 생태학을 새로운 해방 주체의 맥락에서 다루면서, 오늘날 생태학을 이데올로기적으로 신비화하는 작업에 반대하고, 많은 뉴에이지 전문가가 의로운 거룩함으로 도입한, 균형 잡힌 조화로운 자연이 주는 일정한 교훈에도 실제로 반대하면서, 생태학 자체에 역작용하는 생태학이라는 공정한 견해는 도시 빈민에 내재된 엄청난 해방적 잠재력을 먼저 사고할 때에만 생겨날 수 있다"고 주장한다. 따라서 지젝이 환경 연구에 기여했다고 말할 수 있는 이유는 세계가 거대한 생태학적 재난에 직면했다고 인정했을 뿐만 아니라 더 중요하게는 생태학을 집단적 체험으로 이론화했기 때문이다. 여기서 집단적 체험이란 심지어 '공산주의'에 대한 "자본주의적이고 공산주의적인 신비화가 제거된 공산주의를 재건하는 것인데, 이는 자원의 재분배와 더불어 공통적인 것을 전 세계적으로 구축하려는 노력"을 뜻한다. 콘리에 따르면, 지젝은 참된 생태학이 사회주의 없이, 심지어 공산주의 없이 사고될 수 없다고 생각한다. 생태학은 진정한 집단적 체험을 요청하는 공산주의와 양립하기 때문이다.

3부의 마지막 두 장을 집필한 에릭 포크트와 자밀 카더는 지젝의 사상이 탈식민주의 연구에 유용한지 묻고 있다. 이 분야는 지젝이 드러내놓고 언급한 영역은 아니지만 그의 사상과 대면함으로써 지적 탐구의 새로운 전망을 지젝 연구와 탈식민주의 연구 양쪽에 제공한다. 에릭 포크트는 지젝과 마르티니크의 정신분석가이자 혁명론자인 프란츠 파농의 저작에 나타난 해방적이고 보편적인 정치학 개념들이 서로 대면하는 장을 만든다. 포크트는 폭력이라는 논쟁적 주제에 대한 이들의 견해를 살피면서 병행하거나 일치되는 지점을 추적한다. 서구 좌파 정치는 폭력이라는 주제에 늘 사로잡혀 있기 때문이다. 포크트에 따르면 파농과 지젝은 서로 구별되는 이론 틀을 사용하지만, "자본주의적이고 신식민주의적인 체계의 핵심에 도사린 체계적이고 객관적인 폭력이 마치 없는 것처럼 가장하는 것을 날카롭게 비판한다는 점에서 여전히 수렴한다. 이런 가장은 대체로 개인적 폭력의 다양한 표출에 대한 표상들을 탈정치화함으로써 생겨난다". 어쨌든 지젝 자신은 "프란츠 파농의" 탈식민주의적 "문제의식"으로 돌아갈 것을 호소한다. 파농의 문제의식은 주체에게서 나타나는 폭력의 형식들에 내재된 잠재력을 강조하여 이것이 어떤 사회정치적 궁지를 급진적으로 재정치화하는 장소가 되게 하는 방법이기 때문이다. 물론 이 폭력은 "자신을 때리는", 자신을 향한 폭력의 형식으로 표출될 수도 있다. 파농이 말한 "어디서나 비참한 자들"과 지젝의 "자기 몫이 없는 부분"이 바로 그런 사례다. 또한 포크트는 파농과 지젝의 경우 이 폭력이 집단적인 정치적 주체화의 대안적 양상이 발생하도록 유도한다는 점에 주목한다. 그런데 주체화가 단순한 자생적 의지론으로 전도되지 않으려면 특정한 정치 조직이 발달해야 한다. 정치 조직은 올바른 보편적 정치화를 안정적으로 만들 수 있기 때문이다. 포크트에 따르면, 파농과 지젝이 함께 전망하는 탈식민주의적 인간의 새로운 유형은 하나의 인식에 뿌리내리고 있다. 즉 "탈식민주의적 인간의 정체성에 존재하는 틈은 정확히 그들을 그들 자신으로부터 분리하는 보편자이자 새로운 인간 개념이 적용되어야 하는 공간이라는 인식이다".

3부 마지막 장에서 자밀 카더는 레닌을 반복하자는 지젝의 요청을 레닌의 혁명적 교육학의 중요한 차원을 복구함으로써 승인할 수 있다고 주장한다. 레닌은 여러 식민지 출신 주체들이 혁명적 국제주의를 전파하는 전초부대로 활동할 수 있다고 믿게 되었고, 이를 국내 문제와도 연결하려고 했다. 이것이 그의 혁명적 교육학이다. 그래서 카더에 따르면, 레닌이 오늘날 반복될 수 있다면, "탈식민성은 하나의 인과적 접속점으로 소급적으로 간주되어야 한다. 왜냐하면 레닌주의적 행동이 그 주위에서 형성되기 때문이다". 이에 따라 레닌의 혁명적 정치학은 탈식민주의적 접속점을 소급적으로 도입할 때 (여러 원인에 의해) 중층 결정된다고 볼 수 있다. 혁명적 국제주의의 미래도 이런 과정을 통해 결정될 것이다. 그렇지만 카더는 지젝이 탈식민지 시대에 민족해방 운동의 역사를 지워버리고 탈식민지 주체를 역사와 혁명적 국제주의의 주체로서 구성할 가능성을 미리 닫아버린다며 질책한다. 카더는 지젝의 혁명적 정치학에서 이 가능성이 사라진 이유를 탈식민성 해석에서 찾고 있다. 지구적 자본주의의 현대적 조건 아래서 탈식민적인 것의 지위에 대한 지젝의 해석에는 양가적 의미가 수반되기 때문이다. 이를테면 지젝은 탈식민적인 것의 위치는 자본이 남긴 쓰레기 같은 잔여라고 보지만, 탈식민적인 것이 지구적 자본주의를 이데올로기적으로 보충하는 기능을 한다고 생각한다. 따라서 카더에 따르면, "지젝은 이런 대안적 형태의 레닌에게 충실하고자 했지만, 오히려 레닌의 저작에 나타난, 탈식민성의 위치에 대한 계보학을 구성할 때, 지젝의 혁명적 정치학에서 배제된 것을 소급적으로 드러내고 탈식민성의 정치화를 위한 공간을 새로 마련할 수 있을 것이다".

4부에서 지젝은 완전히 새로운 글을 제시하여, 여기서 제기된 주요 주제와 우려에 대해 곧바로 넌지시 대답하고 있다. 그가 이 책에서 검토된 일부 쟁점에 대해 입장을 바꾸려 한다면, 그가 인터뷰에서 말했듯이, 우리 역시 입장을 바꾸는 것을 꺼리지 말아야 한다.[3] 반복은 조금씩 새로운 가능성들을 드러낼 수 있기 때문이다. 지젝의 저작이 우리에게 밝혀놓은 가능성과 불가능성의 이 새로운 장 안에서 우리는 '여전히' 혹은 '아직도'라는 지젝주의적 계기를 붙잡아야 한다.

1부

1장

지젝에게는 어떤 대상이 숭고한가?

이언 파커

IAN PARKER

CURRENT PERSPECTIVES IN
ŽIŽEK STUDIES

Slavoj Žižek

슬라보예 지젝은 극단적으로 분열을 일으키는 개념 활동가다. 지젝은 철학 주제를 폭넓게 탐구하는 무척 까다로운 학문 논증을 펼치면서도 대중문화를 여행하며 웃음과 역설을 제시한다. 그래서 지젝의 작업은 사람들을 불편하게 만든다. 독자는 편을 들어야 할 것 같다. 지젝 편에 서든가, 지젝을 반대하는 편에 서든가. 지젝은 이론 활동을 할 때 늘 개입한다. 아주 가끔 사태를 기술하고 묘사하지만 늘 재빨리 뒤틀면서 반론을 내놓는다. 지젝은 심지어 자신이 틀렸을 때조차 우리 시대를 위한 사상가다. 그는 궁지를 돌파할 수 없을 때조차 자신을 궁지와 동일시한다. 그러나 지배적 사고 범주들과 주류 상징 형식들을 명명하면서 거부하는 실천은 어디서 나온 것인가? 어떤 자원을 빌려와서 그것이 스스로 모순에 빠지게 하는가? 이 실천은 이제 어디로 가고 있는가?

거기서 지젝은······

이런 질문에 대답하는 방법이 있다. 먼저 범위를 좁혀서 답을 예상해보는 것이다. 이를테면 지젝이 살아온 과정을 추적할 수 있다. 지젝은 1960년대 후반 슬로베니아 류블랴나대학에서 철학을 공부하던 학생이었다. 1975년에는 사회 이론을 탐구하는 연구원으로서 「프랑스 구조주의의 이론적·실천적 적합성」이란 논문을 제출해 석사학위를 받는다. 프랑크푸르트학파와 정신분석 이론을 두루 섭렵하며 1981년에 박사학위를 받고 나서 곧 파리로 옮겨간다. 지젝은 자신이 수행한 지적 작업으로 인해 정치적 충성심을 의심받는다. 당시 슬로베니아는 여전히 유고슬라비아 사회주의 연방공화국에 속해 있었다.

지젝은 당국의 의심을 사는 바람에 대학에서 정규직을 얻지 못했다.

그는 1986년 파리에서 정신분석을 주제로 두 번째 박사학위를 받았다. 자크 알랭 밀러에게 짧게 정신분석을 받기도 했다. 이 논문은 지젝이 쓴 첫 번째 주저로서 헤겔과 라캉을 다뤘다. 논문을 끝맺자 지젝은 슬로베니아로 돌아올 수 있었다. 지젝은 1990년에 자유민주당Liberal Democratic Party 대통령 후보로 나서기도 했다. 영어로 쓴 첫 저작 『이데올로기의 숭고한 대상』이 그때 이미 주목받았다. 영국에서 시작된 '포스트 마르크스주의' 정치 담론 이론가들이 지젝의 첫 저작을 좋게 평가한 것도 한몫했다.(라클라우와 무페, 1985) 초기에 지젝이 크리스토퍼 래시가 제기한 "자기애의 문화"에 대해 더욱 이론 비판과 정신분석으로 개입한 것을 돌이켜본다면, 1989년에 완전히 모습을 드러낼 수 있었던 주제를 그가 예고했다고 볼 수 있겠다. 그는 『이데올로기의 숭고한 대상』을 시작으로 라캉과 헤겔, 마르크스를 접목하여 정교한 논의를 이어나갔다. 그 후로 새로운 연구 질문이 촉발되었다. 더 중요한 것은 새로운 학문 세대를 정치적 행동의 문제들로 집결시켰다는 점이다.

지젝은 탁월한 정치꾼이자 연설가이며 자신을 홍보하는 인물이라고 말할 수도 있다. 하지만 이것이 지젝이 인기 있는 이유라고 설명할 때, 지젝이 깨고자 한 이데올로기 형식에 정확히 갇혀버릴 것이다. 말하자면 '지젝답다'고 평가할 만한 논증들은 모두 정치적 성향을 띠고 있는데, 이런 논증들이 특정 개인에게서 흘러나온다고 생각한다면, 탁월한 천재에게 여전히 사로잡힐 것이다. 이 탁월한 천재야말로 (라캉이 말한 '대상 a'이며) 숭고한 대상으로서 우리를 사로잡는다. 자본주의 사회에 사는 우리는 이 대상을 모방하고 이것에게 복종하려 한다. 자아의 강력한 대상이자 모형인 한 인물에게 마음을 빼앗길 때, 그는 동일시 기제의 핵심으로서 작동한다. 그래서 논증의 모든 실패의 근원을 바로 이 인물의 잘못에서 찾으려는 유혹에 빠질 수 있다. 라캉이 기술한 감탄과 동일시의 논리는 상상계의 논리에 따라 전개된다.(라캉, 2006) 이 논리에 따르면, 우리의 기대에 미치지 못한 자에게 실망이 집중될 때, 진짜 실패가 어디에 있는지 간과되어 버린다. 이렇게 한 인물의 정체와 사상의 기원을 전기적으로 해명한다는 발상은 그가 속해 있는 역사를 정당하게 다루지 못한다. 우리가 속한 역사도 마찬가지다.

지젝을 파악하고자 우리가 처음에 택한 방법에는 이처럼 오류가 있다. 따라서 다른 방법을 써서 진리에 더 가까이 다가가보자. (나는 지젝의 헤겔 독법을 참고하여 이 방법을 개발했다.) 일단 다른 방법을 사용하려면, 지젝의 작업을 둘러싼 '맥락'을 이야기해야 한다. (맥락을 참고하는 방법도 개인에게 초점을 맞추는 방법만큼이나 때때로 잘못된 길로 인도한다.[파커, 2004]) 1970년대에 지젝은 후기 작업에 쓰일 개념 자원을 모으고 있었다. 지젝의 후기 작업을 지젝주의 체계라 부르고 싶어하는 사람도 있다. 어쨌든 당시 지젝이 속한 정치 체제는 파열되기 시작했다. 지젝이 속한 사회 체제가 붕괴되는 과정에서 주목할 만한 사태가 두 가지 있었다. 우파는 이 붕괴를 환영하면서 공산주의가 끝났다고 선언한다. 베를린 장벽 붕괴는 공산주의의 종말을 알리는 신호였다고 한다.

첫째, 유고슬라비아가 스스로 '사회주의' 국가라고 선언했다는 사실에 주목해야 한다. 유고슬라비아는 1950년대부터 스스로 민주주의를 지향하는 '사회주의 자주 관리' 체제라고 선전했다. 물론 현실은 전혀 그렇지 않았다. 티토가 이끄는 관료제는 국가 관리 체제였다. 단지 조금 더 탄력 있고 틈이 있어서 체제를 의심하는 이들이 생존하고 약간은 조직을 만들 수도 있었다. 유고슬라비아는 모스크바와의 관계를 끊었고, 지리와 정치 면에서도 서구와 동구 사이에 있는 완충지대였지만, 유고슬라비아 정권은 여전히 스탈린주의를 지향하는 특성을 지니고 있었다. 유고연방공화국은 스스로 통일된 국가라고 선언했지만, 이는 온갖 방식으로 나누어 지배하는 전략을 가리는 가면이었다. 유고연방공화국은 인종과 유사 민족주의를 동원하여 분할 지배 전략을 구사했다. 적어도 1990년대에 내전이 일어나기 전까지 이 전략은 잘 통했다. 반체제 인사를 관용한다는 공식 입장은 당의 강령을 강제하고 인민을 사악하게 감시하는 행위를 정당화하는 변명이었다.

1980년대와 1990년대에 나온 지젝의 저서를 보면 농담이 즐비하다. 이 농담은 유고슬라비아에서 산다는 것이 어떤 기분인지에 대해 이야기하고 있다. 살려면 거짓말을 해야 했다. 문화적 국가기구의 구성원이라면 더더욱 그렇다. 대학에서 사회 연구를 하면서 학술활동을 하는 사람은 분명 문화적 국가기구의 일원이 맞다. 그런데 거짓으로 얼룩진 시대를 살아간다는 것에는 다른 면도 있다. 체제가 붕괴되고 서구 유럽의 자본주의가 슬로베니아를 유고슬라비아에서 끄집어 올리고 난 후에야 이 다른 면이 분명하게 드러났다. 슬로베니아는 유고슬라비아에서 떨어져 나온 뒤에 신자유주의를 표방하는 자본주의의 소용돌이로 던져졌다. 설상가상으로 정권에 반대했던 좌파마저 지금은 향수에 사로잡혀 있다. 이제 와서 되돌아보니 과거 방식이 마냥 나쁘지만은 않은 것처럼 보인다는 말이다. 지젝은 옛 스탈린주의 자주관리 사회주의를 경멸한다. 지젝의 이런 태도를 씁쓸함으로, 다른 한편으로는 분노로 읽을 수 있다. 스탈린주의 체제가 정말 형편없었음이 밝혀지자 씁쓸함을 느낀 것이고 스탈린주의 체제가 붕괴하면서 자본주의가 지구 전체를 망치고 있다는 생각 때문에 화가 난 것이다. 이 분노는 정당화될 수 있다.

우리가 주목해야 할 두 번째 사태는 슬로베니아에서 일어난 반체제 운동이다. 슬로베니아의 반체제 운동은 무척 독특했다. 지젝은 이 운동에 참여하면서도, 당 기관의 하부 위원회에서 여전히 말단 직원으로 일했다. 동유럽의 반체제 운동과 '반체제 인사'는 시장자유주의나 사회주의 이념으로부터 영향을 받았다. 그리고 유고슬라비아의 다른 지역에서는 프랑크푸르트학파의 비판 이론에 주목하는 연구 작업들이 등장했다. 반면 슬로베니아의 반체제 운동은 구조주의 이론에 상당히 쏠려 있었다. 지젝이 쓴 석사학위 논문의 제목은 이미 이것을 잘 보여준다. 알튀세르는 이데올로기적 국가기구가 주체를 '호명'하는 기능을 한다고 지적했고, 푸코는 훈육하는 '자기 관리'가 권력에 봉사하는 자기 통제라고 말했다. 이 이론들은 슬로베니아에서 벌어지는 사건들과 절묘하게 맞아떨어지는 듯 보였다. 전복과 '저항'의 정치학도 대중에게 인기를 얻었다. 이 정치학은 상황주의자의 전략에 주목했는데, 상황주의 전략은 프랑스의 구조주의와 소위 '후기구조주의'를 수반한다. 1970년대에 슬로베니아 정권에 반대하는 일들이 시작되었을 때, 상황주의적 전략을 선택한 이들은 펑크 음악으로 저항했다.

이런 맥락은 이론을 가능케 하는 조건이 된다. 그러면 어떤 이론이 이런 맥락에서 나올 수 있을까? 바로 이데올로기 비판의 정치학과 긴밀히 연결된 이론이 가능해진다. 슬로베니아에서 등장한 이데올로기 비판의 정치학은 처음에는 빈정대다가 점점 더 공개적으로 반대하는 방향으로 나갔다. 이 정치학은 상당히 영리하게도, 현상 뒤에는 매개되지 않은 진정한 현실이 있다는 명분으로 비판할 수 있다고 생각하지 않았다. 그래서 체제가 겪는 모순도 안에서 폭발하면서 공개적으로 유지되는 상태가 지속되었다. 슬로베니아 체제가 겪는 모순은 오히려 종교 집단과 민족주의자, 옛 사회주의자가 모순을 자기네 방식으로 덮어버리는 것을 허용하지 않았다. 지젝도 권력을 반박하고 논쟁을 일으키는 일에 깊이 개입하면서 이론적 영감을 얻었다. 권력을 이렇게 흔들려면 '과잉 동일시' 전략에 의존해야 한다. 이 전략은 원래 앞뒤가 맞지 않지만 이데올로기적 기구를 역설적으로 중지시키는데, 이데올로기적 기구가 파괴한 것을 끌어안는 척하면서 이데올로기적 기구가 동의한 듯 보이는 것을 파괴해버린다. 이 시기에 신슬로베니아예술Neue Slowenische Kunst이 등장한다. 이 집단은 더 약삭빠르고 모호하게 정권에 저항하는 바람에 정권은 이들을 다루기가 쉽지 않았다. 이들은 정권이 하는 거짓말에 맞서기 위해 반체제 운동을 닮은 아바타를 내세워 진리를 더 즐겁고 강하게 전달했다. 갈라졌지만 여전히 자신을 방어하는 체제에 저항하다보면, 비판도 불가피하게 항상 분열되는 것 같다.(무어, 2005) 여기서 지젝이 언급한 전선을 확인할 수 있다. 즉 개념 투쟁이 일어나는 장을 볼 수 있다. 지젝은 개념 투쟁을 위하여 지금까지도 발언한다.

그러고 나서 지젝은……

그래서 이는 정신분석과 마르크스주의, 헤겔주의 철학이라는 이론적 자원들을 기술하는 구도를 마련한다. 이 구도를 통해 지젝은 각 자원의 내적 균열을 이용하여 그 모순들을 상대방 전통에 대항하는 도구로 사용한다. 물론 프랑크푸르트학파와 더 넓은 헤겔주의 이론 틀 안에서 마르크스와 프로이트를 결합하려는 시도는 있었다.(아도르노와 호르크하이머, 1979) 하지만 세 작업을 깔끔하게 결합하는 것은 분명 불가능했다. 하지만 지젝에게 불가능성은 작업을 위한 명분이다. 다시 말해, 칸트와 푸코도 언급한 "가능성의 조건"이란 어떤 것이 사유될 가능성 조건이자 이론적 실천과 문화적 형식의 가능성 조건이다. 더 중요한 것은 가능성의 조건이 곧 불가능성의 조건이라는 점이다. 그런 까닭에 우리가 선택하고 행동하는 상징적 구도를 한 지점에서 폭파하고 바꾸어버리지 않는, 모순이 없는 전체와 통일성, 우주론, 세계관은 존재하지 않는다. 이제 세 이론적 자원을 하나씩 살피면서, 이를 이용하여 지젝이 어떤 작업을 하는지 알아보자.

첫째, 마르크스주의는 일관된 작업 전통인 것처럼 보이지만 전혀 그렇지 않았다. 마르크스주의는 계급 투쟁의 이론과 실천이다. 그런데 마르크스주의는 지젝의 손 안에서 "상징계" 안에 있는 근본적 적대의 자리가 되면서도, "실재"의 외상적 중핵으로서 작동한다. 이 중핵은 우리 모두 각자는 비슷하다는 상징적, 상상적 이해에 저항하고 이를 교란시킨다. 지젝은 이미 이 적대를 라캉의 세미나 XX에서 제시된 성적 관계의 결여와 연동시킨다. 성적 관계는 없으므로, 지젝이 보기에 계급투쟁이란 실재를 초월하는 합의점이나 포괄적 공동 이익도 없는 것이다.

자본주의와 '사회주의'로 나뉜 세계에서 자본주의와 사회주의 가운데 하나를 고르라는, 거짓 선택을 강요받으며 살았던 사람만이 '마르크스주의자'가 통치하는데도 주적main enemy이 국가 안에 있는 것 같다는 느낌을 이해할 것이다. (거짓 선택은 '사회주의' 국가들이 전쟁을 하면서 한 번 더 반복되었는데, 유고슬라비아는 전쟁 중에도 '비동맹[중립]'을 추구하는 제3의 길이라고 자신을 선전했다.) 고위 관료 계층은 1917년 러시아 혁명을 이미 자기 것으로 만들어놓고는 '일국 사회주의'를 건설하자고 주장하며 분란을 일으켰다. 고위 관료 계층은 사회주의 바깥의 세계와 "평화롭게 공존"하자고 강조하면서도 다른 나라의 공산당을 모스크바의 외교 노리개로 만들어버리는 냉소적 행동을 서슴지 않았다. 말하자면 자본주의를 던져버린 (공산주의) 혁명은 스탈린의 코민테른에게 도움을 받아 일어났다기보다, 코민테른의 도움에도 불구하고 일어난 것이다.

마르크스주의는 노동자계급이 일으킬 민주적이고 집단적인 혁명을 다루는 이론과 실천이었지만, 나중에 세계관으로 변질되었다. 변증법이 침전하여 굳어짐으로써 스탈린주의 '변증법적 유물론'이 되는 과정이 이 세계관에 반영되어 있다. 마르크스주의가 이렇게 세계관으로 변질되자 두 가지 태도가 나타났다. 어떤 사람은 이 세계관에 무조건 매달렸고(물론 이 세계관을 기꺼이 받아들이려는 당 기관원은 충분히 있었다), 다른 사람은 그 어떤 공식이나 형식도 의심하려들었다. 지젝도 세계관에 순응하려 한다는 비난을 받았다. 지젝이 공산당 하부 위원회 모임에서 회의록을 작성하던 시절을 지적하며 그 세계관에 순응하려 했다고 주장하는 사람도 있다. 그러나 이 비난은 부당했다. 지젝은 권력을 잡으면 자신에게 반대했던 적들을 정치범 수용소(굴라크)로 보내버릴 거라고 종종 농담하곤 한다. 그러나 지젝이 걱정했던 것은 닫힌 사유 체계처럼 작동하는 마르크스주의였다. 세계관에 집착하는 태도는 이 마르크스주의가 보여주는 어리석음이다. 이것은 관료기구에 봉사하도록 배치되는데, 지젝은 이 마르크스주의에 내재된 모순과 허점을 찾아내야 했다. 이때부터 지젝은 이것을 표적으로 삼아 저술활동을 해왔다.

마르크스주의를 공식이나 세계관으로 만들려는 시도를 의심하고 마르크스주의로 마르크스주의를 반박하면서 관료제를 닮은 그것의 진리를 드러내려 할 때, 자본주의 아래에서 상품이 형성되는 과정을 개념으로 분석하는 작업이 동반된다. 상품 형성 과정을 분석해보면, 이 과정은 현상 뒤에 있는 실제 가치를 숨기지 않는다는 것을 알 수 있다. 현상 뒤에는 아무것도 없다. 텅 비어 있다. 실제 가치를 숨긴다고 하는 과정을 드러낼 때 진리가 등장한다. 이 과정에서 상품은 실체가 있고 가치를 갖는 것처럼 행세한다. 이것이 상품 형식의 진리이며 지젝도 이 진리를 말한다. 지젝의 저작에서 상품 형식을 다룬 논의가 어떤 결과를 가져오는지를 주목해야 한다. 지젝이 추구하는 개념 투쟁(개념

활동주의)은 실제로 마르크스주의를 지향하지만 지젝은 대체로 자신을 마르크스주의자라고 소개하지 않는다. 지젝은 자본주의에 반대하는 활동에 다른 이름을 붙이려 한다. 그래서 "레닌을 반복하기"라는 말을 쓴다.(지젝 2002: 310쪽) "공산주의라는 이념"을 되살리기라고 말하기도 한다.(지젝과 두지나스 2002) 진리의 실체는 마르크스주의 안에도, 자본주의에 대한 '저항' 안에도 없다. 지젝은 상당히 다른 것을 요구하며 그것을 얻으려고 정신분석을 활용한다.

이론체계로서 정신분석이 발달한 과정을 보면 마르크스주의와 섬뜩할 만큼 닮았다. 프로이트 자신은 자유주의자로서 마르크스주의를 아예 역겨워했지만, 파시즘이 등장하기 전에는 많은 정신분석가들이 좌파 쪽에 서 있었다. 정신분석을 혁명적 힘으로 보는 이들도 있었다. 이를테면 정신분석은 개인 주체를 자본주의에 결박하는 내재화된 권위를 해체하는 단위다.(라이히 1975) 이런 견해에는 두 가지 문제가 있다. 첫째, 프로이트와 그의 제자들이 1910년에 창립한 국제정신분석협회IPA는 정신분석을 관리하는 제도적 기구로서 코민테른에 버금가는 관료기구로 굳어졌다. 이 기구는 공식화된 정신분석에 복종하라고 요구했을뿐더러 자본주의적 사회에 개인을 복종, 적응시키는 것과도 공모했다. 둘째, 정신분석이 조장한 순응은 훨씬 더 강력하게 환상을 자극한다. 즉 해방될 수 있고 해방되어야 할 인간 주체의 어떤 부분이 표면 아래로부터, 무의식 내부로부터 분출될 수 있다는 환상을 부추긴다. 이는 혁명을 동반하거나 심지어 혁명에 불을 붙일 수도 있다는 것이다.

　정신분석이 안고 있던 두 가지 문제를 정신분석계 안에서 맹렬하게 비난한 인물이 바로 라캉이다. 라캉은 국제정신분석협회에서 '제명'당하기 전에도 정신분석가와 정신분석이 미국 자본주의에 적응하면 안 된다고 경고했다. 라캉의 정신분석에는 실존주의와 낭만주의의 모습이 보이긴 하지만, 라캉은 이미 존재하는 자아에 호소하는 인본주의적 접근에 반대한다. 이 접근은 자아가 억압과 착취에 맞서 싸우면서 자신을 실현한다고 한다. 인간 주체가 세상에서 말하고 이해하고 행동하려면 상징계와 상상계, 실재계라는 등록소가 모두 필요하다. 그러나 지젝은 라캉의 저작에서 사뭇 다른 가르침을 이끌어낸다. 즉 등록소들은 결코 깔끔하게 짜맞출 수 없다. 말하자면, 이 등록소들 안과 사이에는 궁지가 도사리고 있다. 라캉 자신이 지적하듯이, 이것은 진리가 "절반만 말해지며", 실체로서 있지 않고 '행위'를 거쳐 잠시 나타나는 것을 뜻한다. 지젝(1989a)이 보기에, 이 논리를 잘 이해하면 프로이트가 '꿈 작업'을 정신분석에서 어떻게 중요한 요소로 인지하게 되었는지를 밝힐 수 있다. 꿈 작업은 숨기는 과정인데 정신분석은 바로 이 과정에 초점을 맞춰야 한다. 프로이트는 꿈 작업 안에 진리의 실체로서 숨어 있는 '잠재적' 의미를 밝히는 것보다, 꿈 작업 자체가 정신분석에서 더 중요하다고 봤다. 라캉(2007)은 정신분석가가 자주 생각하는 '잠재' 의미는 정신분석가가 자신을 기쁘게 하고자 고안해낸 것이라고 지적한다. 지젝은 라캉의 지적이 중요하다고 강조하며, 꿈과 상품이 서로 비슷하다면 증상을 '발명한' 인물은 실제로 마르크스라고 지적한다.

정신분석은 여전히 이론 틀로 기능한다. 이데올로기가 주체를 '호명'할 때 호명의 본성을 파악하고, 주체가 권력을 쥔 자와 동일시하고 이데올로기에 사로잡혀 계속 호명당하는 다른 주체들과 동일시할 때 동일시의 본성을 이해하며, 호명을 무력하게 만들 수 있는 '과잉 동일시' 전략을 파악하는 이론 틀로서 정신분석은 여전히 기능한다. 그래서 지젝은 정신분석에 끌린다. 지젝은 정신분석을 기반으로 삼아 신슬로베니아예술을 변호했다.(지젝, 1993a) 지젝은 '주체'를 구성하는 낭만적, 실존주의적 핵심을 라캉주의 정신분석에서 끄집어낸다. 이 주체는 진리가 과정이라고 말하는 '언표 행위의 주체'다. 반면 확립된 지식을 진리인 양여기는 주체는 '언표의 주체'다.(라캉 1973: 139) 지젝은 라캉이 제공한 이론 체계를 이용해 정통 마르크스주의가 내놓은 만병통치약을 거부하고, 독일 관념론 전통이 낳은 가장 가치 있는 열매를 가져올 수 있었다.

마지막으로 헤겔이라는 이론 자원을 살펴보자. 결국 지젝에게 가장 소중한 자원은 헤겔이다. 지젝은 서구 계몽주의 전통의 가장 급진적 성과를 헤겔에게서 끄집어내고, 헤겔 철학을 이루는 세 가지 핵심 요소를 계몽주의 전통에 맞게 가공할 수 있었다. 보편성, 반성성, 부정성이 바로 헤겔 철학의 핵심 요소들이다. 주체의 진리에서 개별적인 것은 정확히 '보편적'이다. 상징적 질서에 내재하는 궁지가 바로 인간이라는 것이 주체의 진리다.

주체의 진리는 특정한 양식의 '반성'을 요구한다. 반성은 타인과 맺고 있던 편안한 상상적 관계를 깨는 것이며, 결코 완결되지 않고 오류를 동반하는 긴박한 변증법을 통해 작동한다. 지젝은 헤겔의 종합에 대한 통상적인 해석을 거부하고, '부정성'을 강조하며 사유와 삶을 추동하는 영구 기관이 바로 부정성이라고 말한다. 일부 마르크스주의자는 역사의 종말을, 인본주의자는 개별적 주체를 헤겔스러운 종합으로 간주한다. 라캉과 마르크스의 사상에서 가장 중요한 것을 움직이는 힘도 부정성이다.

지젝에게 라캉과 독일 관념론 가운데 하나를 고르라고 한다면, 지젝 자신이 이미 말했듯이 독일 관념론을 선택할 것이다.(파커 2008: 3) 우리는 헤겔이 제공한 이론 자원 덕분에 주체성 형성을 개념으로 파악할 수 있다. 헤겔이 생각하는 주체는 늘 다른 주체와 관계를 맺으면서 형성된다. 인정해달라는 요구 때문에 '주인과 노예'의 변증법은 해소될 수 없는 비극같이 전개된다. 주인과 노예 변증법의 비극적 특성은 나중에 유사 헤겔주의의 모양새를 한 미국 심리치료에서 다시 등장하는데, 이 심리치료는 서로 싸우는 동료나 배우자를 대화의 틀에 집어넣고 그들이 결국 상대를 인정하게 될 거라고 단언한다. 그런데 1930년대 파리에서 코제브가 헤겔 철학을 강의하면서 독해한 헤겔은 주인과 노예의 갈등이 결국 해소될 거라고 약속하지 않는다.(라캉과 실존주의 철학자 집단이 이 강의에 참석했다.) 마르크스주의자들은 자신이 세운 목적에 기여하는 변증법을 헤겔 철학의 재료로 새로 만들려고 하는데, 미국 심리치료에서도 비슷한 현상이 나타난 것이다.

소비에트 국가권력을 보증하려는 마르크스주의자는 헤겔 변증법을 역사가 발전한다는 내러티브로 변형시켰다. 이 내러티브에 따르면, 역사는 봉건제에서 자본주의를 거쳐 사회주의로 나아간다. 관료기구는 이를 활용해 현재 상태의 정도와 빠르기를 측정하려 했다. 심리치료도 헤겔의 역사 해명을 화해에 이르는 과정으로 해석해버린다. 반면 지젝이 이해한 헤겔은 늘 '아니오'라고 말한다. 헤겔은 부정성을 구현한 철학자다. 그러나 불가능한 단절 속 무에서도 무언가가 도래할 수 있다. 즉 아무것도 없는 가운데 갑작스럽게 일어날 것이다. 알랭 바디우는 이를 '사건'이라고 부를 것이고 지젝은 '행위'라고 명명할 것이다. 지젝은 최근 반자본주의 정치에 공개적으로 참여하면서 헤겔의 이러한 부정성을 앞세운다.

지금 지젝은……

헤겔과 정신분석, 마르크스주의라는 세 개의 주요 흐름을 모두 이으려 하지만, 세 개의 흐름이 상상계와 상징계, 실재계 가운데 어느 것과 대응하는지 지정하지 않더라도 우리와 지젝은 모두 하나이면서 연속되는 문제들과 맞닥뜨린다. 여러 문제들의 매듭이기도 한 이 문제는 바로 인간 주체라는 공백이다. 마르크스는 이를 "사회적 관계들의 집합"으로, 라캉은 "대타자 안의 결여"로,

헤겔은 "세계의 밤"으로 이론화했다.(마르크스 1845; 라캉 2006; 헤겔 1805-1806) 개별적 주체를 부정적으로 정의하면 무가 되는데, 사회적인 것 안에 실체가 결여되어 있다는 점도 이 무와 상응한다. 이런 결여 때문에 환상이 요구된다. 한때 지젝의 조언자였던 라클라우는 환상을 "사회의" 불가능한 "충만과 보편성"이라고 불렀다.(라클라우 1996: 53)

이 주제의 한 측면에 대해서 1990년대 후반에 지속된 지젝의 신학적 개입에 주목해볼 수 있다.(지젝 2000; 지젝과 밀뱅크 2009) 적에게 근거를 주지 않기 위해서, 이 신학적 문제는 공백을 메운 것처럼 행세하는 종교적 근본주의자에게도 제기되어야 한다. 그런데 영성은 이 문제에 대한 강렬한 이데올로기적 답변이다. 이 주제의 또 다른 측면의 경우 지젝은 최근에 상실된 자연의 균형, 우리와 자연의 균형 잡힌 관계라는 생태학적 이미지와 더 집요하게 싸우고 있다. 이 이미지 역시 공백을 메우기 위해 완결된 우주론적 조화를 이루자는 이데올로기적 주장을 내세운다.(지젝 2010a)

이런 논의들이 일어나는 배경이 되는 이데올로기적 '맥락'이 있다. 이 맥락을 고려할 때 지젝의 저작은 더 긴급하게 요구된다. 정치경제적 위기가 더 길어지는 시대에 주체의 공백을 메우지 않으려면 더욱 그렇다. 바로 '심리학'에 대한 관심이 더 강렬해졌다는 것이 그 맥락이다. 말하자면, 개별 주체가 어떻게 정의되어야 하고 어떻게 자신을 관리할 수 있는지 알려는 관심이 강해졌다. 신자유주의적 자본주의는 호명과 자기 관리라는 문제를 우리에게 한 번 더 제기한다. 슬로베니아의 반체제 운동도 베를린 장벽이 붕괴되기 전에 이 문제에 부딪혔다. 지금 제기된 문제는 단지 그때 제기된 문제를 약간 변형한 것이다. 감정노동과 치료적 자아 강화술, 관리와 적응이 가능한 실체로 자아를 바꾸는 작업이 오늘날 성행한다. 이런 맥락에서 지젝이 『이데올로기의 숭고한 대상』에서 기술한 것은 오늘날의 상황에 훨씬 더 적합하다. 지젝이 이 책에서 제기한 논증을 다른 형태로 확장한 연구를 보려면, 오늘날 세계적으로 확산되는 '심리학화'에 저항하려는 이론적 개입을 확인해보라.(드 보스 2012)

이데올로기의 '숭고한 대상'을 다룬 지젝의 논증을 심리학화가 진행되는 세계 (경제) 위기의 시대에 되살리고 심화시킬 때, 우리가 주목해야 할 두 가지 측면이 있다. 첫째, 여러 형식으로 나타나는 '심리학'의 역할이다. 이를테면 '심리 측정'과 '법의학' 같이 가장 확실하게 위험한 영역부터 분명 더 도움이 되는 '공동체'와 '건강' 부문까지 심리학은 여러 역할을 한다. 그런데 심리학은 규율 기구로서 기능하며 개인을 자본주의의 합리성에 적응시킨다. 심리학 복합체 가운데 정신의학과 심리치료는 개인이 스스로 책임지도록 유도하고 훨씬 더 불쾌한 생명의학의 통제 도구로 기능하면서, 심리학이 부과하는 규율 과정에 기여한다.

둘째, 다른 인간 주체 개념이 필요하다. 이 주체 개념은 통념이 지배하는 일상에서 통하는 주체 개념과 그럼으로써 주체의 가능성이 제한되는 것을 반박한다. 다른 세계가 가능하듯이, 다른 주체도 가능해야 한다. 지젝이 더 상세히 해명하려는 주체도 바로 이것이다. 지젝은 정신분석과 마르크스주의, 헤겔에 주목하면서도 그들에게서 다른 가능성을 끄집어낸다. 그리고 자신처럼 다른 가능성을 읽어내는 작업은 열려 있고, 부정적이며, 불확정적이어야 한다고 강조한다. 이런 이유로 지젝은 1980년대 후반에는 발터 벤야민에 주목했고(지젝 1989a; 2008a), 최근에는 알랭 바디우에게 더 관심을 쏟고 있다.(지젝 1999; 바디우와 지젝 2009) 이제 이데올로기 비판을 구성하는 다섯 가지 요소를 밝힐 수 있다. 지젝의 후기 저작이 나온 덕분에 이것을 더 쉽게 확인할 수 있다. 이데올로기 비판의 다섯 가지 요소는 『이데올로기의 숭고한 대상』에 나오는 '심리학적' 배경과 관계있다. 필자가 지금까지 기술한 궤적을 요약하는 데 다섯 요소가 도움이 될 것이다.

첫째, 이데올로기 비판은 표면 아래에 존재하는, 실체가 있는 개별적 주체는 인정을 받고 족쇄에서 풀려날 수 있다는 생각을 거부한다. 대신에 지젝은 헤겔로 돌아가 변증법의 부정적 계기를 주장한다. 이는 주체성 안에서 일어나는 변형의 순간으로서 총체적으로 완결되는 "종합"의 과정에서도 결코 완료되지 않는다. 자본주의에 포섭된 삶에서 당연하게 전제된 상징적 구도를 교란하는 "행동"이 일어날 때, 이 부정적 계기가 발견되고 촉발될 수 있다. 각 사람의 새로운 자아에 호소하는 이데올로기를 이렇게 비판할 때, 단순한 인본주의 심리학에 반대하면서 이 심리학 자체가 우리가 겪는 고통을 어떻게 위로하는지 폭로할 수 있다. 우리는 이 위로로 인해, 우리가 벗어나려고 하는 것에 더 단단히 결박되어버리기 때문이다.

둘째, 이데올로기 비판은 우리를 제약하는 것 같은 사회적 기제에 저항하는 자유를 즐기라는 유혹을 거부한다. 대신에 지젝은 라캉의 섬뜩한 초자아 개념을 동원하여 그것이 금지하는 행위자로서 일할 뿐만 아니라 법의 외설적 뒷면으로서 작동하는 방식을 보여준다. 이 뒷면은 우리를 쾌락으로 인도하면서도 스스로 즐거워해야 한다고 부추긴다. 리비도적 에너지를 한 자리에 가두는 음란한 억압으로부터 오히려 리비도적 에너지를 끌어낸다는 이데올로기적 발상을 비판함으로써, 정신분석적 해방의 어떤 급진적 형식들은 답을 알려주는 만큼 문제를 야기한다는 것을 폭로할 수 있다.

셋째, 우리는 진정한 실체가 있는 공동체에 다시 뿌리내린다면 행복해질 것이다. 이것은 흔한 생각이지만, 이데올로기 비판은 이 통념을 거부한다. 지젝은 우리가 욕망 원인에 이끌려 행동하는 방식에 주목한다. 욕망 원인은 항상 프로이트가 이미 말한 "잃어버린 대상"이다. 이것은 라캉이 말하는 대상 a로서, 한 번도 존재한 적이 없다. 우리도 이것을 정말로 소유하지는 않았다. 지젝은 환상의 내용을 제시한다. 말하자면 우리는 타인이 우리의 향락을 훔쳐갔고 잃어버린 대상을 가지고 있다는 환상에 사로잡힌다. 진정한, 균형 잡힌 심리적 욕구가 있다는 주장을 비판하면서, 지젝은 소급적으로 구성된 공동체 의식은 대상에 대한 애착에 의해 생겨난다는 것을 잘 보여주고 있다. 그 대상을 그저 가만히 놔둘 때 우리는 비로소 그 대상에서 풀려날 것이다.

넷째, 우리는 현상을 떠받치는 의미나 가치가 현상 뒤에 있다고 생각한다. 이데올로기 비판은 이런 생각을 거부한다. 여기서 지젝은 프로이트의 꿈 해석과 마르크스의 상품 분석이 상동적이라고 지적하고 이 상동성을 탐구한다. 그래서 꿈이든 상품이든 어떤 것을 숨기거나 관계를 신비스럽게 만든다는 것을 보여준다. 이처럼 지젝은 발견되기를 기다리는 내용이 있다는 주장을 비판하면서, 온갖 심층 심리학을 거부하고, 참된 의미를 드러내는 해석이 올바른 해석이라는 주장은 허구라고 지적한다.

다섯째, 최근의 지적 조류는 언어의 밑바탕에 도사리고 있는 사물을 탐구하는 작업에서 언어놀이들과 내러티브의 자유롭다고 가정된 유희를 연구하는 작업으로 옮겨간다. 언어놀이들은 자본주의 아래서 한계가 정해진 현실생활의 이데올로기적 지평을 따라 진행된다. 이데올로기 비판은 이런 경향을 받아들이지 않는다. 이데올로기 비판은 해체와 탈근대를 추구하는 학자를 겨냥하고, 내러티브의 '사회적 구성'에 홀린, 사소한 치료 작업도 겨냥한다. 지젝은 이데올로기가 개별 정치 경제 체계의 실제 본성에 어떻게 섞여들어가는지 주목하며, 자본주의 실상에 대한 진리가 어떻게 자본주의와 역사적으로 단절하도록 기능하는지 살핀다.

지젝의 작업은 이 모든 비판을 엮어서 하나의 일관된 설명으로 만들 수 없다. 여기서 지젝은 자신이 기술한 대로 존재하고, 자신이 발굴한 이론 자원에도 부합하며, 스스로 이끌어낸 정치 결론에 따라 행동한다. 지젝은 자신이 드러낸 모순을 모두 해결하지 않는다. 그가 어떻게 해결할 수 있겠는가? 마르크스주의 용어대로 기술하자면, 지젝 자신이 자아비판의 자리이며, 교화가 영원히 이루어지는 자리다. 정신분석 용어로 말하자면, 지젝의 분열은 비일관성의 원천이자, 지젝이 상징계의 본성과 자신에 대해 논증한 것에 다시 일관성을 부여하는 원천이다. 헤겔의 용어로 표현하자면, 지젝은 오늘날 우리가 꼼짝없이 갇혀 있는 곳에서 빠져나오는 길을 그려낸다. 이 길은 늘 완결되지 않으며 반드시 부정적 변증법을 따른다. 지젝다움에는 미완결이 있다. 지젝다움을 온전히 드러낼 체계나 곁쇠master key가 없다는 말이다. 이 미완결은 '지젝주의자'다움의 미완결이기도 하다. 지젝주의자답게 되는 것은 불가능하다. 이 불가능성을 이해할 때, 세계가 다르게 바뀔 수 있다고 믿으며, 무에서 다시 시작할 수 있다.

ㄹ
장

마르크스주의자 헤겔
지젝의
독일관념론 수정

TODD MCGOWAN
토드 맥고완

Slavoj Žižek

완전히 내재적인

헤겔 사상은 사회 분석을 위한 비판적 도구로서 중요하다. 역사
적으로 이 사실은 정치적 지향이 있는 이론가들이 빠져나올 수
없는 궁지를 만들어냈다. 헤겔은 현실 정치에 미치는 효과로부
터 철학을 분명하게 분리하기 때문에, 철학이 가진 분석 도구로
서의 힘을 파괴하지 않으면서 바로 그 철학에 정치적 실천을 주
입하는 방법을 찾아야 한다. 게오르크 루카치가 유명하게 만든
하나의 해법은 보수적인 후기 헤겔을 훨씬 급진적인 청년 헤겔
로부터 분리하는 것이다.[1] 이 해법은 우아하지 않아서 단순함이
란 장점도 덮어버린다. 두 종류의 헤겔을 구별하려면 1807년의
정신현상학에서 1821년의 법철학까지 그의 철학이 보여준 놀랄
만한 연속성을 간과해야 하기 때문이다. 루카치보다 더 설득력

있는 해법은 후기 저작에서도 나타나는, 정치적 논쟁에 대한 암묵적 요구에 초점을 맞추는 것이다.

헤겔 철학이 제시하는 정치를 복원하려 할 때, 우리는 걸림돌 하나를 맞닥뜨린다. 헤겔이 말하는 절대자 혹은 절대 지식이 그것이다. 사유가 현실로 스며들고 현실이 사유에 스며드는 과정을 철학이 인식할 때 철학은 절대자에 이른다. 노년기 저작인 『법철학』에서 절대자 이념은 정점에 이른다. 헤겔은 여기서 악명이 자자한 선언을 한다. "이성적인 것은 현실적이고 현실적인 것은 이성적이다."(헤겔 1952: 10) 헤겔 후에 등장한 많은 철학자는 이 선언을 의심하고 심지어 조롱한다. 이 선언은 지배질서에 도전할 가능성을 없애버리며 당시 프로이센 군주제를 옹호했던 헤겔의 생각을 정당화하기 때문이다. 절대자는 사유와 현실의 화해일 뿐이다. 철학자는 사유가 현실성을 넘어선다거나 현실성이 사유를 넘어선다는 생각을 포기해야 한다고, 절대자는 요구한다. 이 화해는 정치 논쟁이 완전히 끝났음을 뜻하는 것 같다. 헤겔 주석가들은 대부분 사유와 현실의 화해를, 정치를 아예 포기하겠다는 선언으로 이해한다. 절대자는 여기 현실 바깥에 있는 공간을 아예 없애버리기 때문이다. 하지만 그런 공간이 있어야 현재 정치를 논박할 수 있다. 헤겔이 절대자 개념을 사유할 때는 은밀하게 지배질서를 옹호하는 열성 당원이 된 것 같다. 프랑스혁명을 찬양하던 청년기 헤겔의 급진 정치는 노년기 헤겔에게 더 이상 존재하지 않는다.

허버트 마르쿠제와 질리언 로즈는 절대자가 중요하다고 공언하지만 헤겔이 완전히 정치적 철학자라는 증거를 제시했다. 사유가 이미 파악한 진보를 세상에서 실현하라는 요구가 헤겔이 추구한 정치를 구성한다. 여기서 현실이 이성적임을 파악하는 것이 헤겔의 절대자인데, 절대자는 우리가 이성을 완전히 실현하도록 몰아세운다. 이런 뜻에서 절대자는 정치를 포기하라는 뜻이 아니라 정치가 불가피하다는 뜻을 내포한다. 질리언 로즈는 이렇게 말한다. "주류 철학들에는 현실성이 빠져 있다는 사실을 통찰하여 인륜적 삶을 다르게 구성하도록 돕는 것이 헤겔 사상의 전반적인 의도다. 주류 철학들은 부르주아 법과 소유권에 동화된 나머지 그것을 강화한다. 그래서 절대자를 사유할 수 없다면 헤겔 사상은 사회적으로 전혀 중요하지 않을 것이다."(로즈 1981: 208)[2] 헤겔 사상에 이렇게 접근한다면, 겉보기에 절대자는 정치 논쟁에서 완전히 물러나는 것 같지만 간접적으로 정치적 정언명령처럼 기능한다.

지젝은 루카치처럼 헤겔을 둘로 나누지 않고, 로즈처럼 절대자를 정치적 정언명령으로 받아들이지 않으면서도 헤겔이 정치철학자로서 여전히 중요하다고 인정한다. 그래서 지젝은 헤겔 해석자로서 중요한 인물이다. 지젝은 이론 작업을 엄청나게 많이 내놓았는데, 그 작업을 밑바탕에서 추동한 것은 새로운 종류의 정신분석적 마르크스주의가 아니다. 오히려 헤겔 철학을 정치를 뒷받침하는 기초로 다시 파악한 것이 지젝 작업의 밑바탕에 깔려 있다. 지젝은 로즈와 마르쿠제처럼 헤겔을 다르게 읽으려 하면서도, 그들과는 또 다른 길을 간다. 지젝은 헤겔 철학을 다시 읽으면서 숨겨진 정치 중핵을 발견하려 한다. 로즈는 헤겔의 절대자를 사유가 이미 내다본 것을 실현하라는 실천적 정언명령으로 이해한다. 그러나 지젝은 절대자를 종말에 대한 인정으로 이해한다. 절대자를 실현한다는 것은 사회적 삶이 본성상 닫혀 있음을 뜻한다. 말하자면, 미래는 분명 열려 있는 것처럼 보이지만 그것은 환상일 뿐이다. 이 환상은 적대관계가 해소될 수 없다는 사실을 보지 못하게 한다. 사회가 아무리 진보하고 향상된 기술이 엄청난 힘을 발휘해도 사회질서는 구조상 닫혀 있어 적대관계를 넘어설 수 없다. 사회질서가 적대를 넘어설 수 없기 때문에 적대는 불가피하다. 절대 지식이란 바로 이 사실을 인식하는 것이다. 적대관계는 사회가 온전히 실현되지 못하게 하고, 자기 동일성을 갖추지 못하도록 사회를 방해하지만 사회의 가능성 조건이기도 하다. 절대자를 인식할 때, 우리는 자기 동일성을 가로막는 장애물이 자기 동일성으로 나아가도록 추동한다는 것을 인식한다.

절대자를 인정하면 사실상 적대의 불가피성도 인정하는 것이라는 생각은 분명 헤겔 저작에서 나왔다. 초기 헤겔 주석가들은 이 출처를 조명하지 않았지만 말이다.[3] 『정신현상학』의 끝에서 헤겔은 절대적 지식이 말 그대로 한계 없는 앎이 아니라 한계에 대한 앎이라고 논의한다. 이 앎은 지식과 주체를 구성한다. "자신을 아는 정신은 자신뿐만 아니라 자신에 대한 부정, 즉 자신에 대한 한계도 안다."(헤겔 1977: 492) 여기서 헤겔은 절대자가 적대를 이기거나 완전히 초월하는 계기가 아니라 적대의 불가피성에 대한 인정임을 분명히 밝힌다. 헤겔 이전의 모든 사고 양태는 적대를 피할 수 있을 거라는 희망을 품고 있으며, 바로 이 때문에 자신과 모순에 빠져버린다. 그래서 헤겔의 변증법은 오히려 절대자를 지향하게 된다. 절대자는 모순에 종속되지 않는다. 사유가 존재 자체의 적대적, 모순적 본성을 인식할 때 절대자는 모순을 도입하여 이를 자신을 정의하는 원리로 삼기 때문이다.

지젝은 헤겔의 절대자를 해석하면서 자크 데리다나 장 뤼크 낭시 같은 인물들처럼 화해 개념을 제거해버리지 않는다.[4] 대신에 화해는 적대에 대한 달라진 관점과 결합한다. 적대는 넘어서야 할 장애물이라기보다 어떤 존재의 형식으로서 등장한다. 지젝은 암묵적으로 헤겔 논리학에 대한 책인『그들은 자기가 하는 일을 알지 못하나이다』에서 다음과 같이 말한다. "'화해'는 절단의 상처를 치유하는 어떤 기적도 가져오지 않는다. 화해는 오직 관점의 전복으로 이루어지며, 우리는 이를 통해 절단이 어떻게 그 자체로 화해인지 지각한다."(지젝 1991a: 78) 절대자는 화해를 수반하고 화해는 적대의 위상을 변형한다. 그래서 주체는 적대가 필연적이며 심지어 생산적임을 알 수 있다. 헤겔은 철학이 분열과 모순을 정복한다고 종종 상징적으로 말하지만, 지젝은 헤겔의 이름표인 절대자를 취한다. 그는 헤겔이 존재 자체의 적대를 정확히 이론화한 유일한 철학자임을 간파했기 때문이다.

그러나 존재가 자신과 동일하지 않다는 명제는 헤겔 철학이 전제하는 공리로 그치지 않는다. 오히려 모순에 빠져 있는 존재를 증명하는, 부인할 수 없는 증거가 있다. 그것은 말하는 능력이다. 존재가 자신과 동일하다면, A=A이고 잔여가 없다면, 누구도 존재가 자신과 동일하다고 말할 수 없다. 순수 내재성의 세계는 침묵으로 가득하다. 언어는 세계에 난 틈에서 발생하는데, 자기 동일성이 이 틈에서 깨지고, 말하기는 틈을 메우려고 애쓴다. 말하고 욕망하는 존재가 있다는 것은 존재의 중심에 새겨진 모순을 증거한다. 칸트가 보여주었듯이, 순수이성의 이율배반이 이성이 스스로 모순에 빠지는 지점을 가리킨다면, 순수 존재의 이율배반도 존재해야 한다. 순수 존재의 이율배반은 존재가 스스로 모순에 빠지는 지점을 가리킬 것이다. 그렇지 않다면, 순수이성의 이율배반은 일어날 수 없다. 존재가 자신과 동일하거나 존재가 하나일 때 순수이성의 이율배반은 차단되기 때문이다. 칸트는 세계의 사물을 "지나치게 다정하게 다루려다 오류에 빠졌다. 모순이라는 흠이 세계의 본질을 망치도록 허용할 수는 없는 듯 보인다. 그러나 사유하는 이성, 즉 정신의 본질이 전개되지 못하게 가로막는 것은 있을 수 없다."(헤겔 1975: 77) 칸트와 다르게 헤겔은 이성이 모순에 빠진 상황을 존재에 새겨진 모순과 곧바로 연결하여 사유한다. 이런 연관성이 없다면, 존재론의 차원에서 이성이 어떻게 적대관계에 빠져드는지 설명할 수 없다. 칸트는 이것을 설명하려고 시도하지 않는다.

존재 자체의 적대적이거나 분열된 구조에서 빠져나오는 길을 모두 파괴하려는 기획이 헤겔 철학 안에 있다. 이것이 헤겔 철학의 은폐된 정치적 핵심이다. 사유가 절대자에 도달할 때, 사유는 자신이 바깥이란 관념에 더는 의존할 수 없음을 발견한다. 바깥이라는 관념은 존재 자체의 적대관계에서 벗어나는 길이 있다는 환상을 주체에게 실제로 제공한다. 헤겔은 『대논리학』에서 이렇게 쓰고 있다. "절대 이념으로서 개념이 자신의 대상에 대해 객관성을 가질 때, 이 객관성은 개념과 다른 것 안에 있다. 다른 모든 것은 오류이고 혼동이며 의견이고 시도이자, 변덕이고 덧없는 것이다. 즉 절대 이념만이 존재이고, 불멸하는 생이며, 스스로 아는 진리이고, 모든 진리다."(헤겔 1969: 824) 헤겔 이후 역사철학에서 절대 이념이 문제를 일으킨다는 것은 금방 확인된다. 그렇다고 칼 포퍼처럼, 헤겔을 전체주의적 규칙과 동일시하면서 타자됨을 완전히 없애버리면 문제가 생긴다고 지적할 필요는 없다. 그러나 헤겔은 타자됨을 없애버리면서 주체 자신의 내재성에서 주체가 벗어날 수 있다는 환상을 근절하려 한다. 주체는 절대자에 이를 때 자신을 넘어설 수 있다고 가정하지만 헤겔은 다르게 생각한다. 헤겔에 따르면, 절대자에 도달한 주체는 사회 장에 완전히 내속되어 있다고 확신하게 된다.

헤겔과 지젝의 내재성 개념은 스피노자와 관련된 전형적인 개념과 완전히 다르다. 스피노자나 최근 스피노자 추종자인 마이클 하트 및 안토니오 네그리와는 달리, 헤겔은 초월성을 통째로 없애지 않는다. 초월성을 통째로 없애면, 오히려 존재는 전체라고 가정하게 된다. 이것은 의도하지 않은 결과다.[5] 헤겔은 존재를 하나로 환원하는 스피노자의 생각을 피할 수 있다. 내재성을 다르게 규정하기 때문이다. 스피노자적 환원은 정치 쟁론을 위한 공간을 이론상 없애버린다. 존재가 하나라면, 내재성 장 안에 초월성이 없다면, 정치 행위는 모두 연극일 뿐이며 변혁적 행위는 그저 겉모습일 뿐이다. 이런 행위들은 존재의 본질을 구성하는 존재의 자기 동일성을 방해할 수 없다. 헤겔에게 초월성은 내재성 장에서 분리된 영역이 아니라 내재성 안에 있는 영역이다. 초월 지점은 내재성 장에 존재하는데, 이 장이 스스로 동일성을 유지하지 못할 때 초월 지점이 나타난다. 존재는 자신과 동일하지 않다. 초월성은 이렇게 자신과 동일하지 않은 상태에서 발생한다. 즉 모순에서 발생한다. 이 모순은 정치 변화의 근원이다. 변화를 규제하는 하나(됨)이 없기 때문에 정치 변화는 혁명을 유발할 수 있다.

존재의 하나됨을 거부하면서 자기 동일적 대타자의 유혹을 피한다. 그렇게 함으로써 우리 자신이 처한 정치적 상황에 책임을 져야 한다. 바로 이 이유에서 지젝은 절대자를 주체의 정치화와 동일시한다. 다시 말해, 절대 지식에 도달하지 못했다면 우리는 타자성의 어떤 형식으로 완벽한 자기 동일성을 계속 전제할 것이다. 이 타자성은 정치적 행동들을 막는 장애물처럼 항상 작동할 것이다. 정치적으로 행동할 때, 사회적 장은 쟁론의 영역이지 존재론이나 사회적으로 주어진 것의 영역이라고 이해되지 않는다. 절대자는 대타자를 수축시켜 주체를 위하여 영역을 변형한다. 지젝이 보기에, 이론의 과제는 이 변형을 가능하게 하여 주체가 자신을 근본적으로 정치적 존재라고 볼 수 있게 하는 것이다.[6]

이렇게 주체 자신의 관점을 바꾸는 근본적 변형을 헤겔은

『정신현상학』 서문에서 언급한다. 그래서 그는 이렇게 주장한다. "모든 것은 실체일뿐더러 주체인 진리를 파악하고 표현하는 일이 된다."(헤겔 1977: 10) 이 진술은 모든 진리가 단지 관점에 달려 있고 주관이 만들어낸 설명에 불과하다는 뜻이 아니라 말하는 주체가 분열되어 있듯이 존재 자체도 똑같이 분열되어 있다는 뜻이다. 그래서 완벽한 동일성을 유지하는 대타자라는 관념을 고수할 수 없다. 모든 대타자와 심지어 조화롭게 보이는 자연조차 겪는 분열은 똑같이 주체를 쪼개어놓고 조화로운 존재가 되지 못하게 막는다.[7]

지금은 타자됨을 존중하고 타자와 대면하는 것을 어떤 가치보다 더 찬양하는 시대다. 이런 시대에 헤겔의 절대자가 필요하다고 말하는 목소리가 더 커지고 있다. 타자됨을 존중하자는 것은 새 정치의 한 형태가 아니다. 공산주의가 무너지고 노동자 운동이 뜸해지자 새로 나타난 정치가 아니라는 말이다. 타자됨을 존중하는 것은 정치를 아예 떠나는 움직임을 대표한다. 타자의 타자됨을 존중할 때, 우리는 타자의 정체성이 온전하다고 생각한다. 분열된 주체와 달리, 타자는 스스로 동일하다. 그래서 타자를 알려고 하는 주체에게 타자는 완전히 낯선 존재다. 유럽이 미 대륙을 침입하기 전에 미국에 이미 원주민이 살았다거나 자연계는 조화로운데 인간이 개입해서 조화가 깨졌다는 생각은 이런 타자 개념에서 곧바로 도출된다. 다른 측면에서는 마음을 달래주는 이런 타자 개념에도 문제가 있다. 우리가 이 개념을 사용하는 한, 존재는 나뉘어 있고 자기 동일성도 불가능하다는 사실을 보지 못할 것이다. 유럽인이 침입하기 전에 살았다는 미국 원주민은 정체성을 순수하게 유지하는 존재를 표상한다. 분열된 주체성을 가진 유럽인이 이 원주민을 망쳤다는 생각에는 정치 기획을 망치는 해로운 요소가 나타난다. 이 생각은 정치라는 분야를 아예 포기해버리기 때문이다. 지젝이 우파 적수와 진짜 맞붙기보다 잠재적 좌파 경쟁자를 없애려고 다문화주의를 자주 적수로서 언급한 것은 아니다(지젝을 비판하는 일부 사람들은 그렇게 생각한다). 지젝은 좌파가 추구하는 정치에 다시 불을 붙이려고 다문화주의를 자주 지목한다.[8] 존재가 자신과 동일하면 정치 행위는 불가능해진다. 이런 이유로 지젝은 헤겔을 지향하면서 다문화주의를 자주 맹렬히 비판한다.

헤겔을 정치사상가로서 다시 주목할 때, 지젝은 절대자 개념에 주로 주목한다. 절대자는 타자가 분열되어 있음을 증언한다. 지젝은 절대자를 해명하며, 이렇게 주장한다. "접근할 수 없는 초월적 절대자 개념은 주체의 응시가 이미 절대자 안에 있는 경우에만 의미가 있다. 접근 불가능한 타자는 다른 타자, 즉 주체와 맺은 관계를 말 그대로 암시한다."(지젝 1991a: 91) 말하자면 절대자는 타자됨 자체를 균열로 이해하는 것을 함축하며, 그래서 지배한다고 가정된 주체를 설명할 수 있다. 절대자를 사유할 때, 우리는 사회가 실현해야 할 합리적 목표를 구상하지 않는다(하지만 질리언 로즈와 허버트 마르쿠제는 그렇게 생각한다). 절대자를 통해 우리는 분열되지 않은 것처럼 보이는 타자의 중심에도 이미 적대가 도사리고 있다고 분명히 밝힌다.

절대자 앞에서 생각이 멈춰버리는 유형의 사고에서는 그 사고가 어떤 타자성을 가정하든 그것의 자기 동일성에 대한 믿음이 지속된다. 여기서 헤겔은 칸트를 매우 신랄하게 비판한다. 잘 알려진 대로 『순수이성비판』 2판 서문에서 칸트는 신, 즉 절대 타자를 믿는 역량에 대하여 주체가 가진 지식에 한계를 긋는 작업을 방어한다. "신앙을 위한 여지를 남기기 위해 지식을 거부해야 한다. 형이상학이 내세우는 독단론이란 형이상학에서는 비판이 없어도 이성이 진보할 수 있다는 편견이다. 이는 도덕성과 충돌하는 모든 불신의 원천이며, 이런 불신은 항상 매우 독단적이다." (칸트 1988: 117) 칸트는 이성이 자신의 한계 너머에 있는 것을 알고자 그 한계를 넘으려는 경향이 있다고 비판한다. 그런 시도를 통해 이성은 신앙의 가능성을 없애버리고 그 과정에서 도덕적 존재도 수복 불가능한 피해를 입기 때문이다. 칸트에 따르면 도덕성은 자기 동일적인 타자성이나 실체에 의존한다. 이런 실체는 모순 없이 도덕법칙을 정초하기 때문이다. 반면 헤겔에게 이런 존재나 위치는 존재하지 않는다.

헤겔의 절대는 어떤 종류의 신앙을 위한 여지도 허용하지 않기 위해 지식에 한계를 그으려는 칸트의 시도를 거부한다. 절대 타자인 신을 믿을 수 없으며, 자연과 평화롭게 공존하는 미국 원주민이라는 자기 동일적 타자성도 믿을 수 없고, 자연계 자체의 조화도 믿을 수 없다. 칸트처럼 지식에 한계를 그으면 이런 모든 종류의 믿음이 가능해진다. 하지만 절대자도 사고 가능하다는 것을 이해하는 순간, 오히려 타자성은 절대적이기를 그치고 자기 분열적이 된다. 즉 주체가 된다. 자신이 의지하는 대타자를 더는 믿지 않는다면, 주체는 자신에 내재한 정치화가 필연적이며 적대도 환원 불가능하다는 것을 받아들여야 한다. 존재에 내재한 적대가 만들어낸 세계에서 주체는 행동해야 한다. 자기 동일적 대타자를 자신이 존재하는 조건으로 수용하기보다.

지젝이 헤겔에게 끌리는 이유는 헤겔의 절대와 분리될 수 없다. 이 절대가 제공하는 길을 통해 회피할 수 없는 적대를 사고할 수 있다. 절대가 있다면, 근본적 자기 분열을 인정하지 않는 한 화해도 가능하지 않다. 어떤 투쟁도 이 자기 분열을 극복할 수 없기 때문이다. 존재에 내재한 적대에는 어떤 외부적 해법도 없음을 드러냄으로써 절대자는 우리가 역사의 끝에 있음을 알려준다. 일단 절대자를 파악하는 한, 역사의 외상으로부터 벗어날 거라는 희망을 더는 품을 수 없다. 이런 뜻에서 우리는 역사의 끝에 있는 것이다. 그러나 오직 이 끝에서만 진정한 정치 투쟁이 시작된다. 바로 이때, 적대는 환원 불가능한 것으로서 자신을 드러내고, 정치적 전투도 벌어질 수 있을 것이다.

군주(제)를 유지하며

헤겔은 『법철학』에서 정치적 적대가 있다고 주장하며, 입헌군주제를 승인하면서 받아들이는 전통적 해석을 뒤집는다. 근대 의회민주주의에는 이 적대에 상응하는 표현이 없다. 따라서 적대는 의회 절차의, 민주주의적 본성을 뒤집는다. 이렇게 민주주의가 뒤집히는 것은 예외가 아니라 규칙이다. 말하자면, 민주주의가 꿈꾸는 의회는 해소될 수 없는 적대를 위한 공간을 마련하지 못한 채 적대를 무분별한 논쟁으로 환원하려 한다. 이런 논쟁에서 정치 행위자는 싸움을 하긴 하지만 싸움의 승리자에게 결국 순종한다.[9] 정치를 이렇게 바라볼 때, 우리는 정치 분야에 잘 들어맞지 않는 것이 존재할 수 있는 공간을 마련하지 않으려 할 것이다. 헤겔도 『법철학』에서 이 문제를 은근히 직시한다. 이 문제를 다르게 기술해보자. 정치적으로 분열된 상황에서도 동의하지 않기로 동의함으로써 결국 화해할 수 있다는 겉모습을 의회민주주의는 만들어낸다. 동의하지 않기로 동의하여 화해할 수 있다는 생각이 바로 경합agonism의 본질이다.

주류 합의정치에서 경합하는 논쟁 형태로 옮겨가더라도, 우리는 적대를 보전하지 못할 것이다. 파시즘이 출현할지도 모른다는 위험 아래서 의회민주주의는 자신을 계속 내세울 것이다. 파시즘이 호소력 있는 이유는 바로 적대를 공적으로 부인하기 때문이다. 지젝은 적대를 좌파 정치의 기초로 삼는데, 좌파가 적대를 버릴 때 적대는 우파를 위한 도구가 될 수 있다. 좌파와 우파의 차이가 적대로 변할 때, 해답을 얻을 희망이 생긴다. 좌파 정치는 적대 자체가 해답이라고 제시하지만 우파 정치는 적대를 지적하면서 (적대를 해소할) 답이 필요하다고 선언한다. 파시즘에도 적대는 있다. 하지만 이때 적대는 넘어서야 할 장애물로서 존재한다. 예를 들어 사회적 소외와 추방, 심지어 살해의 형태로 적대가 존재한다. 좌파에게 적은 인간으로서 나타나지 않기 때문에 죽일 수 없다. 적대가 사회 자체를 구성하는 지위를 갖는다는 것을 좌파의 적은 보지 못할 뿐이다. 지젝은 『죽은 신을 위하여』에서 기독교를 논의하며, 이런 헤겔주의적 주장을 한다. "타락의 효과를 없애도 타락에서 다시 벗어나지 못한다. 오래 기다려온 해방은 타락 안에 이미 존재함을 깨달을 때, 타락에서 다시 벗어날 수 있다."(지젝 2003b: 86) 파시스트처럼 사태를 오해한 기독교인은 구원을 타락이 미치지 않는 곳에서 찾는다. 하지만 지젝 같은 좌파처럼 진정한 신자는 타락 안에서 구원을 찾는다. 적대는 지젝 같은 헤겔주의 좌파와 극우 모두에게 핵심 주제다. 하지만 두 진영에서 완전히 다른 역할을 한다.

정치철학자인 카를 슈미트는 나치즘에 호감을 보였지만 오늘날 다시 주목을 받는다. 정치 자체를 유지하는 기초로서 적대를 계속 유지해야 한다고 주장했기 때문이다. 슈미트는 『정치적인 것의 개념』에서 이렇게 쓴다. "전쟁이 일어날 기미가 전혀 없고 완전히 평온해진 세상에서는 친구와 적도 더 이상 구분되지 않으며 정치도 사라질 것이다."(슈미트 1996: 35) 정치 다툼과 정치 행위자를 계속 유지하려면 전쟁이 일어날 위험을 계속 무릅써야 한다. 자크 랑시에르와 조르조 아감벤은 정치 분야에서 슈미트와 전혀 닮지 않았지만, 그들은 적대와 정치가 사라지면 안된다는 슈미트의 주장에 동의한다. 그러나 슈미트는 우리를 죽이려는 적과 늘 맞서 있는 상황이 해답이라고 말한 반면, 우리는 슈미트가 제시한 해답을 절대 받아들일 수 없다. 슈미트와 달리 헤겔은 적대를 보유하면서도 적과 친구를 구분하자고 주장하지 않는 방법을 발견한다. 적과 친구를 구별하면 전쟁이 쉽게 일어난다.

헤겔이 『법철학』에서 옹호한 대의제 정부는 비대의적 인물을 중심에 세운다. 바로 군주다. 근대적 군주는 고대의 지배자와 다르다. 지배자의 말은 법과 동일하기 때문이다. 요컨대 근대적 군주는 실체가 있는 인물이 아니다. 오히려 헤겔이 이해한 것처럼 군주는 실체의 주체성을 재현한다. 즉 국가 안에 있는 분열을 나타내는 것이다. 오직 군주를 통해서만 국가는 자신의 동일성을 유지하지 못한다는 것을 드러낸다. 군주가 법을 제정하면서 "짐이 원하노니"라고 선언할 때, 이는 국가의 실체를 주관화한다. 헤겔은 주관화의 필연성과 고대에는 없었던 이것의 주체적 계기를 강조한다. 그는 이렇게 지적한다. "'짐이 원한다'는 말은 고대와 근대의 거대한 차이를 나타낸다. 따라서 국가라는 거대한 구조물 안에서 '짐이 원한다'는 자신에 맞는 객관적 존재를 가져야 한다. 하지만 안타깝게도 이런 요구는 단지 외적이고 부수적인 것으로 간주된다."(헤겔 1952: 288)[10] 헤겔에 따르면, 근대 민주주의의 거대한 오류는 실체를 주체화하는 군주의 힘이 없어도 민주주의가 기능할 수 있다고 믿은 것이다. 즉 자기 동일성을 유지하는 실체가 될 수 있다고 믿은 것이다.

실체적 국가의 주체로서 행동하는 군주가 없다면 적대는 가시성을 잃어버리고 인민도 더는 자신을 정치적 존재라고 생각하지 않게 된다. 자크 랑시에르가 말한 "합의정치"가 부상할 때, 헤겔과 랑시에르 모두 동의하듯이, 합의는 정치를 포기하고 치안 국가가 이를 대체하는 사태를 가리킨다. "합의라는 형식은 정치를 치안으로 변형시켜버린다."(랑시에르 2010: 100) 그런데 헤겔주의 관점으로 볼 때 랑시에르는 온전한 민주주의에 대한 강조가 어떤 결과를 가져올지 철저하게 사고하지 못했다. 민주주의가 실체적 국가를 주관화하는 군주를 보유하지 않는다면, 모순 어법처럼 들리는 합의정치가 민주주의 자체로부터 창출될 것이다. 적대가 민주주의 국가에서 사라질 때, 이는 파시스트 지도자의 형상으로 다시 등장한다. 그는 적과 친구를, 우리와 그들을 다시 구분할 것이다. 입헌 민주주의 아래서도 적대가 느껴지는 상황은 늘 계속될 것이다. 헤겔은 군주와 그 주체성을 유지할 때에만 적대의 지속을 피할 수 있다고 믿는다. 군주가 민주주의적 질서를 구성하는 부분으로 남아 있는 한, 군주는 민주주의적 질서가 안으로부터 분열한다는 것을 드러내면서 하나됨이나 실체성의 어떤 형상도 불가능하게 만들 것이다.

지젝은 자신이 걸어온 지적 여정의 초기에 민주주의를 더 신뢰했다. 이때도 지젝은 군주가 정치적으로 필요하다는 헤겔의 생각에 끌렸다. 헤겔에게 빚진 다른 사상가들은 군주제를 유지하자는 주장을 유감스럽게 생각하여 헤겔이 노년에 보수주의로 회귀하면서 군주제를 내세우게 되었다고 지적하며 군주제를 무시한다. 반면 지젝은 헤겔의 정치철학이 발전하면서 군주제라는 결론에 이르게 되었다고 본다. 『이데올로기의 숭고한 대상』에서 지젝은 헤겔의 군주제를 자세히 옹호하면서 철학과 정치의 논리를 따를 때 군주제는 반드시 필요하다고 주장한다.

국가는 군주가 없어도 여전히 실체가 있는 질서 체계일 것이다. 군주는 국가가 주체로 변형되는 지점을 표상한다. 그런데 군주는 정확히 어떻게 기능하는가? 장관과 의원이 제출한 법령에 서명이나 하면서 그저 자신이 인가했다는 공허한 몸짓만 취하는가? 아니면 군주 자신이 원해서 법령을 만들었다고 말하려고, 법과 법령의 객관적 내용에 순수한 주관성을 덧붙이는가? (예를 들어 "이것은 우리의 의지이니……"라고 말하는가?) 따라서 군주는 진정으로 주체다. 다만 그가 주관적 결정을, 완전히 형식적 행위만 취하는 한 그렇다. 반면, 군주가 여기서 한 걸음 더 나아가 법령의 구체적인 내용에 대해 질문하자마자, 그는 국가의 의원과 자신을 분리하는 선을 넘어버리고, 국가도 (아직 주체가 되지 못한) 실체 수준으로 후퇴해버린다.(『이데올로기의 숭고한 대상』, 지젝 1989b: 221~222)

지젝은 분열되지 않은 순수한 국가 실체는 정치를 위협한다는 것을 인지했다. 이에 지젝은 군주제가 필요하다고 변론하게 된다. 군주제는 민주주의 국가에 필요한 분열을 증언한다. 군주제를 버린다면 우리는 혁명을 추구하는 정치가 요구하는 적대감각을 곧잘 잃어버릴 것이다.

지젝이 보기에, 억압하는 조건에서 빠져나오는 가능성을 집단적으로 그려내지 못해 혁명적 정치 변화가 일어나지 않는 것은 아니다. 거꾸로 우리는 할 수 있다는 편안함에서 빠져나오는 가능성을 집단적으로 그려내지 못한다. 이것이 혁명적 정치 변화를 가로막는 큰 장애물이다. 적대가 사회를 구성함을 파악하지 못할 때, 우리는 돈을 많이 벌면 적대를 넘어설 수 있다고 믿는다. 진짜 사랑을 추구하는 배우자를 찾으면, 완벽한 직업을 구하면, 건강에 맞는 생활 방식을 취하면, 적대를 초월할 수 있다고 믿는 것이다. 이런 해법은 이미 문제를 낳아왔다. 어쨌든 유복해지고 내실을 갖출 수 있다고 믿으면, 우리는 스스로 정치에서 벗어날 수 있다고 믿게 된다. 다시 말해, 정치를 피할 수 있는 존재라고 믿게 된다. 지젝의 철학은 주체성에 시달리지 않는 실체란 없다는 사실을 드러낸다. 적대가 없는 존재는 없다는 명제가 지젝 철학의 중핵이다. 지젝은 분명 시대를 역행하는 헤겔주의 군주에게 애착을 느낀다. 지젝의 사상이 말하는 정치 혁명에는 물리적 폭력이나 가두행진이 반드시 필요하지 않다. 대신에 정치 혁명은 적대와 주체성이 사회에 편재한다는 것에 주목하도록 새로운 사고방식을 강제한다.[11]

이론적으로 분기하는 지점이 있지만, 이 주장에 대해 지젝은 아감벤이 『도래하는 공동체』에서 내세운 주장에 근접한다. 이 저서에서 아감벤은 벤야민에 대한 일화에 주목하는데, 여기서 벤야민은 정치적 혁명을 구원의 형상으로, 자신이 말한 "메시아 왕국"의 형상으로 상상해보려고 한다. 아감벤에 따르면, 벤야민은 블로흐에게 이런 말을 했다고 한다. 메시아가 오면, "모든 일이 지금처럼 돌아가겠지만, 단지 조금 다른 것이 있을 것이다."

바로 다음 구절에서 아감벤은 "절대자는 이 세계와 동일하다"는 생각을 언급한다.(아감벤 1993: 52) 물론 그가 헤겔을 명시적으로 거론한 적은 없다. 혁명적 정치 변화가 "단지 조금 다른" 세계를 창조할 것이라는 발상은 헤겔주의 전통에 굳게 뿌리내리고 있고 절대자에 대한 아감벤의 의식을 명시한다. 절대자에 도달하더라도 모든 것은 같을 테지만, 절대자는 약간 다른 차이를 도입할 것이다. 벤야민을 이를 메시아적 구원과 결합시킨다.

절대자가 도입하는 약간의 차이는 바로 순수한 실체는 없다는 이해다. 내가 분열되어 있다고 인정할 수 있으나, 대타자의 자기 분열이나 모든 실체의 주체성을 수용하는 데 상당한 정치적 난관이 존재한다. 우리는 나뉘어지지 않은 대타자를 믿으려 하기 때문이다. 즉 신과 자연, 종교적 근본주의자, 서로 다른 인종 집단 등이 있다고 믿고 싶어한다. 하지만 이를 믿으면 절대자와 아감벤이 말한 메시아의 왕국으로 가는 길은 막힌다. 지젝에게 구원은 순수한 대타자라는 이상을 버리는 것을 함축한다. 마찬가지로 헤겔이 보기에, 기독교는 신의 자기 분열을 수용하라고 요구한다. 이 분열을 통해 십자가에 달린 그리스도가 생겨나고, 신은 십자가에서 자신을 버린다. 지젝이 요구하는 정치적 희생이란 시간과 돈, 심지어 자기 생명까지 버리라는 뜻이 아니다(물론 이런 희생들을 우리는 정치적 활동과 결부시킨다). 오히려 대타자 자체를 버리라는 말이다.

헤겔주의 안에서 헤겔주의를 넘어서기

지젝은 1989년에 영어로 처음 저서를 펴내면서 지적 관심을 끌어모았다. 그 책이 바로 『이데올로기의 숭고한 대상』이다. 거의 한 세기가 지나도록 서구 철학의 위대한 사상가들은 극복이나 해체의 대상이었는데, 지젝은 이들의 사상이 정당함을 재차 확인했다. 독자는 그 책에서 이것을 발견하고 전율했다. 베르그송과 하이데거가 세우고, 들뢰즈와 데리다로 빠르게 번져간, 지적 전통을 견제하는 해독제로서 지젝이 등장했다. 지젝의 연구에서 헤겔만큼 중요한 자리를 차지한 철학자는 없다. 그러나 지젝은 미국에서 후기구조주의자로 분류하는 사상가들과 라캉을 구분했다. 지젝이 보기에, 라캉은 데리다보다 헤겔과 더 가까웠다. 데리다와 들뢰즈, 푸코 같은 프랑스 이론가와 라캉을 같은 집단으로 분류하는 데 익숙한 이론가들에게 지젝의 이런 견해는 뜻밖의 이야기였다. 『이데올로기의 숭고한 대상』에서 지젝이 이룬 독특한 성취는 더 있다. 지젝은 헤겔과 라캉 사상에 내재된 정치차원을 강조했다. 헤겔과 라캉은 모두 자기 사상의 정치 차원을 다른 차원보다 더 중요하다고 분명하게 밝히지 않았다. 헤겔과 라캉이 한 정치 선언들은 극히 드물다. 헤겔을 동시대 사상가인 피히테와 비교하고, 라캉을 사르트르와 비교하면, 이 사실이 금세 드러난다. 지젝에 따르면, 헤겔과 라캉은 마르크스주의 정치 기획이나 적어도 마르크스주의의 이데올로기 비판에 기여한 사상가 가운데 중요한 인물들이다.

지젝의 초기 저작부터 헤겔은 두드러지게 등장하지만 지젝은 라캉주의 이론을 가장 분명하게 옹호하는 인물로 알려졌다. 지젝 스스로 이런 인상을 만들어냈는데, 자신은 라캉주의 이론가라고 공언하면서 초기 저작의 부제에 라캉의 이름을 집어넣었다.(『삐딱하게 보기』, 시각과언어, 1995; 『당신의 징후를 즐겨라』, 한나래, 1997. 모두 원서 부제에는 '라캉'이 들어가 있다.)[12] 지젝이 자신을 라캉주의 이론가로 소개함으로써 우리를 헷갈리게 한 것은 아니다. 실제로 지젝의 저작은 라캉주의 이론에 크게 빚지고 있다. 지젝은 라캉을 다른 프랑스 이론가들에게서 떼어내는 데 한몫했다. 하지만 라캉주의 이론은 지젝의 사유가 강조한 것을 지젝의 사유를 뒷받침하는 정치적 기초에서 떼어놓는다. 지젝은 이 기초를 라캉보다 헤겔 안에서 발견한다.

지젝은 『부정적인 것과 함께 머물기』에서 전형적인 사고방식을 뒤집자고 요구하며, 자신을 헤겔과 연결한다. (방금 언급한 지젝의 두 저작이 나오고 나서 바로 『부정적인 것과 함께 머물기』가 출간되었다.) 지젝은 마르크스를 정치적으로 교정하려면 헤겔이 필요하다고 지적한다. 이때, 지젝은 역전을 계속 요구한다. "마르크스주의는 '헤겔을 유물론으로 역전'해야 한다고 주장했고, 이런 주장이 한 세기 넘게 이어져왔다. 하지만 거꾸로 헤겔주의가 마르크스를 비판하는 가능성을 제기할 때가 온 것 같다."(지젝 1993b: 26) 지젝은 "헤겔주의가 마르크스를 비판"한다고 말할 때, 마르크스의 믿음에 주목한다. 마르크스에 따르면, 주체가 실체와 화해하려면 부당한 생산관계가 만들어낸 소외를 주체가 극복할 수 있어야 한다.

헤겔주의 관점에서 마르크스는 무엇을 잘못했을까? 마르크스는 노동계급이 소외를 혁명으로 넘어설 수 있다고 생각했다. 그것이 잘못된 생각은 아니다. 오히려 마르크스가 범한 잘못은 생산 기제가 생산 기제 주변에서 형성되는 생산관계로부터 독립되어 있다고 본 것이다.

말하자면, 마르크스는 생산수단이 자신을 투명하게 유지하지만 생산관계는 모순에 빠져 있다고 가정한다. 어떤 모순이든 생산관계에서 발생한다고 가정한 것이다.[13] 헤겔이 말한 절대자 덕분에 우리는 생산수단의 성격을 이해할 수 있다. 생산수단은 이미 투명하게 자신을 유지하지 못하며, 그렇기 때문에 생산관계가 존재하게 된다. 헤겔은 존재 안에서 발생한 분열이 낳은 결과가 바로 언어라고 생각한다. 마찬가지로, 생산수단이 분열되면서 소외를 야기하는 생산관계가 발전하게 되었다고 말할 수 있다. 이것을 헤겔의 용어대로 풀이하자면, 실체가 처음부터 주체가 아니라면, 주체성은 결코 나타나지 않았을 것이다. 주체가 겪는 소외를 극복하는 것보다 더 어려운 일이 있다. 실체 자체가 소외되어 있음을 깨닫는 것이 더 어렵다. 실체가 이미 주체임을 아는 것이 더 힘들다.

지젝이 보기에, 마르크스가 제시한 치명적 전제는 생산수단에 대한 믿음이다. 이는 신을 향한 믿음과 유사하다. 마르크스는 프롤레타리아 혁명이 일어나면 이전에 자본주의적 생산관계가 방해했던 생산수단이 곧 자유롭게 될 거라고 가정한다. 『자본론』 3권에 있는 유명한 구절에 이것이 명백하게 드러나 있다. 여기서 마르크스는 자본주의 자체가 만들어낸, 생산 규제로부터 사회의 생산력을 풀어줄 가능성을 계획한다.

> 자본주의적 생산을 막는 진짜 장애물은 자본 자체다. (…) 수단은 제한된 목적과 끊임없이 충돌하게 된다. 즉 생산의 사회적 힘을 제한 없이 개발할 때, 현존하는 자본의 가치화와 계속 부딪힌다. 따라서, 자본주의적 생산양식이 생산의 물질적 힘을 개발하고 이에 상응하는 세계 시장을 만들어내는 역사적 수단이라면, 이 역사적 과제와 이에 맞는 생산의 사회적 관계도 동시에 모순에 빠진다.(『자본론』 3권, 마르크스 1981, 358-359)

여기서 핵심 구절은 "생산의 사회적 힘을 제한 없이 개발"한다는 것이다. 마르크스는 실체는 실제로 주체라기보다 실체라는 믿음을 증언한다. 다시 말해, 생산의 사회적 힘은 자기 동일적 존재를 나타내는데, 프롤레타리아 혁명은 이 힘을 자본주의의 족쇄로부터 간단히 풀어줄 수 있다고 믿었던 것이다. 하지만 마르크스의 믿음과 반대로 생산수단은 족쇄 없이 존재할 수 없다. 족쇄는 단지 한계를 정하여 규제할 뿐만 아니라 한계를 가능하게 하기 때문이다. 생산수단의 실체성에 대한 믿음 때문에 그는 이것을 볼 수 없었다.[14]

헤겔이 내세운 절대자는 마르크스의 이런 믿음과 정면으로 충돌한다. 생산의 사회적 힘은 자본주의 생산관계와 따로 존재하지 않는다. 자본주의 생산관계는 생산의 사회적 힘을 얽어매는 족쇄지만 부추기는 엔진이기도 하다. 생산관계를 바꾸면 족쇄가 없어지지만 마찬가지로 엔진도 없어진다. 마르크스는 이 연관성을 보지 못한다. 마르크스는 자신이 실체라고 파악한 것이 주체 같은 본성을 가지고 있음을 볼 수 없었기 때문이다. 지젝도 공산주의가 안고 있는 큰 문제를 이렇게 규정한다. 자본주의 생산관계는 생산수단을 제약할 뿐 아니라 추동한다. 이것은 공산주의도 풀어야 할 숙제다. 생산수단은 자본주의 생산관계가 규정한 제약을 거쳐 발전한다. 이 제약들을 없애면 생산수단을 제약에서 해방시키기보다 실제로 발전하지 못하도록 방해하게 된다. 이것을 헤겔의 용어로 풀이하자면, 타자에는 이미 주체의 행위가 포함되어 있으며 생산수단에는 이미 생산관계가 포함되어 있다. 실체 같은 타자는 사실 주체 같은 본성을 가지고 있음을 인식할 때, 우리는 절대자에 도달한다. 지젝은 이 통찰이 마르크스주의 정치의 중핵과 양립 가능할 뿐 아니라 그것을 어떻게 제공할 수 있는지 보여주려고 한다.

지젝은 지적 작업을 진행하면서 자신을 더 강하게 마르크스주의 정치와 동일시한다. 초기 저작인 『이데올로기의 숭고한 대상』과 다르게, 지젝은 더 이상 민주주의를 실행 가능한 정치 체제로 평가하지 않는다. 그리고 정통 마르크스주의가 주장한 프롤레타리아 독재를 분명하게 요청한다. 지젝의 후기 저작은 민주주의에 반대하는 형상들을 다시 불러들인다. 그들은 대의제와 선거를 위반하는 혁명 행위가 반드시 필요하다고 생각한다.

2008년 저작인『잃어버린 대의를 옹호하며』에서 지젝은 나치즘을 옹호한 하이데거의 행동을 방어한다. 그리고 이란혁명과 마오쩌둥의 문화대혁명에 애정을 보인 미셸 푸코를 변호한다. 한편 지젝은 혁명 애호가였던 이들에게도 문제가 있었다고 지적한다. 민주주의 이념에서 너무 멀리 떨어져 나왔다는 것이 문제가 아니라, 자신들이 추구한 혁명 정치를 충분히 수용하지 않았다는 것이 그들의 문제다.

자본주의를 던져버리고 공산주의를 심으려 했던 마르크스주의는 더 급진적으로 나가야 한다. 마르크스주의는 어쨌든 역사를 믿고 경제발전이 가져올 해방하는 힘을 신뢰하려는 마음을 버려야 한다. 지젝이 보기에, 진정한 마르크스주의는 이론이 제시하는 보증을 모두 의심해야 한다. "이렇게 기초를 다시 놓을 때, 의심에서 면제된 것을 미리 전제해서는 안 된다. 경제 '근대화'가 필요하다고 전제하거나, 자유주의와 민주주의가 내세우는 물신을 가장 신성한 것으로 받아들이면 안 된다."(지젝 2008b: 276) 지젝은 하이데거와 푸코, 마오쩌둥을 비판하는데, 여기서 최근 민주주의에 등을 돌린 지젝을 볼 수 있다. 이 세 명의 지식인이 지적했듯이, 민주주의는 타자라는 보증을 완전히 버리기를 거부하는 태도를 하나의 사례로서 보여준다. 즉 타자가 존재하지 않는다고 완전히 인정하기를 거부하는 태도를 전시한다. 지젝은 과거에 민주주의를 지지했으나 지금은 그런 태도를 버렸다. 지젝은 마르크스주의에 더 충실하려 하기 때문이다.

오늘날 좌파는 지적으로나 실천적으로나 막다른 길에 이르렀다. 민주주의를 철저히 추구하지 않아서 그렇게 된 것은 아니다. 좌파는 민주주의를 물신화하는 바람에 궁지에 몰리고 말았다. 지젝은 『잃어버린 대의를 옹호하며』에서 이렇게 지적한다. "민주주의라는 방식으로 자본주의와 싸워야 한다고 믿기 때문에, 우리는 오늘날 자본주의 자체를 밑바탕부터 의심하지 않는다."(지젝 2008b: 183) 민주주의는 적대라는 기초 위에 세워진 정치 형식이 아니라 적대를 회피하는 방법이다. 혁명이 일어날 만큼 정치가 바뀌려면 적대를 공언해야 한다. 이렇게 적대를 공언하려면 민주주의 형식이 주체가 이루어낸 결과로 바뀌어야 한다. 오늘날 좌파에게 민주주의라는 형식은 실체처럼 작용한다. 마르크스가 생산수단을 믿었듯이, 오늘날 좌파는 민주주의라는 대상을 전적으로 믿는다.

민주주의에 대한 믿음은 동시에 인민에 대한 믿음이다. 인민을 분열이 아니라 전체로 보는 믿음이다. 인민이 정당화를 제공하는 행동들은 정당화 없이도 일어나야 한다. 바로 이런 뜻에서 민주주의는 오늘날 이데올로기로서 기능한다. 지젝은 이렇게 말하고 있다. "대타자는 (…) 민주주의로 행동을 정당화하거나 승인하는 방식으로 민주주의 안에 존재한다. 내 행동은 정당한 행동으로 '간주'된다. 다수의 의지를 실행하기 때문이다. 이 논리와 다르게, 해방하는 힘의 역할은 다수의 의견을 수동적으로 '반영'하는 것이 아니라 노동계급이 자신의 힘을 동원하여 새로운 다수를 만들도록 고무하는 것이다."(지젝 2008b: 311) 민주주의의 원칙들을 고수할 때, 사유되거나 일어날 수도 있는 해방의 범위도 제한된다. 민주주의 원칙은 다수의 승인을 필요로 하기 때문이다. 물론 이는 합당한 제한처럼 보이지만, 지젝이 누차 강조하듯이 헤겔 철학은 다수가 자신이 무엇을 원하는지 알지 못함을 보여준다. 해방하는 행동이 만들어내는 다수의 의지는 해방을 원한다. 그러나 이 의지는 민주주의, 심지어 단지 인민의 의지 안에서 운용되는 비의회적 민주주의까지도 혁명적이지 않으며 충분히 해방적이지 않은 이유에 맞게 존재한다.

민주주의에는 어쨌든 진짜 창조력이 없다. 심지어 민주주의 가치를 만들어내려면, 민주주의 가치를 만들어내는 비민주적 행위가 필요하다. 피비린내 나는 프랑스 혁명에서 이것을 확인할 수 있다. 지젝에 따르면, 민주주의 옹호자도 자신이 지지하는 민주주의 가치를 설명할 수 없다. 그래서 민주주의를 떠받치는 기초에는 늘 은밀한 엘리트주의가 있다. 지젝은 "민주주의에는 숨은, 미리 전제된 엘리트주의가 있다"고 주장한다. "민주주의는 정의상 '보편적'이지 않다. 민주주의는 '민주주의에 따라' 고를 수 없는, 가치나 진리를 기반으로 삼아야 하기 때문이다. 민주주의 아래서 우리는 진리를 지키려고 싸울 수는 있어도 무엇이 진리인지 결정할 수는 없다."(지젝 2003a: 196-197) 인민이 유기적 전체라는 생각은 민주주의를 떠받치는 기초인데, 민주주의를 제약하는 근본 한계도 바로 여기서 나온다. 인민이 유기적 전체라는 말은 인민이 타자로서 정말 존재한다는 뜻이기도 하다. 헤겔 사유의 전통을 따르는 지젝은 민주주의 기획을 거부하면서 그것은 이론으로 따져도 지속 가능하지 않다고 말한다. 따라서 실제로 지속 가능하지 않을 것이다.

그렇다고 우리도 헤겔처럼 군주가 중심 역할을 하는 정치를 옹호해야 한다는 뜻은 아니다. 이는 오히려 자유와 평등, 박애의 옹호자는 민주주의적 형식을 적대를 푸는 해법으로 보는 관점을 피해야 한다는 뜻이다. 즉 적대의 단절하는 힘을 제약하는 형식적 구조 안에 적대를 담아두려는 방식으로 민주주의를 보려는 견해를 피해야 한다. 민주주의에 맹목적으로 고착되면, 민주주의의 지지자가 고수하는 가치를 오히려 파괴하는 길로 나간다. 이 가치들을 진정으로 유지하려면, 민주주의를 더는 하나의 실체이거나 해답으로 간주할 수 없는 것이다.

지젝의 민주주의 비판은 헤겔 철학이 제시한 정치에 대한 자신의 재개념화로부터 나온 것이다. 재개념화의 기초는 초기 저작에도 등장하지만, 2000년에 나온 『무너지기 쉬운 절대성』에서 비로소 지젝식 정치의 윤곽이 분명히 드러난다. 이 저작에서 그는 정치가 적이 아니라 자신에게 무기를 겨눈다고 기술한다. "선택을 강요당할 때, 이 주체는 '미친' 불가능한 선택을 하는데, 바로 자기 자신을 공격하는 것이다. 즉 자신에게 가장 소중한 것을 타격한다. 이 행동은 자신을 향한 무기력한 공격성이 표출된 사례가 아니며 오히려 주체 자신이 처한 상황의 구도를 바꾸고 있다. 주체가 소중한 대상을 소유하기 때문에 적enemy은 주체를 제압할 수 있다. 그래서 주체는 자신을 소중한 대상으로부터 끊어내면서 자유로운 행동이 펼쳐지는 공간을 확보한다. 우리 자신과, 민주주의에 대한 믿음 같은 가장 소중하게 여기는 전제들을 공격할 때 비로소 세상을 바꾸는 것이다.

지젝은 이런 사고방식을 폭력 논의에도 적용한다. 지젝은 폭력을 논하면서 20세기에 등장한 독재자는 폭력을 철저하게 휘두르지 못했다고 한탄한다. "폭력이 사회관계의 기초를 완전히 뒤집어놓는 것을 뜻한다면, 아마 정신 나간, 무정한 말처럼 들리겠지만, 수백만 명을 학살한 독재자들이 충분히 폭력을 휘두르지 않았다는 것이 그들의 문제라고 말할 수 있다."(지젝 2008a: 217) 진짜 폭력은 유대인을 600만 명 학살하는 것이 아니다. 지배질서와 맺은 관계를 바꾸는 것이 진짜 폭력이다. 히틀러는 진짜 폭력을 휘두를 수 없었다. 데이비드 핀처가 감독한 「파이트 클럽」의 주인공과 달리 히틀러는 자기 뺨을 후려칠 수 없었기 때문이다. 지젝은 자기에게 해를 입히지만 해방시키는 효과를 내는 폭력을 보여주는 사례를 영화와 문학작품에서 끌어온다. 에우리피데스의 「메데이아」와 토니 모리슨의 『빌러비드Beloved』, 장 드 봉 감독의 「스피드」, 브라이언 싱어 감독의 「유주얼 서스펙트」가 그것이다. 한편 지젝이 좋아하는 현실 사례는 프로이트가 나치즘에 저항한 행위다. 다른 유대인 사상가들은 나치가 자기 마음대로 그려낸 유대인 상을 유대인의 실제 모습과 비교하여 비판했지만 프로이트는 유대인이란 관념 자체를 공격했다. 나치 권력과 이데올로기가 강해질 때 프로이트는 『인간 모세와 유일신교』를 썼다. 프로이트는 나치즘이 싸우고자 하는 대상을 나치즘에게서 빼앗아버렸다. "프로이트는 거의 자기학대스러운 뒤집기를 감행한다. 그래서 유대인 자신을 공격 대상으로 삼고, 유대인의 시조인 모세가 이집트인임을 증명하려 한다."(지젝 1993b: 220) 지젝이 민주주의를 비판할 때, 그의 행동을 마찬가지 맥락에서 이해할 수 있다. 자본주의자와 근본주의자가 민주주의를 파괴하려 할 때, 우리는 민주주의를 방어하기보다 가차 없이 비판하면서 인민은 존재하지 않음을 보여줄 수 있다.

폭력은 정치적 적뿐만 아니라 자신에게도 가해져야 한다. 적은 특정 인간이나 집단이 아니라 항구적인 심리적 투자이기 때문이다. 어떤 주체도 그런 투자에 면역되어 있지 않다. 자신에게 폭력을 가할 때, 이를테면 자본주의적 생산관계 안에 있는 자신의 심리적 투자를 겨냥하는 것이다. 그래서 자신을 향한 폭력은 어떤 해방 이념에서도 쐐기 역할을 한다. 지젝은 헤겔의 절대라는 개념에 개입하면서 자신을 향한 폭력을 통해 정치를 사고한다. 이런 폭력은 안정된 대타자가 보장하는 안전을 치워버리고 모두를 위해 사회적 장을 바꾼다. 그런데 헤겔 덕분에 지젝은 자신의 정치학 안에 폭력과 적대를 보유하면서도 집단수용소의 논리에 굴복하지 않을 수 있었다.[15]

최근에 그의 사상이 보여주는 굉장한 아이러니는 바로 마르크스주의를 더 맹렬히 추구할수록 라캉에서 헤겔로 강조점이 옮겨간다는 사실이다. 그는 아마 유일한 라캉주의 철학자로 여전히 알려져 있지만, 최근에 쓴 책들에는 라캉이 한 줄도 인용되어 있지 않다.[16] 반면 지젝도 인정하듯이, 헤겔은 점점 중심으로 이동하고 있다. 〈해방은 상처를 준다〉라는 대담에서 그는 헤겔이 자신의 이론 작업에서 특권을 갖는다고 인정한다. "사상가를 딱

한 명만 골라야 한다면, 결국 저는 헤겔입니다. 완전히 솔직하게 그렇습니다. 헤겔은 백인이자 죽은 사람이고, 하여간 오늘날 잘못된 입장이 무엇이든, 저는 헤겔 편에 서 있습니다."(라스무센 2004) 구차하게 변명하지 않고 헤겔을 껴안은 이유는 바로 헤겔 철학에서 적대가 가지는 우선성이며, 적대를 사회적 관계의 기초로 개념화하는 그의 능력이다.

지젝이 전투적 마르크스주의로 기울수록 그의 사상에서 헤겔이 맡는 역할은 더 커지고 있다. 지젝은 자기 철학의 기초가 바로 헤겔이라고 더욱 강조한다. 이 사실은 헤겔 덕분에 엄격한 마르크스주의가 가능함을 암시한다. 헤겔 철학은 더 혁명적인 마르크스주의를 뒷받침하는 기초를 제공한다. 여기서 헤겔 철학은 마르크스보다 더 많은 일을 할 수 있다. 이것은 분명 역설이다. 헤겔은 적대가 해소될 수 없다고 주장하지만 마르크스는 앞으로 적대를 해소할 수 있다는 믿음을 중심으로 정치를 기획한다. 정치를 바꾸는 열쇠는 적대를 정치의 기초로 삼는 것이다.

적대가 사회를 구성한다고 보편적으로 인정하는 것이 지젝의 정치적 기획이다. 그에게 이 기획은 진정한 공산주의와 동일하다. 이 기획은 주체의 절대적 자유를 중요하게 여기면서도 전제라는 항구적 유혹으로부터 자신을 보호하는 사회를 반드시 필요로 한다. 이런 유형의 사회는 대타자에 대한 어떤 믿음과도 양립할 수 없다. 자본주의가 꿈꾸었고 사회주의도 꿈꾸었던, 20세기에 존재했던 그런 대타자를 향한 믿음은 이 사회와 공존할 수 없는 것이다. 그의 정치적 기획은 19세기의 한 철학자를 근거로 삼았지만(아니면 아마도 그를 근거로 삼았기 때문에) 유달리 새로운 것이다.

지젝은 기이하고 변칙적인 좌파다. 하지만 생기 있는 어조로 말하고, 통속적 농담을 자주 하며, 고급문화와 저급문화를 말끔하게 이어 붙이기 때문에 그런 인물인 것은 아니다. 겉으로 보이는 이런 특징들은 모두 훨씬 더 전통적인 좌파 정치를 전달하는 수단으로 볼 수도 있다. 오히려 정치적 투쟁을 적대에 대한 인정과 완전히 동일시한다는 점에서 지젝은 알랭 바디우나 자크 랑시에르같이 그와 정치적으로 가장 가까운 동료들과도 견해를 달리한다. 이런 이유로 그는 헤겔이 "자신에게 유일한 인물"이라고 강조한다. 전통적인 마르크스주의 정치 사상에 따르면, 계급사회에서 적대가 표출될 때 정치적 투쟁은 이를 극복하려고 시도한다. 반면 지젝은 이런 정치관을 이데올로기 안에 둔다. 이데올로기는 적대가 근본적이지 않고 구성적이지도 않다고 우리를 설득하려 하지만, 정치는 적대가 사회를 구성한다는, 적대의 본질을 긍정하려고 한다.[17]

지배관계가 성립되는 이유를 잘 알아야 한다. 적대가 사회질서를 교란하기 때문이 아니라, 사회는 사회를 구성하는 적대 구조를 감추는 방향으로 작동하기 때문에 지배관계가 성립된다. 적대관계에서 달아나려는 주체는 권위 있는 인물에게서 위안을 찾는다. 그 인물은 처음으로 무엇을 세웠다는 환상을 심어준다. 하지만 처음으로 무엇을 세운 자는 존재하지 않는다. 적대를 피할 수 없다는 것을 받아들일 때, 주체는 권위의 힘에서 풀려나고, 권위에 상응하는 지배관계에서도 벗어난다. 지젝에 따르면, 적대와 마주보면서, 적대에서 벗어날 수 있다고 약속하는 어떤 방법도 거부하는 것이 정치 행위다.

지젝이 추구한, 헤겔주의 정치가 마무리되는 지점에는 희망을 훨씬 덜 품은 정치가 나타난다. 이 정치가 약속하는 희망은 마르크스주의에서 보통 발견되는 희망보다 훨씬 약하다. 지젝은 '유토피아'라는 용어에 자주 호소하지만 지젝의 사유는 철저하게 유토피아를 반대한다. 적대를 낳는 투쟁에서 벗어난 미래는 없다. 현재는 이 투쟁에 늘 매여 있다. 지젝은 정확히 이것을 강조하면서, 새 질서를 낳는 부정성은 사라지지 않고 새 질서 안에서 자신을 드러낸다고 지적한다. 새 질서가 어떤 질서든, 그렇다. 『시차적 관점』에서 지젝은 말한다. "혁명 후에 새로 등장하는 질서는 새 질서를 정초하는 시도를 부정하지 않는다. 말하자면, 혁명 후에 등장한 질서는 분노가 폭발하여 옛 질서를 지워버리는 행위를 부정하지 않는다. 오히려 이 질서는 옛 질서를 지워버리는 부정성에 구체적인 형태를 부여할 뿐이다."(지젝 2006a: 382) 정치철학자가 수행할 과제는 적대를 극복하는 방법을 상상하는 것이 아니라, 거짓 도피로를 모두 파괴하는 것이다. 헤겔도 바로 이런 주장을 했기에 진정한 정치철학자다. 다시 말해, 적대적 사회 구조를 동반하는 소외에서 벗어날 방법이 있다는 거짓 약속을 모두 물리치는 것이 정치철학자의 과제다. 지젝이 보기에, 해방이 더는 아프지 않은 순간, 해방은 해방이길 그친다.

3
장

지젝과 기독교
마르크스와
프로이트 이후의
종교 비판

BRUNO BOSTEELS

브루노 보스틸스

Slavoj Žižek

진부하게 생각해주세요!

알랭 바디우는 폴 리쾨르의 저서인 『기억, 역사, 망각』을 최근에 논평하면서 현대 철학과 기독교의 연계성에 대해 중요하지만 불편한 질문을 한다. 그의 지적은 이 책에 개념적 결함이나 이론적 비일관성이 있다는 것이 아니라 저자가 용서를 요청하면서도 이를 떠받치는 근본 전제를 명시적으로 밝히지 않는다는 것이다. 그래서 마지막에 가서야 비로소 처음부터 있었던 것을 발견하게 된다. 즉 기독교적이지 않을 수 없는 주체 개념이 등장한다. "기본적으로 나의 비평은 내가 위선보다 교양의 결여로 간주하는 것과 상관이 있다. 교양의 결여는 현상학의 기독교적 옹호자에게 공통된 현상이다. 즉 이들은 개념 구성과 철학적 비판의 진정한 원천을 감추는 것이다."[1] 지젝에게는 확실히 이런 비판이 적절하지 않으며 아예 상상조차 할 수 없을 것이다. 물론 지젝도 다른 종류의 교양 결여로 비판을 받을 수 없다는 말은 아니다. 실제로 그는 비판을 받고 있다. 특히 자신이 믿는 교리가 무엇이든 간에, 진짜 종교를 믿는 자가 볼 때, 지젝도 비슷한 이유로 비판을 받을 수 있다. 그러나 그는 자신이 관여한 개념 구성과 철학적 비판의 주요 근원이 기독교임을 분명 숨기지 않는다. 실제로 지난 10년을 돌아보면, 2000년에 『무너지기 쉬운 절대성』이 나왔고, 1990년 중반부터 시작되었지만 더 일찍 시작되지는 않았을 셸링 철학의 해석을 담은 『나눌 수 없는 잔여』가 출간되었으며, 최근에 존 밀뱅크와 논쟁을 담은 『예수는 괴물이다』가 2009년에 나왔다. 여기서 지젝은 하여간 라캉적 헤겔주의라는 자신만의 상표에는 기독교가 근본적으로 중요하다고 아주 일관되게 주장하고 있다.

따라서 『무너지기 쉬운 절대성』의 부제로 쓰인 질문을 그대로 던져보자. '우리가 지금도 싸워서 지켜야 할 만큼 기독교 유산이 가치 있는 이유는 무엇인가?' 한 걸음 더 나아가 이렇게 물어보자. 왜 지젝은 이 싸움이 기독교와 마르크스주의를 계속 (혹은 한 번 더) 뭉치게 할 수 있다고 믿는가? 지젝은 『무너지기 쉬운 절대성』을 시작하면서 이렇게 쓰고 있다. "기독교와 마르크스주의는 새로 등장한 영성의 맹공격에 맞서 방어벽을 치고 같은 편에서 싸워야 한다. 진정한 기독교 유산은 근본주의를 신봉하는 광신도에게 넘겨주기에는 너무 귀하다."[2] 지젝이 이어지는 저서에서도 이렇게 과감하게 주장하는 의도는 무엇일까? 더구나 그

가 다른 곳에서 말한 "지금 여기 있는 현실 기독교"는 지젝에게
도움을 받지 않아도 얼마든지 살아 움직이는 것 같다. 현실 기
독교는 서구의 기독교적 가치를 내세우며 소위 테러와의 전쟁을
정당화하는, 이데올로기적 의제를 내세우고 있다. 이런 때에 지
젝이 굳이 기독교 유산을 지키자고 목소리를 높이는 이유는 무
엇인가?

　내가 내린 결론으로 돌아가 의도적이든 아니든 지젝처럼 유
물론자로서 기독교를 방어할 때 얻게 되는 결과를 논의하기 전
에, 지젝이 실제로 품은 의도로부터 모든 가능한 이유들을 추출
하지 말고, 여기서 몇 개의 기본적 방법을 적어도 열거할 수는
있다. 가장 먼저 '곧바로' '솔직하게' 읽는 방법이 있다. 예를 들
어 지젝은 신실한 기독교인이며 자신이 믿는 종교가 변증법 이
론과 유물론 철학의 영역에서도 방어될 만한 가치가 있다고 믿
는다. 이렇게 전제하고 지젝의 글을 읽을 수 있다. 둘째, '안에서
뒤집고' '위장잠입'하는 독해 방식이 있다. 이 방식은 다시 두 종
류로 나뉜다. 이를테면 지젝은 확실한 종교인이라기보다 철저한
유물론 철학자로서 서구의 지배적 종교 이데올로기를 고수하면
서 그것을 오히려 안으로부터 전복해버리자고 제안한다. 아니
면, 그는 자신의 주장만큼 확실한 유물론자가 아니며 실제로 종
교적 관념론의 요소를 밀수하여 철학적 유물론을 뒤집으려고
한다. 마지막으로 지금까지 제안했던 독해 방식 세 가지를 모두
결합해 '변증법적' '변형적' 독해 방식을 제안할 수 있다. 예를
들어, 지젝에 대한 전복적 해석이 부각시켰다고 스스로 자랑하

는 유물론적 중핵을 기독교는 처음부터 담지하고 있었다는 것이 밝혀질 수 있을 때에만, 지젝은 자신을 진정한 기독교인이라고 부를 수 있는 것이다.

그런데 정신분석의 용어와 유사하지만 약간 다른 공식을 고려하여 좋은 입장과 도착적 입장을 유물론과 기독교라는 두 개의 영역과 결합할 수 있다. 그러면 네 개의 가능한 입장을 지시하는 조합을 얻을 수 있다. 즉 지젝은 좋은 유물론자이고 좋은 기독교인이다. 또는 좋은 유물론자이고 도착적 기독교인이다. 또는 도착적 유물론자이지만 좋은 기독교인이다. 또는 도착적 유물론자이고 도착적 기독교인이다. 도착적 유물론자와 좋은 기독교인. 도착적 유물론자와 도착적 기독교인. 지젝의 논증을 세세히 살펴보지 않더라도, 네 가지 입장이 똑같이 타당하지는 않다. 순수하게 논리만 따져도, 좋은 유물론자가 동시에 좋은 기독교인이 될 순 없을 것 같다. 고대 원자론에서 계몽주의 시대 백과전서파까지 이어진 유물론은 모든 종교 신앙을 근본적으로 폭로하는 것을 가정하기 때문이다. 루크레티우스에게 신은 없으며, 원자만이 허공 속으로 낙하하면서 우발적으로 방향을 바꾼다. 볼테르에게 계몽된 이성은 악명 높은 미신 신봉자를 파괴해야 한다! 따라서 지젝이 기독교 유산을 지키려는 싸움을 정당화하면서도, 유물론자임을 자처하고 더구나 마르크스와 프로이트를 성실하게 독해하는 자라고 자신을 소개한다면, 지젝의 입장에는 도착성이 논리적으로 개입될 수밖에 없다.

이런 필연적 도착성 뒤에서 작동하는 변증법을 추출해내기 위해 『죽은 신을 위하여』의 한 구절을 더 자세히 살펴보자. 기독교의 도착적 중핵이 이 책이 부제이다. 지젝은 이 책에서 자기 사유에서 기독교가 차지하는 자리를 되도록 솔직히 털어놓으려 한다. "가볍거나" "약한" 형태의 포스트모던 신학에 빠지지 않으면서 지젝은 오늘날 무엇보다 요구되는 것은 "당신은 정말 믿습니까?"라는 질문에 거의 "버릇이 없을 만큼" 곧바로 대답하는 태도라고 주장한다. 지젝 자신은 이 질문에 다음과 같이 대답한다. "나는 골수 유물론자이고, 유물론적 방법으로도 기독교의 전복적 핵심에 접근할 수 있다는 것만이 나의 주장은 아니다. 내 주장은 훨씬 더 강하다. 즉 오직 유물론적 방법으로만 이 핵심에 접근할 수 있다는 것이다. 거꾸로도 마찬가지다. 다시 말해, 진정한 변증법적 유물론자가 되려면 기독교적 경험을 통과해야 한다."[3] 이렇게 용어들의 위치를 바꿔서 주장이 기술되어 있지만, 여기에 드러난 상당한 비대칭성에 주목해야 한다. 일단 "나는 골수 유물론자이다"라고 긍정하고 나서 이에 상응하는 "나는 기독교인"이라는 긍정이 뒤따라 나오지 않았기 때문이다. 우리가 그의 주장에서 얻은 것은 "기독교적 경험을 통과해야 한다"는 것뿐이다. 아마도 이렇게 통과하고 나서 이 경험을 마감해야 진정한 유물론자가 될 수 있다고 말하는 것 같다. 완전히 솔직하게 대답해야 한다고 스스로 요구했지만, 결국 지젝 자신은 '당신은 정말 믿는 자인가'라는 질문에 대답하지 않는다. 적어도 여기서는 아니라고 답한 것 같지만.

그 후에 『예수는 괴물이다』에서 지젝은 똑같은 질문을 다르게 표현하면서 자신의 기독교 해석에 등장하는 신에 대한 언급이 문자적으로 이해되어야 하는지 은유적으로 이해되어야 하는지 묻는다. "두 종류의 이해 모두 거부되어야 한다." 그래서 그는 이렇게 주장한다. "당연히 그것은 '문자적'이지 않다. 우리는 유물론자이며 신은 없기 때문이다. 또한 '은유적'이지도 않다. '신'은 단지 인간의 열망과 욕망, 이상의 은유이자 미혹하는 표현이 아니기 때문이다."[4] 지젝은 계속해서 이렇게 제안한다. 십자가에 달린 그리스도가 형상화하는 신의 죽음은 기독교 안에서도 신과 상관있다는 사실을 파악해야 한다. 유일하게 논리적으로 도출되는 유일신론 안에 담긴 진정한 무신론의 메시지를 이해하는 순간, 기독교의 도착적 핵심에 이미 접근한 것이다. 다시 말해, 신의 이름에 호소하는 행위를 정당화할 때, 신을 문자나 은유로 받아들이지 않으면서 개념에 따라 신에게 접근하는 것이 기독교 안에서도 가능하다. 반면 기독교를 곧바로 반박해버리는 유물론은 오히려 기독교 안에 있는 무신론적 핵심을 개념으로 끄집어내는 작업을 할 수 없다. 이런 유물론은 종교를 통째로 비판하면서 신을 인간이 만든 생산품이나 대중의 망상으로 곧바로 바꿔버린다. 이런 사고방식은 마르크스의 저작과 함께 프로이트에게서도 등장한다. 인간의 마음에는 비인간적인 핵심이 도사리고 있듯이, 이 외밀한 핵심은 신 안으로 옮겨진다. 십자가에 달려 죽어가면서 아버지를 의심하는 그리스도의 형상으로 등장하는 신 안으로 외밀한 핵심이 옮겨진다는 뜻이다. "신성으로서 '신'은 인간 안에 있지만, 인간적이지 않은 것을 가리키는 이름이다. 이 비인간적인 중핵이 인간성을 지탱하기 때문이다."[5]

바로 이런 이유로 지젝은 자신이 유물론과 기독교의 필연적 연관성을 어떻게 이해했는지 진술할 때 『무너지기 쉬운 절대성』보다 『예수는 괴물이다』에서 더 분명히 말할 수 있었다. 지젝은 장 뤼크 낭시의 두 명제를 인용한다. "부정될 수 있음을 직시하는 기독교만이 오늘날에도 의미가 있다." "무신론은 자신이 기독교에서 나왔다는 사실을 똑바로 쳐다볼 때에만 오늘날에도 의미가 있다." 지젝은 낭시에게 동의하면서 그의 말을 풀어 쓰고 있다.

> 낭시의, 첫 번째 문장은 이런 뜻을 품고 있다. 기독교를 부정하는 유물론의, (무신론의) 실천으로 기독교가 생존한다. (예를 들어 바울이 말한 신자 공동체는 오늘날 교회가 아니라 급진적인 정치 집단 안에서 발견되어야 한다.) 낭시의 두 번째 문장도 다음과 같은 뜻을 암시한다. 진정한 유물론은 물질 현실만이 '실제로 있다'고 주장할 뿐 아니라 대타자는 없다는 라캉의 주장이 가져올 결과를 모두 걸머져야 한다. 대타자는 없다는 것을 사고할 수 있는 공간을 여는 것은 기독교밖에 없다. 기독교가 신이 죽었다고 선언하는 한, 그렇다.[6]

무신론이 대타자인 신이 죽었다는 명제로 정의된다면, 무신론은 기독교의 중핵이라고 말할 수 있다. 하지만 이어지는 논의에서는 마르크스와 프로이트가 제시한 중요한 유물론적 통찰을 세심하게 선별하여 정말 도착적으로 완전히 비틀어야만 종교 일반과 특히 기독교에 대한 지젝의 해석이 가능하다는 점을 밝히려 한다.

기독교 안에 있는 무신론적 중핵

이렇게 말해도 되겠다. 마르크스는 헤겔 변증법의 신비로운 껍질 안에 합리적 중핵이 있다고 생각했다. 마찬가지로 지젝은 기독교 신앙을 둘러싼 교리와 제도 안에는 합리적이지만 도착적인 중핵이 있다고 본다. 지젝과 마르크스의 주장에서 요점은 중핵과 껍데기, 본질과 현상, 내적 진리와 외적 가상이 분리된 채 대립하고 있다는 생각을 정확히 피하는 것이다. 지젝은 본질과 현상 사이에 벌어진 틈이 본질에서도 발견된다고 늘 강조한다. 믿음이라는 신비스러운 껍데기를 벗기더라도, 더 진실되고 심오한 기독교의 본질은 드러나지 않는다. 기독교는 신의 본질이 오직 신의 나타남이며 인간이자 신인 그리스도라고 이미 밝혔다.

기독교에 대한 지젝의 주된 주장은 꾸밈없이 단순하며, 종교와 믿음을 다루는 저서에서 거듭 반복적으로 제시된다. 이는 체스터턴의 『정통』에 나오는 자주 인용되는 구절로 요약될 수 있다. "전능함 때문에 신이 불완전하게 된다고 느끼는 종교는 이 세상에서 기독교밖에 없다. 온전한 신이라면 분명 왕이면서도 반란자였을 거라고 느끼는 종교는 기독교밖에 없다."[7] 의심과 고난,

무능, 허약은 한마디로 유한성인데, 유한성은 유한한 존재에만 있지 않고 거꾸로 기독교 신의 중심에도 새겨진다. 기독교에서 절대는 허약해진다. 유한하고 죽을 수밖에 없는 피조물만이 무한하고 불멸하는 창조자 앞에서 쉽게 상처받는 것이 아니다. 지젝은 『예수는 괴물이다』에서 성서의 구절을 인용하며 이렇게 말한다.

'아버지, 어찌하여 나를 버리시나이까?' 그리스도는 이렇게 부르짖으면서 기독교인이 범할 수 있는 최고의 죄를 스스로 범한다. 그리스도는 믿음이 흔들린다고 스스로 느낀다. 다른 모든 종교에도 신을 믿지 않는 사람들이 있다. 하지만 기독교에서만 신이 자신을 믿지 않는다.[8]

무신론이 유일신론의 진리라면, 지젝은 참된 유일신론은 오직 기독교뿐이라고 생각한다. 『죽은 신을 위하여』에서 비슷한 생각을 읽을 수 있다. "그래서 기독교는 정확히 삼위일체 때문에 유일하게 참된 유일신론이다. 말하자면, 삼위일체에서 우리가 알게 된 사실은 신이 신과 인간 사이의 틈새와 완전히 동일하다는 것이다. 신은 이 틈새이며 이 틈새가 그리스도다. 저 너머에 있는 신과 우리 사이에 틈이 벌어져 있는 것이 아니다. 오히려 틈 자체가 신을 신에게서 분리하고 인간을 인간에게서 분리한다."[9] 따라서 기독교에서는 소외가 이중으로 일어난다. 신의 낮아짐(케노시스)이 두 번 일어난다. 일단 인간이 신에게서 소외되고, 신이 신 자신에게서 소외된다. 『예수는 괴물이다』에서 지젝은 바디우를 떠올리게 하는 공식을 제시한다. "진정한 유물론이 다수성은 처음부터 있었다는 주장을 공리로 삼는 한, 다수성보다 앞서는 일자는 '0'일 수밖에 없다. 정말 논리적으로 도출되는 유일한 유일신론인 기독교에서만 신은 무신론자로 잠시 변한다."[10]

지젝은 마지막 문장에서 "잠시"를 덧붙였는데, 나는 이것이 심각한 양보임이 밝혀질 거라고 말하고 싶다. 이 일시적 무신론이 무서운, 초자아다운 신의 요구에 재빨리 자리를 내줘버린다면? 더구나 이 신은 자기 권력을 한 번도 완전히 포기하거나 정말 포기한 적이 없다면? 유한해진 신은 더욱 폭력을 휘두르는 무한자의 출발점일 뿐이라면? 하여간 신이 유한한 자로 나타난다는 사실은 전혀 놀랄 만한 일이 아니어야 한다. 제도로 굳어진 종교성이란 신비스러운 껍질을 벗겨냈을 때, 급진적·무신론적·비신학적 중핵이 필연적으로 드러나는 것도 아니다. 앞으로 논의하겠지만, 이런 발상을 의식하는데 프로이트 자신의 생각도 도움을 줄 수 있다. 프로이트에 따르면, 종교는 인간의 허약함에 의존하며, 머지않아 이 허약함을 절대자 안에서도 발견할 수밖에 없다. 그렇다고 이런 이유로 종교가 신의 작품이기를 그치는 것도 아니다. 우리는 라캉이 『종교의 승리』에서 한 말보다 프로이트가 『환상의 미래』에서 한 말을 따르고자 한다. 그래서 대타자 없는 종교가 과연 종교인지 묻고 싶다. 대타자 없는 종교는 종교가 아니라면, 왜 기독교를 예로 들며 대타자가 없다는 소리만 반복해야 하는가? 더구나 기독교는 이미 종교이며, 실제로 우리 곁에 있는 제도로서 이데올로기적 국가기구의 기능을 담당하고,

대타자를 언급하지 않고는 존재할 수 없지 않은가?

말하자면, 지젝은 신이 스스로에게서 소외되는 현상을 근본적 의심과 침투 불가능성이 드러나는 때라고 해석한다. 지젝은 이것을 정신분석 용어로 기술하면서, 프로이트의 공식과 비교하고 라캉의 공식과도 비교한다. 지젝은 프로이트의 공식을 여러 곳에서 인용하는데, 『믿음에 대하여』에서 이렇게 쓴다. "기독교 이전 세계의 지평에서 본다면, 우리는 신이 자기 자신조차 꿰뚫어보지 못하는 충격적인 순간을 이해할 수 없다. 그리스도는 '아버지, 어찌하여 나를 버리시나이까?'라고 울부짖었는데, 여기서도 자신을 헤아리지 못하는 신의 모습이 보인다. '아버지 제가 불에 타고 있는 것이 보이지 않으세요?'는 그리스도의 울부짖음을 프로이트처럼 표현한 말이다."[11] ―지젝은 라캉의 공식을 『죽은 신을 위하여』에서 다시 끄집어낸다. "신과 그리스도가 같다는 기독교 교리에서 비슷한 것을 다루고 있지 않은가? 실패할 때, 우리는 신이 실패한 것과 같은 처지에 놓인다. 그리스도가 'Che vuoi?'라는 질문 앞에서 당황했듯이, 우리는 대타자의 욕망이 품은 비밀 앞에 서게 된다. '아버지, 저를 왜 이렇게 대하십니까? 저에게 무엇을 바라세요?'"[12] 하지만 이 부르짖음이 신이 자신을 완전히 버리는 신호라기보다, 약하고 (상황 속에) 던져진 인간이 정확히 유한성의 틈을 이용하여 종교 이데올로기에 더 안전하게 봉합되는 지점이라면 어떻게 될까? 결국 신 안에 있는 틈을 이데올로기로 메우는 데 무능함이 도움이 된다고 확신하는 주체가 하느님 아버지가 아닌 그리스도라면? 자신의 전능함에 걸려 넘어진 하느님 아버지가 아니라, 십자가에서 절망에 빠져 의심하는 그리스도가 그렇게 확신하는 주체라면 어떻게 될까?

지젝을 비판하려고 이런 질문을 던질 필요도 없다. 신의 실패가 곧 신이라는 주장은 양날의 검과 같다는 것을 지젝 자신이 철저히 의식하기 때문이다. 신은 실패하며, 신은 자신에게서도 소외된다는 주장을 거꾸로 관찰하면, 이것은 이데올로기적 동일시가 더 완벽하게 성공할 방법이 될 수도 있다. 지젝도 『죽은 신을 위하여』에서 이렇게 쓴다. "신이 더는 자신과 하나이지 않을 때에만, 우리는 신과 하나다. 신이 자신을 버리고, 우리와 자신을 분리시키는 깊은 틈을 '품을' 때에만 우리는 신과 하나다." 지젝은 계속해서 이렇게 말한다.

신과 분리되는 위험한 체험은 정확히 우리를 신과 하나로 묶는다. 그런데 신비주의가 흔히 말하는 그런 뜻에서 신과 하나 되었다는 말은 아니다. 신비주의에 따르면, 우리는 신과 분리되어야만 신의 절대 타자성에 우리 자신을 열어놓을 수 있다. 그러나 나는 지금 그런 뜻으로 말하지 않았다. 오히려 내 말은 칸트의 주장과 유사하다. 칸트는 모욕당하고 고통받는 것이 유일한 선험적 느낌이라고 말한다. 다시 말해, 내 존재가 곧 신의 은총이라고 생각하는 것은 터무니없다. 따라서 내가 신과 분리되면서 무한한 고통을 느껴야 비로소 신과 더불어 어떤 경험을 공유할 수 있다―나는 십자가에 달린 그리스도와 경험을 공유할 수 있다.(『죽은 신을 위하여』)[13]

종교가 보여주는 상상적 표상들은 공포를 자아내는 힘과 신의 은총을 기반으로 삼는다. 하지만 이 표상은 이제 우리에게서 (멀리) 사라진 것 같다. 그렇더라도 모욕과 고통은 정서를 전달하는 통로가 되어 더 큰 공포를 자아내는 신의 현존을 드러낸다. 이 신은 쉽게 상처받는 인간의 몸 안에 있는 내재적 초월이다. 신을 자신에게서 분리하는 틈이 나를 신과 하나 되게 한다. 하지만 이 논리는 유일신론 안에 있는 무신론적 중핵을 드러내기는커녕 인간 주체를 기독교적 신의 품 안에 훨씬 더 치명적으로 병합해버린다고 볼 수도 있다.

이렇게 신을 신의 실패와 동일시하는 것은 양날의 검과 같은 성격을 가지는데, 이 더 큰 문제로 돌아가기 전에 기독교는 유일하게 참된 무신론적 유일신교라는 지젝의 논증을 몇 걸음 더 따라가야 한다. 지젝은 분명한 사례가 제시된, 간추린 역사 내러티브를 자주 반복한다. 먼저 이교에서 유일신론으로 이행하는 과정이 있다. 경전의 종교라고 하는 유일신론 안에서 유대교가 기독교로 이행한다. 그런데 지젝도 처음으로 인정했지만, 이슬람은 그가 제시한 대체로 정통적인 헤겔주의의 핵심 내러티브가 풀 수 없는 "문제"를 확실하게 제기한다.

논리적으로 도출되는
유일한 유일신론이라고?

지젝은 방금 언급한 이행 과정을 말할 때, 역사와 계보를 추적하는 두터운 해명을 하기보다 거의 예외 없이 개념적 수준에서 논의하고 있다. 이 이행은 개념과 이념 수준에서 말할 수 있는 이행이다. 헤겔에게서는 이것이 정신의 발달 과정에서 논의될 것이고, 라캉과 프로이트에게서는 종교의 심리적 경제 수준에서 논의될 것이다.

그런 까닭에 이교에서 유대교를 거쳐 기독교에 이르는 과정은 정신분석 용어로 기술된다. 예를 들어 생명은 스스로 충만하다는 관점은, 바깥 요인이나 외상과 우연히 마주치는 사건이 인간 실존을 근거 짓는다는 관점으로 이행한다. 지젝은 이렇게 말한다. "정신분석과 유대 기독교 전통이 함께 내놓은 가르침도 바로 이것이다. 인간 각자가 감당할 소명은 인간의 내적 잠재력을 발전시키는 것에 달려 있지 않으며, 잠자는 영적 힘을 일깨우거나 유전적 조성을 활성화하는 것에 달려 있지도 않다. 바깥세상에서 외상을 일으키는 사건과 대면할 때, 불가해한 대타자의 욕망과 마주할 때, 인간은 자신의 소명을 깨닫는다."[14] 말하자면, 우리는 다신론에서 유일신론으로 이행할 때, 다수에서 일자로 이행하기보다 일자 안에 틈을 도입한다. "반대로, 우리가 공유하는 전제로서 다수의 신을 가정하는 것이 다신론이라면, 틈 자체를 도입하여 절대자 안에 틈이 있으며 이 틈은 (유일한) 신을 자신과 분리할 뿐 아니라 신 자신이 바로 이 틈이라고 주장하는 종교는 오직 유일신론이라면, 어떻게 될까?"[15]

이미 살펴봤듯이, 실제로 이 틈과 분리를 신 안으로 옮겨놓은 것은 기독교뿐이다. 이렇게 되려면 전환이 한 번 더 일어난다고 전제해야 한다. 그래서 유일신론 안에서도 유대교는 기독교로 이행한다. "이데올로기 차원에서 기독교는 바깥 제약이 내부 제약으로 전환되는 과정을 동반한다. 유대교에서 신은 표상할 수 없는, 초월적 대타자로 남아 있다. 헤겔이 올바로 강조했듯이, 유대교는 숭고의 종교다." 지젝은 『믿음에 대하여』에서 이렇게 쓴다. "그러나 기독교는 이 세계 너머의 신, 즉 현상의 장막 뒤에 있는 실재를 거부한다. 말하자면 현상 너머에는 아무것도 없다고 인정한다. 다시 말해, 인지할 수 없는 X가 아니라 무nothing가 있는 것이다. 이것이 평범한 인간인 그리스도를 신으로 바꿔놓는다. 신과 인간의 절대 동일성에서 신은 순수 가상이며 다른 차원이다. 순수 가상은 이 불쌍한 피조물인 그리스도에서 빛난다."[16] 유대교에서 기독교로 이행하면서 대타자의 욕망과 대면할 때, 불가해한 타자성은 신 안으로 전이된다고 한다. 불가해한 타자성은 암호로서 신 안에 있지만 신을 능가한다. 『믿음에 대하여』와 『예수는 괴물이다』에서 지젝은 똑같은 말을 공식처럼 사용한다. "유대교는 신을 암호로 간주하는 수준에 머물러 있지만, 기독교는 신 안에 암호가 있다는 생각으로 옮겨간다."[17]

그는 이 내러티브가 이슬람의 지위를 사유할 때 엄청나게 문제를 일으킨다고 간간이 인정한다. "당연히 서구의 종교사학자에게 이슬람은 풀어야 할 문제다. 기독교 다음에 어떻게 이슬람이 등장할 수 있었을까? 모든 종교를 마무리하는 종교가 나타난 후에도 이슬람이 어떻게 등장할 수 있었을까?"[18] 그가 스스로 내놓은 해답은 완전히 양가적이다. 『믿음에 대하여』에서 이슬람 자체는 문제가 아니라 해답이라고, 유대교와 기독교의 변증법적 지양일 수도 있다고 대놓고 강조하지만, 이 가능성을 기각해버리고 훨씬 더 놀랍고 황당한 가설로 재빨리 이동한다.

그러면 이슬람이 해답인가? 이슬람은 두 종교가 궁지에 빠졌음을 인지한 것은 아닐까? 결국 이슬람은 두 종교를 '종합'하려고 애쓰지 않았을까? 나는 이 문제를 제대로 판정할 만한 위치에 있지 않지만, 내가 고수하는 유대 기독교 관점으로 볼 때, 이슬람은 두 종교의 종합을 시도했으나 결국 두 종교의 가장 나쁜 점만 취하게 된 것 같다. 말하자면, 기독교가 일반적으로 유대교를 반박할 때, 유대교는 잔인한 초자아로 물든 종교라고 지적한다. 반면 유대교가 일반적으로 기독교를 반박할 때, 기독교는 순수한 유일신론을 견뎌낼 수 없다고 지적한다. 그래서 기독교는 신화적 내러티브로 후퇴한다고 꼬집는다. (예를 들어 그리스도의 수난 이야기 등.) 그런데 이슬람 안에는 내러티브와 초자아가 **함께** 있다. 그렇지 않은가?[19]

이렇게 두 유일신교의 공통된 단점들을 다시 이슬람교로 전가하면서도 많은 이슬람교인 친구를 사귀기는 힘들 것 같다. 그런데『예수는 괴물이다』의 주석을 보면, 지젝은 자신이 제기한 가설에 정중함이 부족하다고 느꼈는지 정치적으로 올바른 가설을 다시 내놓으며 이슬람을 참된 유일신론이라고 말한다. 이제 이슬람은 두 종교에서 가장 나쁜 점만 모아놓은 형태가 아니라 유대교와 기독교를 보편적으로 지양한 형태로 나타난다.

> 헤겔의 논리를 이루는 삼각대는 여기서 궁지에 빠진 것 같다. 삼각대는 바로 유대교와 기독교, 이슬람이다. 물론 헤겔은 세 종교가 삼각대를 이룬다고 인정할 수 없을 것이다. 잠시 삼각대를 설명해보자. 처음에는 직접적이고 추상적인 유일신론이 있다. 이 유일신론은 직접적이기에 대가를 치른다. 다시 말해 직접적 유일신론은 개별 민족 집단으로 구현되어야 한다. (그래서 유대인은 [다른 사람에게] 개종을 권하는 행위를 전적으로 거부한다.) 그리고 삼위일체론을 내세우는 기독교가 등장하고 이슬람이 마지막에 나타난다. 이슬람은 참으로 보편적인 유일신론이다.[20]

지젝은 이 생각을 더 이상 전개하지 않는다. 그 자신도 인정하듯이, 이 발상은 지젝의 기독교 해석이 전제하는 헤겔주의적 틀을 완전히 뒤집어버릴 것이기 때문이다.

나는 이방종교에서 유일신교로 이행하는 중요한 과정에 관련하여, 실제 역사가 어떻게 진행되었는지 거의 해명하지 않는다. 여기서 그가 유대교를 사도 바울의 기독교가 말하는 "새 사람"이 등장하기 위해 필연적으로 지양되어야 할 디딤돌이라고 전제하면서 반유대주의의 어떤 형식에 빠져버렸다는 말은 아니다.[21] 더구나 나는 유대교와 기독교, 이슬람이 각각 어떤 장점과 단점을 지니는지 비교하여 평가하고 싶지도 않다. 이데올로기에 이끌려 좋은 점과 나쁜 점을 판결하려는 사람이 놓치는 사실이 있다. 이렇게 세 종교를 비교하면서 지젝에게 반대하는 자는 이데올로기에 이끌려 장점과 단점이 무엇인지 판결하면서도 무언가를 놓쳐버린다. 이는 바로 유대교로부터 기독교로의 이행에 대한 지젝의 해명이 신학적이거나 역사적이기보다 혹은 그 이전에 실제로 훨씬 더 철학적이라는 것이다. 그렇지만 지젝은 이 유일한 이행을 고수하면서 이를 제대로 해명하지 못한 자신의 무능에 대해 변명하지 않는다.

칸트에서 헤겔로

지젝은 유대교에서 기독교로 이행하는 과정을 다루면서 수많은 철학을 동원한다. 『믿음에 대하여』라는 책 한 권에서도 다양한 철학을 구경할 수 있다. 이를테면 『논리-철학 논고』에서 비트겐슈타인은 말하기와 보여주기를 구분하는데, 지젝은 비트겐슈타인의 사고를 따라가며 이렇게 말한다. "기독교는 바깥의 규칙과 내면의 믿음을 구별한다. (그래서 기독교는 늘 이렇게 묻는다. 당신은 정말 진심으로 믿습니까? 아니면 법의 죽은 문자를 그저 따릅니까?) 반면 유대교에서 '외적' 규칙과 관행들은 곧 물질적 형태를 갖춘 종교적 믿음이다. 그래서 유대인은 믿는다고 선언할 필요가 없고 실천으로 믿음을 직접 보여준다."[22] 지젝은 이렇게 말하고 나서, 자신이 기술한 기독교의 특징을 이용하여 레비나스의 타자의 윤리를 반박하는 논증을 내놓는다. "궁극적인 타자가 신 자체인 한, 나는 기독교가 신의 타자성을 동일성으로 환원한 것은 획기적인 업적이라고 감히 말하고 싶다. 신은 바로 인간이며 우리 가운데 있는 한 사람이다."[23] 이렇게 말하고 나서 지젝은 갑자기 셸링 철학으로 건너뛰면서 라캉의 말을 살짝 덧붙인다. "셸링처럼 기술한다면, 유대교와 기독교의 차이는 아마 수축과 팽창의 차이라고 말할 수 있겠다. 나머지라는 지위를, 선택받은 민족이라는 지위를 고집스레 고수하는 유대교적 수축은 기독교적 팽창인 사랑을 지지하는 근거를 제공한다. 유대인이 초자아 없는 법을 주장한다면, 기독교는 법 바깥에 있는 사랑을 주장한다. 이 사랑은 향락jouissance이다."[24] 셸링과 레비나스, 비트겐슈타인 등은 『무너지기 쉬운 절대성』과 『죽은 신을 위하여』에서 인용한 철학자들이다. 다른 철학자의 이름도 더 나열될 수 있는데, 유사한 공식들이 바디우의 정화와 빼기 개념이나 라캉의 성별 공식의 형태로 등장한다.

그러나 기독교를 이해하는 데 준거가 된 기본 철학은 지젝에게 늘 헤겔이었고 헤겔이 될 것이다. 유대교에서 기독교로의 이행은 칸트에서 헤겔로의 이행과 상응하는데, 특히 라캉의 정신분석 관점으로 읽을 때 그렇다. 따라서 지금 제시할 세 주장을 거의 완벽한 삼단논법으로 묶어주는 내적 필연성을 파악해야 한다. 첫 번째 주장은 『믿음에 대하여』에 나온다. "기독교는 시작부터 근대성을 품은 유일한 종교다. 기독교가 법의 정지를 말하면서 노린 것은 도덕 규범의 영역과 (무조건적 참여로서) 믿음 사이에 있는 틈이다." 두 번째 주장은 『죽은 신을 위하여』에 나온다. "헤겔의 논리는 (최초의) 실재의 논리다." 세 번째 주장은 『예수는 괴물이다』에 나온다. "헤겔은 진정으로 기독교인이다. 헤겔에게 영(정신)의 현실성은 유한한 삶의 현실성일 뿐이다." 지젝은 같은 책에서 "헤겔은 유일한 기독교 철학자"라고 말한다.[25] 헤겔은 최초의 진정한 근대 철학자로서 실재의 논리를 제시한다. 헤겔은 유일한 기독교 철학자이기 때문이다. 보통 실재의 논리는 라캉의 저작과 더 흔하게 연결된다. 다르게 말하자면, 기독교는 사라지는 매개자로서 독일 관념론과 근대 정신분석의 주체 이론을 연결한다. 실재와 대면하여 외상이 생겼을 때, 바로 이 주체가 촉발된다. 유대교에서 기독교로의 이행을 바디우의 제안, 즉 파괴와 정화에서 빼기와 최소 차이의 논리로 이행하는 과정과 비교하고 나서, 지젝은 이 유사점을 다시 독일 관념론과 비교한다.

정화로부터 뺄셈으로의 전환 역시 칸트에서 헤겔로의 전환이 아닌가? 현상과 사물 사이의 긴장으로부터 현상 사이의 모순/간극으로의 전환이 아닌가? 현실에 대한 전형적인 태도는, 현실을 개념적 포착에 저항하는 단단한 핵심으로 간주하는 것이다. 헤겔의 업적은 이런 태도를 더 철저하게 받아들인 것뿐이었다. 비개념적 현실은 개념의 자기 전개가 모순에 빠져서 자기에 대하여 투명성을 상실하는 순간에 출현한다. 요컨대, 한계는 외부에서 내부로 옮겨진다. 현실이 존재한다면, 그것은 개념Notion이 모순적이기 때문이요, 자기와 일치하지 않기 때문이다. 현상들에 대한 다양한 관점들의 불일치는 초월적 사물이 가하는 충격의 효과가 아니다. 오히려 현상들 사이의 모순의 존재론화ontologization에 불과한 것이 바로 이러한 사물이다.[26] (『죽은 신을 위하여』, 108-109쪽)

우리는 이 인용문을 근거로 삼아 외부 제약을 반성적으로 규정하는 헤겔의 논리와 유대교에서 기독교로의 이행 사이를 실제로 계속 왕복할 수 있다. 여기서 종교는 철학 문제를 설명하기 위해 사례를 제시하는 기능을 수행하며, 거꾸로 철학도 종교 현상을 설명하라는 요청을 받을 수 있다. 예를 들어 지젝은 『죽은 신을 위하여』에서 이렇게 말한다.

다수의 현상 안에 굴절되어 반영된, 불가능한 실재인 하나(사물)가 둘로 이행하는 과정을 종교 용어로 기술하면, 유대교에서 기독교로의 이행이라고 기술할 수 있다. 유대교의 신은 (사물이자) 실재로서 저 너머에 있다. 그리스도의 신적 차원은 단지 미세한 찡그림이자 거의 인지될 수 없는 명암이며, 이것으로 인해 그는 다른 평범한 인간과 구별되지만, '존엄한 사물로 격상된 대상'이란 뜻에서 그리스도가 '숭고'한 것은 아니다. 그리스도는 불가능한 사물로서 신을 대리하는 인물이 아니다. 그리스도가 바로 '사물 자체'다. 더 정확히 말해, '사물 자체'는 그리스도를 온전한 인간이 되지 못하게 하는, 단절이자 절단이다.[27] (『죽은 신을 위하여』, 130-131쪽)

헤겔과 기독교가 맺은 호혜적 관계는 결국 라캉의 정신분석으로 단단하게 매듭지어진다. 그만큼 다른 상황에서는 외부 제약이나 장애물로 보이는 것이 안으로 반영되는 현상은 똑같이 실재의 진정한 기능을 기술하고 있다.

이것은 실재가 상징계 바깥에 있다는 뜻이 아니다. 오히려 실재는 (전부가 아님)의 양상으로 존재하는 상징계 자체다. 실재에는 외부 제약이나 예외가 없다. 정확히 이런 뜻에서 탁월한, 상징적 태도만이 상징계를 실재와 분리하는 것은 아니다. 상징계 자체를 만드는 태도도 실재를 상징계에서 분리한다. 그리고 실재로 들어간다고 해서, 언어를 버리고 혼돈으로 가득한 실재의 심연으로 자신을 던져야 하는 것은 아니다. 오히려 실재로 들어갈 때, 상징계에서 벗어난 어떤 외적 준거를 암시하는 바로 그 태도를 버리게 된다.[28] (『죽은 신을 위하여』, 115쪽)

헤겔과 라캉을 기독교로 엮어내 삼각 구도를 만드는 지젝에게 먼저 이런 질문을 할 수 있다. 이 삼각 구도를 지젝 철학 전체를 떠받치는 기본 구조로 사용할 때 기독교가 반드시 필요한가? 기독교는 정말 여기 있는, 사라지는 매개자인가? 물론 우리는 헤겔 철학이 역사적으로 기독교적 요소로부터 어떻게 생겨나게 되었는지 잘 이해하고 있다. 그러나 실재의 논리에 수반되는 주체 이론이 헤겔 철학과 기독교의 역사적 연관성에 반드시 묶여 있어야 하는가? 지젝이 내세우는 라캉스러운 헤겔주의는 헤겔과 라캉, 기독교의 삼각 구도를 참조하는데, 이런 해석 방식에서 벗어난다면 기독교 자체를 역사의 관점에서 파악할 수 있게 될까? 이 질문에 답하기 위해서 더 직접적인 다른 문제 하나를 다루어야 하지 않을까? 즉 마르크스와 프로이트는 지젝 유물론의 기원이자 설립자인데, 이들의 저작에는 널리 알려진 종교에 대한 통찰이 존재한다. 지젝은 기독교를 도착적이고 유물론적으로 해석하면서 이 통찰을 얼마나 뒤틀거나 수정해야 했을까?

마르크스와 프로이트, 그들의 종교 비판

프로이트는 『모세와 유일신교』에서 대체로 전복적인 태도로 유대교를 해석하는데, 지젝은 이 태도만을 빌려온다. "한 민족의 자손 가운데 가장 위대한 인물을 아무렇지 않다는 듯이 부인할 수 없다. 특히 그렇게 부인하는 자가 그 민족의 구성원이라면." 프로이트는 어떤 사태가 자기 증언을 대변하는지 독자에게 처음부터 밝히면서, 나치의 위협이 심해져 런던으로 망명할 수밖에 없는 처지를 고려하여 이렇게 진술한다. "그러나 가정된 형태의 민족의 이익을 도모하려고 진리를 모른 체할 생각은 조금도 없다."[29] 지젝은 프로이트의 이런 태도를 이어받아 프로이트가 유대교에 저지른 짓을 기독교에 저지르려고 한다. 말하자면, 프로이트가 한 행위는 민족을 배반하는 것처럼 보이지만 유일하게 가능한 윤리 행위로서, 민족을 정립하는 권위에 기대어 오히려 민족 종교의 핵심을 제거해버린다. 지젝은 이렇게 말한다. "어려운 윤리적 결정에는 늘 배반의 기미가 있지 않은가? 윤리적으로 어려운 결정을 할 때 자신의 가장 내밀한 핵심을 배반해야 한다. 프로이트가 『모세와 유일신교』에서 한 일도 바로 이것이다. 여기서 유대교를 정립한 인물을 유대인에게서 강탈한다."[30] 모세를 이집트인으로 만들어버린 것이다. 모세는 유대인이 아니라 낯선 이방인이 되어버렸다. 지젝은 프로이트가 기록되지 않은 가상의 역사를 들춰내어 금기를 하나 더 부숴버린다고 주장한다. 이 역사에 따르면, 다신론을 몰아내고 유일신론으로 이행하면서 생긴 외상은 유대교의 숨은 이면을 구성한다. 이는 또한 사태를 정립하는 폭력 행동이거나 사건으로서 이집트인 모세의 살해 안에 상징화되어 있다. 『죽은 신을 위하여』에 따르면, "유대교는 정초하는 폭력 사건을 고백하지 않고 상징으로 만들면서 그 사건을 계속 충실히 붙잡는다. 이 사건이 '억압되었기에' 유대교는 유례없는 생명력을 얻었다". 그러나 지젝의 말은 정확히 정신분석의 창시자가 마지막 저서에서 과감하게 밝힌 내용이다. "모세 살해 이야기를 담고 있는 『모세와 유일신교』에서 프로이트가 재구성하려 한 것은 가상의 역사다. 이 역사는 유대교 전통의 영역을 사로잡고 있다."³¹ 여기서 그가 프로이트의 이런 태도에 호소하려는 이유를 쉽게 알 수 있다. 그도 우리가 가장 소중히 여기는 이데올로기의 전제(조건)에 숨어 있는 외설적 이면을 밝히려는 것이 아닐까? 당연히 지젝은『환상의 미래』같은 저서보다『모세와 유일신교』를 선호한다. 프로이트는『환상의 미래』에서 종교는 대중 망상에 불과하다고 냉정하게 판정한다. 대중 망상은 개인 신경증에 상응하는 집단 현상이다. 프로이트는 인류가 이성과 경험에 힘입어 진보함으로써 대중 망상 없이도 살 날이 오기를 희망한다. "따라서 종교는 인류를 통틀어 나타나는 강박신경증이라고 말할 수 있겠다. 이것은 아이가 겪는 강박신경증과 비슷하다. 아이의 강박신경증은 오이디푸스 콤플렉스, 즉 아버지와 맺은 관계에서 발생한다." 그래서 프로이트는 이렇게 마무리한다. "이 견해가 맞는다면, 성장하면서 어쩔 수 없이 겪는 일이 있듯이 인간이 성장할 때 종교를 떠날 수밖에 없으며, 우리 자신도 이 발달 단계의 한 중간에서 종교를 떠날 시점에 이르렀다고 가정해야 한다."³²

그러나『모세와 유일신교』에서 프로이트는 유일신교와 제국주의가 역사적 연관성과 같은 주제들을 날카롭게 통찰한다.『죽은 신을 위하여』와『예수는 괴물이다』에서는 이런 내용을 전혀 찾지 못할 것이다. 프로이트는 유일신교와 제국주의 연관성을 설명하려고 '반영 이론'까지 제안한다. 사람들은 소위 통속 마르크스주의가 반영 이론을 제시했다고 알고 있다. "이집트는 세계 제국이 되었다. 새로운 제국주의는 종교적 사상이 발달하면서 반영되었다. 인민 전부는 아니었겠지만, 지적으로 활발한 상층부 지배계급의 종교적 사상에는 반영되어 있었다." 종교 사상 가운데 유일한 보편적 신이라는 관념은 이집트에서 처음으로 나타났고, 모세가 나중에 이것을 받아들였다. "우리가 아는 한, 이집트에서 유일신론이 성장한 것은 제국주의가 낳은 효과였다. 말하자면, 파라오는 위대한 세계 제국을 군주처럼 다스리는 존재이며 신은 파라오를 반영하는 존재다."[33] 팽창하는 제국에는 쉽게 공유되고 보편적 존재가 될 수 있는 유일한 신이 필요하다. 그런데 이렇게 프로이트가 지나가면서 한 언급과 조금이라도 비슷한 것이 다신교에서 유일신교로의 이행에 대한 지젝의 논의에서는 확실히 잘 보이지 않는다는 것이다.

『집단심리학과 자아분석』에서 프로이트는 교회와 군대를 소위 "인위적인 집단"의 사례로서 제시한다. 지젝도 프로이트의 도발적 주장을 무시하진 않지만, 기독교의 이름으로 그것을 건너뛰려 한다. 여기서 그는 다소 우왕좌왕한다. 예를 들어, 인위적 집단으로 조직되기 이전 초기 기독교 공동체의 원초적 형태로 돌아가려는 자세를 취하는 것은 아무 의미가 없다고 생각한다. 그래서 지젝은 바디우의 생각에 늘 동의하려고 한다. 바디우는 그리스도의 메시지가 바울의 전투적 급진주의와 분리될 수 없듯이 마르크스도 레닌의 전투적 급진주의와 분리될 수 없다고 주장한다. 심지어 프로이트와 라캉의 관계도 그렇다고 주장한다. 그런데 바디우의 생각을 재빨리 보충하면서 레닌은 스탈린과 같지 않다고 지적한다. 비슷하게 바울의 공동체는 제도가 된 교회가 아직 아니었다고 암시한다. 지젝은 종교를 논할 때, 레닌으로의 회귀라는 모형을 따른다. 그래서 지젝은 이미 조직되긴 했지만 아직 이데올로기적 국가기구라는 제도가 되지 않은 기독교의 형태를 되찾으려는 목표를 세운다. "레닌으로의 회귀를 외칠 때 우리는 독특한 순간을 되찾으려 한다. 사상이 이미 집단 조직화로 전이되었지만 제도로서 고착되지 않은 순간을 다시 발견하려 한다. (여기서 제도는 설립된 교회와 이데올로기적 국가기구, 스탈린주의 당 국가를 가리킨다.)"[34]

그런데 지젝은 한 걸음 더 나아가, 프로이트가 『토템과 터부』에서 보여준 해석 모형을 곧바로 공격해버린다. 그래서 기독교 전통에서 성령이 세운 공동체는 이런 맥락에서 혁명적 당과 비슷하다고 말한다. 또한 최초의 아버지를 살해하는 원초적 범죄를 저지르고 죄책감을 내면화할 때 군중이나 집단이 나타나지만, 성령이 세운 공동체는 이런 형태의 집단에 대한 예외이다. "오늘날 정치철학자는 군중 심리학의 영역 안에서 정신분석이 '군중'이 아닌 집합체의 출현을 어떻게 설명할 수 없는지 즐겨 지적한다. 원초적 범죄와 죄책감에 근거하지 않고, 전체주의 지도자 아래 통합되지도 않으면서, 연대성을 나누며 하나가 되는 집합체가 어떻게 나타나는지 정신분석은 설명할 수 없다는 뜻이다."[35] 그러나 정확히 이런 집합체는 성령이 지명하여 세운 진정한 기독교 공동체의 사례라고 하겠다.

이 공동체 개념의 이론적이고 정치적 관심은 이 개념이 한 집합체의 첫 번째 사례를 제공한다는 것이다. 이 집합체는 프로이트가 『토템과 터부』와 『모세와 유일신교』에서 기술한 기제, 즉 아버지 살해에 대한 공유된 죄책감을 통해 집결되어 형성된 그런 집단이 아니다—이러한 새로운 집합체의 또 다른 예로는 혁명당과 정신분석학회를 들 수 있다. '성령'이란 새로운 집합체를 가리키는 말로서, 이러한 집합체를 결속하는 도력은 '주인-기표'가 아니라 '대의'를 따를 신의요, '선과 악을 넘어서는' (즉 기존 사회 속에 존재하는 차별의 경계를 가로지르고 유보하는) 새로운 분할의 경계를 찾으려는 노력이다.[36] (『죽은 신을 위하여』, 209-210쪽)

지젝은 프로이트의 종교관을 해석하면서 집단 심리학의 모형을 집단 심리학에 다시 적용해버린다. 그래서 집단 심리학이 기독교 집단의 참된 급진주의를 다룰 수 없다고 폭로하려 한다. 참된, 급진적 기독교 집단은 신자가 모인 보편적 공동체를 조직할 수 있고, 신자들은 공동체를 설립하는 어떤 대타자의 일관성에 의지하지 않고도 대의에 충실할 수 있다. 반면 제도가 된 교회의 역사는 기독교의 중심에 있는 무신론적 유물론적 핵심에 반발하는 방어기제가 발달하는 과정이라고 정의될 수 있겠다. "제도가 된 기독교에서는 할 수 없는 일을 하려고 한다. 제도가 된 기독교에서는 개별과 보편의 긴장이 없어지고 신자 공동체의 보편 틀이 우리가 속한 개별 집단을 보호하는 우산으로 변한다. 그래서 보편성이 지니고 있는 단절하는 특성은 가로막힌다." 『예수는 괴물이다』에는 이런 구절도 있다. "여기서 우리는 한 걸음 더 나가야 한다. (특히) 정통파 기독교를 포함한 기독교 전체의 역사가 성육신과 죽음, 부활이라는 외상적이고 종말적 핵심에 저항하는 방어기제처럼 구성되어 있다면 어떻게 될까? 드물게 도래하는 기독교적 종말의 때에라야 기독교가 이 핵심에 가까이 다가간다면?"[37]

지젝이 마르크스주의 종교 비판을 나름대로 수용하려 할 때, 텍스트를 무척 선별해서 읽고, 미묘하게 바꿔치기하며, 영리하게 뒤집는 행위가 비슷하게 섞여서 나타난다. 종교가 "인민을 마비시키는 아편"이라고 선언한 마르크스의 유명한 격언을 분명하게 인용한다. 그러나 지젝은 자신이 서구식 불교라 부른 것은 진정한 선불교와 맞선다고 말하기 위해 마르크스를 인용한다. "우리는 진짜 선과 서구식 선의 차이점을 바로 여기서 찾아야 한다. 선은 '진짜 자아'를 찾아 떠나는 '내면 여행'으로 환원될 수 없다는 사실에서 진정한 위대함이 드러난다. 오히려 선 명상은 자아를 완전히 비우고, 발견되어야 할 자아와 '내면의 진리'는 없음을 받아들이는 것을 목표로 삼는다." 이 공백은 불교의 급진적 중핵이며 적어도 이런 맥락에서 기독교의 도착적 중핵과 비슷하다. 그런데 뉴에이지스러운 서구화가 추구하는 지혜는 이 공백을 깨닫지 못하게 방해한다. "'자아를 찾아 떠나는 여정'에서 결국 피해를 보는 이는 바로 자아 자신이다."[38] 그래서 지젝은 옛 마르크스주의의 준거를 가져와서 현대 자본주의와 서구 불교가 잘 맞아떨어지는 현상을 기술한 것은 정당화된다고 느낀다. "여기서 오래됐지만 유명한 마르크스주의의 상투어를 다시 *끄집어내*

고 싶은 심정이다. 마르크스주의는 종교가 '인민을 마비시키는 아편'이라고 비판하면서 지상에서 겪는 불행을 상상으로 보충하는 짓이라고 말한다. 비슷하게 '서구식 불교'가 행하는 명상은 자본주의 역학에 완전히 참여하면서도 정신 건강이라는 겉모양을 유지하는 가장 효율적 방법임이 분명하다."[39]

유별나게 지속되는 자본주의와 기독교의 "어울림"은 최소한 5세기 동안 계속되고 있다. 베버보다 훨씬 앞서 마르크스는『잉여가치학설사』로 알려진 경제학 수고에서 자본주의와 기독교의 어울림을 기술했고, 지젝도 이것을 잘 안다.

자본주의 생산이 발달하면서 평균 수준의 부르주아 사회가 생겨난다. 그래서 가장 다양한 사람 가운데서도 평균이라고 말할 수 있는 기질과 성품이 생겨난다. 이런 현상은 기독교만큼이나 진정으로 보편적·세계시민적이다. 그래서 기독교는 자본을 추구하는 특별한 종교다. 기독교와 자본주의에는 오직 계산하는 인간이 있다. (추상적으로 파악된) 한 인간은 바로 옆에 있는 인간과 정확히 같은 가치를 갖는다. 기독교에서 한 인간이 가진 믿음에 모든 것이 걸려 있다면, 자본주의에서는 한 인간이 가진 (은행) 잔고에 모든 것이 걸려 있다.[40]

마르크스는『자본론』에서도 비슷하게 말한다.

상품 생산자가 사는 사회에서 생산에 대한 일반적인 사회관계는 다음과 같다. 상품 생산자는 자기가 만든 생산물을 상품으로 여긴다. 그래서 생산물에는 가치가 있다고 생각한다. 상품이라는 물질 형식 안에서 상품 생산자의 개별적, 사적 노동들은 동질적인 인간 노동으로 간주되어 서로 관계를 맺게 된다. 이런 사회에서 종교적 제의를 가진 기독교는 추상적인 것 안에서, 더 구체적으로는 그것의 부르주아적 발달 안에서, 이를테면 개신교와 이신론 안에서 상품 생산자 사회와 가장 잘 어울리는 종교 형태이다.[41]

지젝은 위 본문과, 유사한 본문들을 언급한다. 하지만 이를 종교적 이데올로기와 상품 물신주의에 대한 초기의 마르스크주의적 비판에 속하는 미완성된 비판으로 보고 더 정교하게 만들기보다, 오히려 이 비판이 기독교 안에서 그리스도라는 인물의 실제 기능이나 심지어 획기적 위대함을 적합하게 기술한다고 생각한다. 마르크스주의의 종교 비판은 그리스도 형상이 획기적 사건이며 실제로 기능한다는 것을 제대로 묘사한다는 것이다.

그리스도라는 형상을 고려할 때, 마르크스의 상품세계 분석 덕분에 우리는 마르크스가 오래전에 내놓은 아이디어를 되살릴 수 있다. 마르크스는 그리스도가 사람들 사이에서 돈처럼 통용된다고 지적했다 — 상품들 사이에서도 마찬가지다. 보편적 교환수단인 돈은 '가치'로 곧바로 나타나며 그 가치를 곧바로 구현한다 — 여기서 가치는 잉여/과잉인데, 가치 덕분에 대상은 상품이 된다. 마찬가지로 그리스도도 과잉을 구현하고 과잉으로 등장한다. 이 과잉 덕분에 인간 동물은 진짜 인간이 된다. 돈과 그리스도 모두 다른 모든 가치와 교환되며 그것들에 상응하는 가치를 갖는다. 마찬가지로 돈은 상품 '자체'다. 또한 보편적 교환수단은 어떤 사용가치도 제거된 상품이 되어야 한다. 그리스도는 죄라는 과잉을 갖지 않은 유일하게 순수한 분이며 단순함 자체인 한, 그리스도는 모든 인간의 죄를 넘겨받는다.[42](『믿음에 대하여』, 107-108쪽)

지젝은 기독교 관련 저작을 폭넓게 더 많이 내놓고 있지만, 헤겔을 비판하면서 이를 브루노 바우어 같은 청년 헤겔파의 헤겔 비판과 연계한 마르크스를 자신의 저작에서 전혀 언급하지 않는다. 지젝의 저서만 보면 알베르토 토스카노가 제시한 복잡한 주제를 놓쳐버리게 된다. 토스카노는 최근 논문에서 "마르크스가 종교 비판을 비판"했다고 지적했다. 마르크스의 이 비판은 종교 세속화 현상을 옹호하는 계몽주의 논증을 그저 거드는 데 그치지 않는다. "마르크스는 '제거주의' 기획에서 더 나아갔다. 마르크스는 자기 관점을 청년 헤겔주의자의 신학적 약점과 맞세웠고, 역사유물론적 병합 이론과도 맞세웠다(역사유물론적 병합 이론은 '실제 추상'의 다른 양식들이 사회적으로 출현한다는 이론에 종교 현상을 병합한다)." 여기서 토스카노는 설득력 있는 주장을 펼친다. "마르크스의 비판은 자율성이 환상이고, 종교 표상은 물질 토대에서 분리되어 있지 않다고 지적하는 데 그치지 않고, 특정한 종교 형상이 '승화된 것'과 그 형상의 '환영'은 사회적, 역사적으로 필연적이며 뿌리가 있다고 주장한다."[43] 지젝의 저작에서 마르크스의 해석은 종교를 정치로, 신학을 인간학으로, 신을 인간으로 다시 통합하자는 통상적인 해석으로 정확히 환원된다. (통상적인 해석은 포이어바흐나 일부 청년 헤겔주의자를 기술하는 데 사용될 수 있는데) 이 입장은 포이어바흐나 일부 청년 헤겔주의자를 기술하는 데 유용할 수도 있지만, 이는 기독교는 바로 자본주의의 종교라는 마르크스의 간략한 언급이 열어놓은 풍부한 가능성을 설명하지 못하며 당연히 발전시키지도 못한다.

지젝은 스스로 명명한 포이어바흐와 마르크스주의적인 병합 논리에 답변하지만 그의 답변은 정말 뒤엉켜 있다. 지젝은 전제를 정립하기에서 정립을 전제하기로 나아가는 헤겔적 전환으로 이 문제를 다시 기술하면서, 병합 논리는 신의 완전한 인간화 가능성을 암시한다고 주장한다. 지젝은 『예수는 괴물이다』에서 이렇게 말한다. "종교 용어로 말하자면, 이것은 인류가 신을 곧바로 (다시) 전유하는 것을 뜻한다. 즉 신이라는 비밀을 푸는 열쇠는 인간이다. '신'은 인간의 집단 활동이 물화되고 실체화된 것일 뿐이다." 그러나 지젝은 논의를 이어가면서, 이런 주장은 인간이 유한하다는 사실을 놓친다고 주장한다. (우리가 앞서 요약한 지젝의 도착적 해석에 따르면,) 인간의 유한성은 (알다시피) 기독교의 신 안으로 전이되고 통합된다.

여기에 진정한 기독교적 태도가 빠졌다. 전제를 정립하려면—신을 '인간으로 만들고', 신을 인간 활동이 낳은 결과이자 인간 활동의 표현으로 환원하려면, 인간 주체의 정립(활동) 자체가 '전제'되어야 한다. 즉 인간을 근거짓는 실체적 전제이자, 스스로 인간이 되고 유한해진 신 안에서 인간 주체의 정립활동이 일어나야 한다. 이렇게 되어야 할 이유는 주체를 구성하는 유한성 때문이다. 말하자면, 전제를 온전히 정립하려면 주체는 거꾸로 자신의 전제 (조건)을 완전히 생성하고 정립해야 한다. 즉 주체는 절대적으로 변형되어, 자신이 자신의 기원이 될 것이다.[44]

인용문에 의하면 마르크스의 종교 해석은 관념론을 따르지만 (절대화된 주체의 온전한 자기 정립을 전제하지만), 헤겔주의스럽게 유한성이 절대자 자체를 찢어버린다고 전제하고 기독교를 재해석하면 유일하게 참된 근대적, 유물론적, 무신론적 주체 이론을 얻을 수 있다! 포이어바흐에 관한 마르크스의 논증은 지젝의 논증에서 거의 완벽하게 뒤집힌다. 마르크스는 '포이어바흐 테제'에서 유명한 논증을 펼친다. 신학과 인간학을 전복시켜도 지상의 분열을 이해하지 못하는 한, 그런 전복은 충분하지 않다. 분열된 지상은 일단 천상의 영역이 지상으로 투사되길 요구한다. 지젝은 마르크스와 포이어바흐를 모두 반대하면서, 기독교를 올바로 이해할 때 우리는 (지상의) 분열을 지상의 세계에 둘 뿐아니라 무엇보다 신 안에 둘 수밖에 없다고 주장한다.

지젝에 따르면, 마르크스주의는 기독교를 설명할 때 두 형태의 소외가 중첩되는 현상을 이해하지 못했다. 신학은 이런 형태의 소외를 케노시스라고 부른다. 이는 신과 인간이 모두 자신을 비우는 행동을 뜻한다. 『예수는 괴물이다』에 따르면, "통상적 마르크스주의가 종교는 인류의 자기 소외 현상이라고 비판할 때, 바로 이 이중적 케노시스를 간과하고 있다." 그리고 우리에게 익숙한 논증을 요약하면서 다음과 같이 논술한다.

> 보편적 실체를 가진 존재론적 질서의 부수 현상이 아니라 실체 자체의 본질을 이루는 주체성이 나타나려면, 균열과 부정성·개별화·자기 소외가 정립되어야 하는데, 이것들은 신적 실체의 중심에서 일어나야 한다. 실체에서 주체로의 이행이 신 안에서 일어나야 한다. 신이 인간에게 접근할 수 없는 사물이자 순수한 초월적 너머로 나타날 때, 인간은 신에게서 소외된 것이다. 이 현상은 신이 자신에게서 소외되는 현상과 일치해야 한다. (십자가에 달린 그리스도는 신이 자신에게서 소외되는 현상을 가장 신랄하게 표현하면서 이렇게 외친다. "아버지, 어찌하여 나를 버리시나이까?")[45]

따라서 마르크스주의가 제시한 주체 이론은 유물론에 온전히 충실하지 않다. 마르크스주의는 실체의 질서 안에 있는 근본적인 틈이나 존재론적 궁지에서 주체가 발생한다고 생각할 수 없기 때문이다.

이제 정신분석이 이 틈이나 궁지의 실재를 설명하는 유일한 논리인 한, 이 궁지가 평범한 삶 안에 있는, 삶의 과잉으로 이해되는 한, 그리고 유대 기독교적 전통이 이 과잉 요소가 야기하는 외상적 효과를 비슷하게 인정함으로써 정립되는 한, 지젝이 드러내놓고 기독교를 도착적으로 해석할 때도 결국 프로이트를 긍정하는 방향으로 나갈 거라고 예상할 수 있다. 프로이트는 인간 삶에 도사린, 이상하고 지나친, 외상 같은 차원을 사유한 주요 이론가이기도 하다. 프로이트는 이 차원을 죽음충동이라 부른다. "정신분석은 인간이 그저 생존하지 않고 평범한 일상사를 넘어 생명을 즐기려는 이상한 충동에 사로잡혀 있다고 가르친다. '죽음'은 '평범한' 생물학적 삶을 넘어선 차원을 정확하고 간명하게 대변한다."[46] 하지만 지젝은 이런 생각을 결국 뒤틀면서 프로이트가 자신이 내세운 근본적인 가르침을 포기해버린다고 주장하려 한다. 프로이트는 죽음충동을 다시 외부 자극으로 바꿔놓고, 심지어 생명 본능과 분리하여 나란히 배치해버린다. 이 후퇴는 프로이트주의 정신분석에 새겨져 있다. 이것을 고려할 때, 정신분석이 진보와 과학의 이름으로 종교를 세속화하자는 지극히 전통적인 주장으로 끝나버리는 이유를 설명할 수 있겠다. 『환상의 미래』에서 프로이트는 진보와 과학을 내세워 종교 세속화를 이루자고 주장한다.

따라서 에로스와 타나토스를 나누는 이원론은 진정한 유일신론의 중심에 있는 무신론 중핵을 가로막는 전략이 된다. 지젝은 기독교 유산이 여전히 지켜낼 만한 가치가 있다고 믿는다. 이런 맥락에서 무신론 중핵은 급진적인 약속이다. 에로스와 타나토스 원리가 대립하면서 형이상학적 전투를 벌이는 것은 이 약속을 더 밀고 나가기는커녕, 진짜 유일신론이 거둔 획기적 성취(십자가에 달린 그리스도가 구현하는)를 길들이고 거기서 실제로 한 걸음 물러나게 한다.

그렇기에 이렇게 분명한 '급진화'도 실제로 철학적 길들임이다. 즉 기능하는 우주를 중지시키는 단절은 우주의 존재론적 흠이다. 이 단절은 두 가지 실증적 보편 원리 가운데 하나로 변형된다. 그래서 대립하는 두 원리가 상쟁하는, 조화롭고 평안한 곳으로 우주를 보는 관점이 다시 정립된다. (이 논의가 품는 신학적 암시도 중요하다. 프로이트는 유일신교의 궁지가 오히려 전복적임을 철저히 추적하지 않고 이교적 지혜로 후퇴한다.)[47]

주체를 구성하는 유한성에 대한 이론은 우주라는 실체의 중심에 새겨진 존재론적 결함을 기반으로 삼는다. 그런데 이 이론은 오직, 혹은 적어도 특권을 가지는 방식으로, 기독교 안에서 유지될 것이다. "인류의 유한성, 즉 집단이든 개인이든 인간 주체의 유한성은 여기서 유지된다. 다시 말해, 그리스도는 과잉으로서 실체 안에 집합적 주체가 있다고 단순하게 인정하지 못하게 한다. 즉 인류가 미리 설정한 객관적이거나 가상적 존재자로 정신을 환원하지 못하게 한다."[48] 지젝은 마르크스도, 프로이트도 기독교의 도착적 핵심에 이르지 못했다고 생각한다. 예를 들어 마르크스는 역사의 절대적 주체 객체를 명분으로 삼아 인간의 유한성을 부인하지만 프로이트는 유한성에 내재한 외상적 차원을 인정하고 명명한다. 그러나 프로이트는 그렇게 하려고 생명과 죽음이 싸우는, 우주적·이교적 전쟁터로 우리를 돌려보낸다. 에로스와 타나토스가 싸우는 전투로 우리를 다시 보내버린다.

결론과 과제

지젝의 기독교 해석을 따른다면 어떤 결론이 나올까? 지젝의 해석은 우리에게 어떤 과제를 주는가? 지젝의 해석이 의도한 결과는 무엇이며 의도하지 않은 결과는 무엇인가?

지젝은 『믿음에 대하여』를 시작하면서 조금은 수수께끼를 내듯이 과제 하나를 제시한다. 이것은 지젝 자신과 함께 독자들도 수행해야 할 과제다. "기독교가 세계적 '다문화주의'의 정체인 로마 제국에 저지른 짓이 있다. 우리는 이것을 지금 우리를 둘러싼 제국에 저질러야 한다."[49] 그러면 기독교는 로마 제국에게 무슨 짓을 했는가? 여기서 지젝의 말은 초기 기독교 공동체와 로마 제국의 지배력 사이에 근본적인 비연속성이 존재한다고 암시한다. 비연속성은 나중에 기존 질서와 동일시를 중단하는, 다양한 전복적 계기의 형태로 반복된다. 예를 들어 성 프란체스코는 기존 사회관계를 완전히 "끊어버리거나" "벗어난다". 이렇게 종말에 대비하는 메시아답게 사회관계에서 벗어날 때, 기독교의 도착적 핵심이 온전히 보전될 것이다. 반면 로마 가톨릭 교회의 공식 역사에는 사회관계를 끊는 위협적인 행동을 누르려고 "재배치"하며 "방어하는" 대응들이 등장한다. "성 프란체스코의 운명을 떠올려보라. 그는 진짜 기독교인이라면 가난하라는 명령에 순종해야 한다고 강조하며 기존 사회 구조에 통합되지 않으려 했다. 결국 그는 출교당한 것과 같은 신세가 되었다. 교단은 필요한 '조치'를 취하고 나서 그를 다시 받아들였다. 성 프란체스코는 기존 봉건관계를 위협하는 칼날을 들이밀었으나 교단은 그것을 무디게 했다."[50]

지젝은 '현실 사회주의'라는 말을 활용해 기독교의 공식 교회를 '현실 기독교'라고 부른다. 기독교의 공식 교회는 탁월한 도착적 기관으로서 오히려 기독교에 내재된 진정한 도착적 핵심을 완전히 거슬러서 행동한다. 기독교의 진정한 도착적 핵심은 신이 스스로 의심하는 현상을 기반으로 삼는다. 궁극적으로 신의 죽음을 근거로 삼는다. 이에 따라 지젝은 "'현실 기독교'는 원래 도착적 해법을 제시한다"고 말할 수 있었다. 예를 들어 가족이 고수하는 근본 가치로 돌아가자고 요구하는 오늘날 신보수주의자들처럼, 대타자가 없다는 사실을 감추고자 기를 쓰고 달려드는 것이 현실 기독교의 본질이다. "도착은 대타자가 없다는 사실에 대처하려는 이중 전략이다. 도착은 결국 뼛속까지 보수적이고 과거를 그리워하면서 법을 인위적으로 만들려 한다. 도착은 우리가 이렇게 스스로 설정한 한계를 '진지하게' 받아들일 거라고 애써 기대한다. 이런 전략과 더불어 도착은 법 자체를 위반하는 방법을 다시 법으로 만들려고 애쓴다."[51] 하지만 "진정한" 도착과 "도착적" 도착을 정말 쉽게 구별할 수 있을까? 지젝은 기독교가 전한 "복음"과 "기독교에만 있는 태도", 기독교의 "획기적 위대함"을 지적하며 기독교가 "논리에 따라 도출되는 유일한 유일신론"이라고 말하지만, 이런 이야기는 기존 신자들의 믿음을 그저 확증하는 것으로 끝나버리지 않을까? 물론 "근본주의적 광신도"는 지젝의 이야기가 자기 믿음을 보충한다고 생각하지 않을지도 모른다. 어쨌든 그가 류블랴나의 지적 거장이 쓴 저작을 읽는다면, 오히려 모욕당했다고 느낄 것이다.

방금 마무리하는 질문을 다르게 제기할 수 있다. 이를테면 지젝이 기독교를 논의할 때 누구를 논의의 상대방으로 생각하며 누가 실제로 상대방인가? 지젝은 일단 기독교에는 전복적, 무신론적 중핵이 있으며 우리가 그것을 회수해야 할 만큼 가치가 있다고 주장한다. 적어도 전복적 (무신론적) 중핵을 받아들이면, 권위를 부과하는 원리나 교리의 형태로 존재하는 대타자를 전혀 의지하지 않을 것이다. "기독교가 무신론의 종교라고 말할 때, 요점은 통속적 인본주의가 아니다. 통속적 인본주의를 따르면, 신이 인간이 된 사건은 신의 비밀이 곧 인간이라는 사실을 폭로한다(포이어바흐가 이렇게 주장한다). 하지만 이것이 무신론의 종교로서 기독교의 요점은 아니다. 오히려 기독교는 종교적 중핵을 공격한다. 종교적 중핵은 인본주의와 심지어 스탈린주의 안에서도 여전히 살아 있다. 이를테면 스탈린주의에서는 '대타자'로서 역사를 믿는데, 역사는 우리 행위의 '객관적 의미'를 결정한다."[52] 인간이든, 역사든 신성한 권위 원리에 전혀 의존하지 않는 태도는 지젝이 라캉을 따르며 기술한 정신분석 치료가 끝나는 지점과 일치한다. 정신분석이 끝날 때 분석 주체는 상징질서의 비일관성을 받아들인다. 상징질서가 사람을 속인다는 것은 대타자가 없음을 알려준다. "겉모습과 완전히 반대로, 정신분석에서는 바로 이런 일이 일어난다. 치료가 끝날 때, 환자는 대타자가 없음을 받아들인다." 지젝은 『죽은 신을 위하여』에서 결론적으로 이렇게 쓴다. "지금까지 우리가 한 말을 가장 잘 알아듣는 수신자는 정신분석가다. 주인 같은 이는 의미를 보증하지만 정신분석가는 주인 같은 이와 전적으로 맞서 있다. 정신분석이 끝나고 전이가 해소되어, '안다고 가정된 주체'가 사라질 때, 환자는 앎을 보증하는 이런 주체가 없음을 받아들인다."[53]

여기서 곧바로 질문을 하나 하고 싶어진다. 지젝 자신만이 이 질문을 한 것은 아니다. 즉 지젝은 자신이 제기한 과제를 왜 종교를 통해 말하는가? 그냥 정신분석이나 철학적 유물론이냐라는 말로 표현하면 왜 안 되는가? "신의 죽음이란 말을 왜 끊임없이 되풀이하는가? 그냥 유물론 전제에서 시작해 유물론을 전개하면 왜 안 되는가? 이 질문에 제대로 답하려면 헤겔주의 관점을 취해야 한다. 여기서 헤겔주의는 논제를 전개하려면 논제를 반박하는 주장을 극복해야만 한다는 싸구려 '변증법'을 뜻하지 않는다. 종교를 반드시 거쳐야 하는 이유는 (외재적이지 않고) 내재적이다." 지젝은 다른 곳에서 다소 수수께끼 같은 발언을 한다. "진정으로 논리에 따라 도출되는 유물론은 종교가 제시하는 기본 통찰을 받아들인다. 종교는 우리가 사는 상식적 현실이 참된 현실이 아니라고 전제한다. 유물론도 이 전제를 수용하지만 종교가 내린 결론은 거부한다. 종교는 '더 높은', 지각을 초월한 현실이 있어야 한다고 결론 내리지만, 유물론은 이것을 거부한다. 상식 실재론과 현실 종교, 유물론은 헤겔스러운 삼각 구도를 이룬다."[54] 여기서 물어보자. 지젝은 유물론적 논증을 펼치면서 기독교의 개념과 심지어 교리 전체를 동원하는데, 지금 누구를 설득하려고 애쓰는가? 지젝은 진짜 종교 신자를 얼마나 설득하려고 하는가? 신자가 자신이 믿는 유일신교의 도착적 핵심에 고무되어 무신론자와 유물론자 집단으로 들어갈 만큼 설득하겠다는 뜻인가? 아니면, 지젝은 변절자에게 설교하는가? 신학 교리로 장난치는 지젝을 인내하고 받아줄 마음이 없는 동료 유물론자에게 설교하는가?

프로이트와 지젝의 차이점을 한 번 더 비교하는 게 도움이 될 것 같다. 『환상의 미래』를 쓴 프로이트는 믿음이 굳건한 신자에게 자기 연구가 어떤 영향을 줄지 냉정하게 판단했다. "내가 한 작업은 전혀 해롭지 않고 위험하지도 않다." 단지 프로이트 자신과 정신분석의 운명에는 위험하거나 해로울지도 모른다. "그들은 말할 것이다. '이제 정신분석이 어디로 갈지 보입니다. 정신분석이 쓴 가면은 벗겨졌어요. 우리가 늘 의심한 대로, 정신분석은 신과 도덕 이상을 부정하게 만듭니다.'" 하지만 프로이트는 다르게 말한다. "신실한 신자가 나의 논증에 설득당해 신앙을 잃을 위험은 전혀 없다."[55] 실제로 프로이트는 자신의 텍스트가 맞이할 운명을 내다보고 있는데, 그의 텍스트는 지젝의 정신분석적 저작을 준비하고 있는 것 같다. "정신분석적 방법을 적용하여 종교의 진리와 더불어 종교를 위한 진리까지 반박하는 새로운 논증을 찾아낼 수 있다 해도, 종교 옹호자도 똑같이 정신분석을 활용하여 종교 교리의 정서적 중요성을 완전히 인정하려 할 것이다."[56] 마찬가지로, 종교와 유물론 사이의 논쟁에서 지젝의 맞수가 주로 존 밀뱅크 같은 보수적 좌파라는 사실은 지젝 자신의 시도로부터 도출되는 의도치 않은 결과가 아닐까? 마르크스라면, 보수적 좌파들이 내세우는 사회주의를 '봉건사회주의'라고 분류했을 것이다. 존 밀뱅크 같은 보수적 좌파들은 지젝의 사상을 이용하여 자신의 반동적 종교 교리가 정서적으로 중요하다고 주장하지 않는가?

마지막으로 기독교의 기본적인 태도를 형식적이거나 선험적으로 해명하는 것을 선택해버릴 위험도 있지 않을까? 신 안에 새겨진 "존재론적 흠"을 받아들여 거듭난 주체가 "새로 시작되는" 기적 같은 가능성이 바로 기독교의 기본 태도이다. 그런데 이를 해명하는 것을 선택하게 되면, 기독교와 자본주의가 심층적으로 공모한 역사적이고 계보학적 차원을 무시할 위험이 있는 것이다.

내가 염두에 둔 계보학 조사는 적어도 두 가지 쟁점을 제시해야 한다.

첫째, 지난 10년 혹은 20년간 종교가 다시 주목받고 부상했는데, 지젝은 이것을 보여주는 두드러진 사례다. 종교의 부상은 1960년대와 1970년대에 일어났던 전투적 급진주의에 대한 경험을 대체하는 증상으로 기능한다. 우리가 잠시 서구 유럽 사회에 초점을 맞추더라도, 소위 세 가지 경전의 종교를 연구한 학자가 많다. 베니 레비 혹은 야코브 타우베스는 유대교를 연구했고, 알랭 바디우나 조르조 아감벤은 기독교를, 크리스티앙 잠베트와 가이 라르드로는 이슬람을 연구했다. 마르크스주의의 위기와 그에 따른 좌파의 방향 상실이란 맥락을 고려할 때, 메시아가 실현하는 성자다운 유토피아적 구원의 도식이 도래할 것이라는 기대는 여전하다.

둘째, 계보학적 관심이 진정으로 필요한 장기 기획도 있다. 지젝이 로마 제국 시대를 다시 언급하거나, 마이클 하트와 안토니오 네그리가 아우구스티누스가 제시한 두 도성을 재해석하여 지상 도시의 순수 내재성을 강조할 때, 이들은 훨씬 더 넓은 의제를 가리킨다. 이 의제를 감당하려면, 철학만 엄밀하게 파고들지 말고 역사까지 조사해야 한다. 최근에 사망한, 아르헨티나의 프로이트 라캉주의자인 레온 로치너가 생애 마지막 시기에 그런 조사를 했다. 기독교가 왜 자본의 유일한 종교인지 탐사할 마음이 있는 사람은 마르크스의 저작에서 아직 손대지 않은 부분을 여전히 활용할 수 있다고 로치너는 믿었다. 앞서 우리는 이미 『잉여가치학설사』와 『자본』에 나온 구절을 인용했고, 마르크스의 초기 저작에도 탐구할 만한 구절이 나온다. 초기 저작에서 마르크스는 포이어바흐가 설정한 탈소외 모형에 계속 영향을 받았다.

마르크스는 자신이 남긴 최고의 문제작인 「유대인 문제에 대하여」에서 어떤 단계들을 최소한 되짚어보려고 한다. 마르크스는 근대의 세속 자본주의 국가에서 기독교 정신이 어떻게 역설적 업적을 남겼는지 추적한다. 우리가 단순한 세속화 논제에 유혹받지 않고, 반유대주의에 대한 비난과 마르크스를 자주 공격했던 유대인의 자기혐오에 의해 오도되지 않는다면, 로치너의 제안은 분명 지금도 정치적으로 적절하다. 그러나 방법적인 차원에서 마르크스의 청년기 저작에서도 배울 만한 교훈이 있다. 「유대인 문제에 대하여」를 오늘날 다시 읽는다면, 마르크스주의 주체 이론을 전개하면서도, 자본주의 이전의 주체성 형식과 근대 자본주의 아래서 유대 기독교의 위치가 어떻게 바뀌었는지 재구성해야 한다. 로치너는 『큰 사물과 십자가La Cosa y la Cruz』에서 바로 이런 방향으로 작업을 했다. 여기서 아우구스티누스의 『고백록』을 한 쪽씩 꼼꼼히 읽으면서, 개인이 기독교와 로마 제국의 통제권에 종속되는 방법을 알려주는 지침서가 『고백록』이라고 지적한다.

따라서 로치너가 보기에, 아우구스티누스의 저작은 적군의 영역으로 침입하는 관문이 된다. 아우구스티누스는 『신의 도성』을 쓰면서 세계사가 펼쳐지는 시점을 탁월하게 묘사한다. 유물론의 적으로서, 쇠퇴하는 로마 제국은 세계사가 펼쳐질 때 기독교 교회와 같은 전선을 이루면서, 사악한 주체 형성을 야기한다. 이 주체 형성은 수백 년 뒤 자본주의가 저지른 학살을 예비한다. 로치너에 따르면, 기독교의 성인은 본받아야 할 모범이 아니라 적이다. 아무리 좋게 봐도 기독교의 성인은 본받지 말아야 모범이다. "성인은 까마득한 옛날부터 성스러움의 자본을 축적하는, 생산적이고 독창적인 투자법을 자신의 리비도 경제학에 따라 제안했다. '육신으로 모은 것을 영the spirit에 투자하라.'" 로치너는 이렇게 쓰면서 『고백록』을 해석하며 세웠던 과감한 가설을 요약한다. "자본과 기독교의 영에는 서로 보완하는 형이상학적 전제들이 있다."[57] 이 가설을 따를 때, 우리는 서서히 주체의 밑바탕에 있는 본능의 차원을 탐사하게 된다. 이 차원을 탐사할 때, 유아의 가장 이른 체험에서 나온 죽음 공포와 테러가 육신을 입은 영혼에 깊이 각인되는 자리를 찾을 수 있다. 자본주의와 개신교가 이데올로기적 친화성이 있다는 막스 베버의 가설을 훨씬 능가하면서, 로치너는 기독교가 없었다면 자본주의는 성립되지 않았을 거라고 주장한다. "승리하는 자본주의는 부를 추상적 금융 형태로 무한히 축적하는데, 기독교가 부추기는 인간 형태를 한 종교적 무한성이 없었다면(로마 제국의 새 종교가 주체성을 상상과 상징 차원에서 다시 조직하지 않았다면), 이 자본주의도 성립되지 않았을 것이다."[58] 아우구스티누스는 심리 경제를 바탕부터 바꿔버린 유일한 모범 사례다.

로치너는 『큰 사물과 십자가』에서 조사 목적이 무엇인지 돌아보며 이렇게 설명한다.

따라서 우리는 스스로 다음과 같이 말했다. 우리가 아우구스티누스를 읽으면서 그가 제시한 인류에 대한 근본 공식이 무엇인지 밝힌다고 해보자. 그래서 (오직 선택받은 자가 듣게 된) 신의 말씀에 나오는 이 '사랑'과 '진리'는 몸을 부정하고 타인의 생명을 불가피한 희생이란 이름으로 없애려 한다는 것을 밝혀냈다고 해보자—타인의 생명을 없앤 자도 죄악을 저지른 것이 아니다. 희생은 불가피했기 때문이다. 그렇다면 우리는 죽음을 이용하여 자신의 정치 논리를 죽음보다 더 긴박하게 여길 수밖에 없도록 만드는 문화 체제를 폭로한 것이 아닐까? 가장 숭고하다고 간주되는 이런 인간 모형을 받아들여 가장 성스러운 것을 찬양할 때도 가장 사악한 것에 헌신하려는 마음이 자리잡는다는 것을 폭로한다면, 기독교의 종교 생산물이 만들어지는 외설적 기제를 밝힌 것이 아닐까? 다시 말해, 1600년 동안 섬세하고 정교하며 잔혹하고 가차없는 종속을 만들어낸 인간성 모형을 이해하는 작업은 도전적 과제다.[59]

그러나 로치너는 법의 외설적 이면을 드러내는 일에만 매달리려는 유혹에 빠지지 않는다. 즉 법의 이면은 어둡고 강렬하며, 인간 조건의 근거로서 죽음에 의해 추동된다는 것을 드러내거나 제시하는 데 그치지 않으려 한다. 그는 구조나 유사 선험적 틀에 구속되지 않고, 주체가 역사에서 중층 결정되는 긴 과정을 계속 탐구하려 한다. 이런 작업을 거쳐 적어도 주체가 실제로 변혁되는 가능성을 밝혀냈다.

여기서 언급한 로치너의 아우구스티누스 연구는 살펴볼 만한 계보학적 작업의 한 사례로서 제시되었을 뿐이다. 그런데 이 저작은 정치적 주체성이 기독교 신학에 의해 얼마나 지속적으로 오염되어 있는지 폭로하는 데도 대단히 유용하다.

이런 이유로 우리는 종교의 중심에서 정치(적인 것)의 근거를 찾는 일에 관심을 가졌다. 기독교 신자가 아무리 좋은 의도를 품어도, 심지어 자신은 해방신학에 속한다고 말할지라도, 해방신학에 맞서 있는 정치와 **근본적으로 다른** 정치적 체험을 과연 할 수 있겠는지 묻고 있다. 또한 기독교라는 종교를 떠받치는 기초가 타인에 대한 지배의 기초일 수밖에 없는지 묻고 있다. 즉 정확히 기독교의 기독교다움 안에 이미 타인에 대한 지배가 도사리고 있는지 묻는다.[60]

바디우와 네그리, 지젝을 봐도, 자신이 맞서 있는 것과 근본이 다른 정치 체험을 주체 수준에서 해야 한다는 주장에 대해 제대로 답하는 것이 정말 어렵다는 것을 알 수 있다. 이 세 사상가는 사실 기독교 정치신학에 단단히 매여 있다. 이들은 사도 바울이나 성 프란체스코 같은 성자를 예로 들지 않고는 전투적 주체를 그려낼 수 없다. 바디우는 사도 바울을, 네그리와 지젝은 성 프란체스코를 예로 든다.

이제 우리 논의를 요약해보자. 기독교는 싸울 만한 가치가 있는 유산이거나, 지킬 만한 가치가 있는 잃어버린 대의라고 주장하며 기독교를 방어하려는 사람은 지젝처럼 유물론적 역전이 필요하다고 생각한다. 교리가 말하는 진리의 빛 아래서 평안히 있던 것이 갑자기 깨지기 쉬운 절대(자)로 나타난다. 깨지기 쉬운 절대는 십자가에 달린 그리스도의 외침으로 요약되어 나타난다. 유물론적 역전이 일어날 때 이런 일이 벌어진다. 그래서 예수는 믿음을 잃어버린 채, 배신하듯 고함을 친 것이 아니다. 예수의 외침은 오히려 기독교의 참된 혁명적 본성을 강조한다. 헤겔에서 할리우드까지 다종다양한 사례로 이런 논의에 아무리 양념을 쳐도, 이런 변증법적 재공식화와, 거듭난 유물론을 내세워 기독교를 도착적으로 뒤집는 작업은 모두 주체성의 가능 조건을 구조나 선험적 차원에서 논의하는 데 머물러 있다. 반면, 아직 수행되지 않은 작업을 다시 한번 맡게 될 사람은 정작 계보학자나 역사 유물론자가 될 것이다. 이들은 이론과 역사가 끊임없이 갈등하는 영역에서 주체에 대한 정치를 논한다. "그러므로 우리는 정치에서 다시 종교적 소외로 나가야 한다. 그렇게 해야 정치 안에서 종교가 지속되는 현상을 이해할 수 있다." 로치너는 「유대인 문제에 대하여」를 세심하게 주석하면서 이렇게 말한다. "'비판하는 비평'이 이미 극복했다고 주장하는 기독교 본질은 세속적 민주주의 국가의 실질적 사회관계에서 대상으로 계속 나타난다. 세속적 민주주의 국가의 최종 형태는 마르크스가 보여주었듯이 미합중국이다. 이와 더불어 기독교 본질이 지금까지 어떻게 지속되었는지 밝혀야 한다."[61]

4장

예식처럼 거행되는 우연성과 양가적 자유 의례

JOSHUA RAMEY
조슈아 래메이

CURRENT PERSPECTIVES IN
ŽIŽEK STUDIES

Slavoj Žižek

지젝은 자유의 뜻을 어떻게 정의할까? 2008년에 출간한 『잃어버린 대의를 옹호하며』의 한 구절에서 논의를 시작해보자. 여기서 지젝은 이렇게 단언한다.

우리의 생각과 달리 우리는 덜 자유로우면서도 더 자유롭다. 우리는 완전히 수동적이며 과거에 의존하고 과거에 의해 결정된다. 그러나 우리에게는 과거가 결정하는 범위를 정할 자유가 있다. 즉 우리를 결정할 과거를 (다시) 결정할 자유가 있다. (…) 따라서 '자유'는 원래 소급적이다―거꾸로 되돌아가 작용한다. 가장 기초적인 수준에서 자유로운 행위는 무無에서 인과관계를 새로 시작하는 행위가 아니다. 어떤 필연적 연관이나 연쇄가 나를 결정할지 소급적으로 정하는 행위가 자유로운 행위다.[1]

주체가 결론이 정해지지 않은 미래보다 과거와 맺은 관계가, 특히 과거 자체에 내재한 우연성과 맺은 관계가 자유의 으뜸 되는 측면이다. 지젝에게 과거는 현재를 결정하지 않는다. 오히려 미래가 다를 수 있는 것은 오직 과거가 있었기 때문이다. 다시 말해, 과거와 단절하지 않고, 오히려 과거를 취하여 변형시키는 행위가 참으로 자유롭다. 우리를 결정하는 원인과 맺은 관계 안에서만 자유롭다. 반면 과거와 상관없었던 행위는 어떤 것이든 의미가 없을 것이다.

지젝은 이렇게 자유를 단절이 아니라 변형으로 보면서, '행동'의 특별한 뜻과 평범한 뜻을 저작 전체에 걸쳐 구별한다. 평범한 '행동'은 상징적 등록소가 지지하는 활동과 행위자의 범위와 상관있다. 상징적 등록소는 언어와 사회 규범, 의례, 관습, 제도의 구조로 드러난다. 이런 것은 모두 주체에게 무엇이 가능한지 분명한 느낌을 준다. 상징적 등록소 안에서 주체는 자신과 분리되어 있다고 느끼면서도 자신을 발견한다.[2] 주체는 동일시를 이루고자 상상하고 물신을 믿는다. 그래서 환상을 유지할 수 있다. 사회적 총체성에서 주체가 있을 자리는 자연적으로나 유기적으로 정해지며, 주체는 사회생활이라는 객관적·중립적 실체 안에서 어느 정도 통제하고 행위한다는 환상이 유지된다. 그러나 상징적 등록소 안에 겹쳐진 어떤 주체에게도 상징적 등록소는 필연적이거나 '자연적'으로 보인다. 상징적 등록소는 모두 우연적이고, 궁극적으로 임의로 배치되어 있어서, 대립과 불화가 일어나 잠재적으로 외상을 줄 수 있는 자리를 포함한다. 상징계에 있는 이 비일관성(어긋남)이 바로 실재다. 실재는 '가로막혀' 있어 주체가 경험하지 못한다. 주체성은 과잉이나 '외밀한extimate' 측면을 거쳐 생산된다. 주체가 상징적 그물망으로 우연히 들어가면서 주체성이 생겨난다. 주체성은 우연성으로 만들어진다.

지젝도 따르고 있는 정신분석적 이론에 따르면 우리는 타인에게 우연히 속하고, 완전히 중개되는 방식으로 자신과 관계를 맺기 때문에 불안을 짊어질 수밖에 없다. 이 불안을 차단하거나 길들이려는 온갖 시도가 바로 신경증과 정신병인 것이다. 우리는 자기 삶에 부여하는 의미조차 사회적 총체성에서 빌려오며 사회적 총체성 안에서 자신을 발견(하지 못)한다. 그래서 자신과 관계를 맺을 때도 매개를 거쳐야 한다. 주체의 활동이 어쨌든 주어진 상징적 그물망의 구성과 일치하는 한, 주체는 상징적으로 규정된 것과 분리되어 따로 있을 수 없다. 반면 상징적 그물망과 일치하는 활동은 엄밀히 말해 자유롭지 않다. 상징계와 단절하는 활동만이 참으로 자유롭다고 말할 수 있다. 지젝이 강조하는 뜻에서 그 활동은 행동Acts이다.

다시 말해, 지젝이 보기에 참으로 자유로운 행동은 변화를 만들어내며, 변화를 통해 주체가 등장하는 것도 가능해질 것이다. 하지만 이런 급진적 변화는 어떻게 가능할까? 최근 저작에서 지젝은 특정한 시간성에 접근해야 가능성의 조건이 변할 수 있다고 주장한다. 특정한 시간성은 '순수 과거'로서 들뢰즈가 말한 잠재성virtual과 같다. 잠재성은 사건이 일어나는 차원인데, 이 차원은 모든 시간적 펼쳐짐을 넘어서지만 연속된 역사 장면에 완전히 속해 있다.[3] 지젝은 들뢰즈처럼 사고하면서 잠재 논리를 활용해 자유의 존재론을 설명한다. 들뢰즈에게 역사는 우연적이며 시간은 늘 다르게 펼쳐질 수 있었기 때문에, 탐사되지 않은 잠재성들은 과거에 늘 이미 있거나 '내속'한다. 현재가 과거 안에 있는 탐사되지 않은 잠재성들을 해방하는 방식으로, 과거는 어떤 조건에서는 소급적으로 "거꾸로" 영향을 받을 수 있다.[4] 지젝에 따르면 "순수 과거는 행동이 일어나기 위한 선험적 조건이지만, 행동은 실제로 새 현실을 창조할 뿐 아니라 거슬러 올라가 (행동을 위한) 선험적 조건까지 바꾼다."[5] 자유로운 행동은 완전히 새로운 현재를 연다기보다, 거슬러 올라가 과거의 본성을 바꾼다. 다시 말해, 어떤 과거가 지금 중요한지, 과거사 가운데 무엇이 현재를 규정하는지 '소급적으로' 결정한다.

그러나 거슬러 올라가 과거를 바꾸는 행동이 일어날 조건은 주관적 행동자의 의식적 통제나 의도적 관점 안에 있지 않다. 지젝에게는 이것이 중요하다. 자유로운 행동은 유별나고 전혀 예상할 수 없는 조건에서만 일어날 수 있다. 그 이유는 주체 경험의 중심에서 욕망과 충동은 서로 다른 수준에 있다는 사실과 상관있다. 지젝은 라캉의 논리를 따르면서 상징계 안에서 구체적으로 기술되는 욕망은 결여를 덮거나 메워버리려는 시도라고 말한다. 이 결여는 주체 자신이 상징계로 들어갈 때 주체 안에서 생긴다. 욕망은 욕망이 겨냥하는 대상들을 향하지 않고 대상 a로 향한다. 대상 a는 욕망 자체를 뒷받침하는 환각적·존재론적 지지대로서 기능하고 보충하며, 욕망 자체의 우연성에 맞서 다시 확신을 준다. 주체가 충동 수준에 접근할 때(주체는 충동 수준에 접근할 수 없지만, 어쨌든 충동에서 비롯된 행위에 다가갈 때), 주체는 자기 존재의 우연성을 완전히 껴안으면서, (오직 자신만을 원하고 대상을 겨냥하지 않는) 충동 같은 모습을 잠시 유지한다. 충동 수준에 이른 주체성은 자유롭다. 그 주체성은 자신이 결정되어 있다고 전적으로 인정하면서도, 결정되어 있음 자체가 완전한 우연성이며 소용돌이치는 텅 빈 충동에게 제약을 받는다고 생각하기 때문이다. 대상 a는 소용돌이치는 텅 빈 충동 주변을 잠시 순환할 때, 결여를 덮어버리는 장막이 아니라 결여 자체의 모습으로 순환한다. 즉 실재 자체에 난 구멍의 모습으로 순환한다. 주체는 시간 속에서 이 구멍과 자신을 동일시한다.

몰리 앤 로신버그가 지적하듯이, 지젝은 여기서 진정한 행위자(와 자유)가 나타난다고 설명한다. 로신버그는 지젝의 주체가 '과잉' 주체라고 지적한다. 자신과 '외밀한' 관계를 맺으면서 구성되는 주체가 바로 '과잉' 주체다. 상징질서에 들어가려면 어쨌든 구멍내기나 '형식 부정'이 일어나야 한다. 사회관계망에서 자기 자리를 잡을 때 낯선 자리가 생겨난다는 말이다. 그런데 주체가 점유한 이 낯선 자리는 상징적 정체성이기도 한데, 주체 자신은 이 자리가 솔직히 텅 비어 있다고 느낀다. 이렇게 나를 나 자신과 분리하는 부정성은 사회관계망 안에 있는 한 인간의 실존을 구성한다. 충동의 차원에 대한 접근 여부는 주체의 형성이라는 외상적 경험을 유보하거나 수용하는 것에 달려 있다. 일반적으로 환상과 히스테리나 신경증만 있어도 충동에 접근하지 못하게 방해를 받는다. 행동이 일어나는 유별난 조건 아래서 충동에 접근할 수 있는 길이 열리는데, 이때 주체성이 생성되는 과정이 노출되며 동시에 다른 방식의 생성도 가능해진다. 로신버그는 이렇게 기술하고 있다.

자유로운 행동을 할 때 상징적 차이들은 모두 거부된다. 그래서 이 등식이 가장 중요해진다. 외밀한 원인은 주체를 일으킬 뿐 아니라 구멍을 낸다. 이 구멍은 요람처럼 상징계 안에 있는 주체를 안고 있다. 외밀한 원인은 공집합을 만드는데, 공집합은 시차적 전환을 거쳐 상징계 자체를 가로막는 장애물로서 나타나거나 구현된다. 주체를 상징계에 기입하는 행동도 상징적 차이들을 폐지하는 행동과 형식은 똑같은데, 이 행동도 상징계를 넘어서는 과잉 주체를 생성한다. (과잉 주체는 상징계를 넘어서므로 상징계를 분명히 가로지른다.) 주체가 존재자로서 가진 속성들을 전개할 때 그 속성들의 우연성이 드러난다. 어떤 상황의 속성이 불가피하며 이미 주어져 있는 것으로 보일 때, 과잉 주체는 이에 대해 미적으로 거리를 둠으로써 다른 구도가 보이고 작동하도록 판을 다시 짠다.[6]

로신버그는 주체 생성의 정태적이거나 형식적인 측면을 강조하지만, 나는 이 글의 목적에 따라 지젝이 동적이거나 시간적인 측면을 어떻게 다루는지 주목할 것이다. 바로 여기서 지젝의 견해에 나타나는 중요한 양가성을 발견했기 때문이다.

반복과 우연성

참으로 자유로운 행위는 예상할 수 없는 일이 절대 아니며 오히려 반복과 늘 엮여 있다. 지젝이 제시한 자유 개념에서 눈에 띄는 특성도 바로 이것이다. 지금 자유롭게 행위하는 것은 과거를 재조명하고 심지어 완전히 바꾸는 행위와 같다. 지젝은 이 주장에 대해 들뢰즈의 생각을 따른다. 들뢰즈는 베르그송의 사상을 이어가면서 순수 과거를 개념으로 만든다. 순수 과거의 차원에 있는 잠재 대상은 역사적, (자연적) 사건들의 연쇄나 수준들 사이에서 존재하거나 '내속'한다. 들뢰즈에게 잠재성은 생생한 현실에 내재한다. 하지만 더 확실히 말하자면, 생생한(지금 여기서 체험되는) 시간은 잠재성 자체에 내재한다. 역사 체험의 판본과 변이들은 순수 잠재성들을 표현한다. 영원하거나 시간 바깥에 있어서 순수라는 말을 쓴 것이 아니다. 순수 과거는 개별 사건이 품을 수 있는 어떤 의미보다 풍성하고 다양하기 때문에 순수라는 말을 쓴 것이다. 잠재성은 현실에서 사건을 일으키지 않지만, 새로움을 일으키는 조건이다. 그리고 반복이 과거의 의미와 방향을 모두 바꿀 수 있고, 거슬러 올라가 과거를 규정하여 현재를 바꿀 수 있는 한, 잠재성은 반복을 구성하는 선험적·발생적 요소를 제공한다.

『마지막 때에 살아가기』에서 지젝은 이 논점을 보여주려고 사례 두 가지를 기술한다. 하나는 예술이고, 다른 하나는 정치다. E. L. 닥터로의 소설 『빌리 배스게이트』는 영화로도 만들어졌는데, 지젝은 원작이 영화보다 훨씬 낫다고 주장한다. 그런데 지젝은 영화를 보고 나서 원작을 읽으면 오히려 원작에 실망해 다음과 같이 생각하게 된다고 한다.

"내가 방금 읽은 소설은 영화가 기준으로 삼았으나 제대로 표현하지 못한 그 소설이 아니다."[7] 그러면 '진짜' 원작은 어디에 있을까? 영화보더 더 나은 이 예술작품은 어디에 있는가? 이것은 소설 안에 있지 않고 잠재적 소설 안에 있다. "잠재적 소설은 원작의 유령으로서 원작이 영화로 변형될 때 생긴다." 여기서 지젝이 소설은 '열린 작품'으로서 여러 판본에 종속된다고 말한 것은 아니다. 오히려 같은 작품을 반복하는 데 궁극적으로 실패한 다른 사례들이 특정한 관계를 맺을 때만 더 나은 작품이 나온다.

레닌주의와 스탈린주의의 관계를 사유할 때도 같은 논리를 적용할 수 있다. 스탈린주의가 진짜 레닌주의를 배반했다고 생각할 것이 아니라, 스탈린주의가 실패하는 바람에 레닌주의의 중심에 있는 해방하는 힘을 볼 수 있게 되었다고 생각해야 한다. 레닌주의의 이 핵심은 레닌 자신에게도 그가 처한 상황에서는 보이지 않았다. 스탈린이 죽고 나서도 레닌을 재발견하려면, 말 그대로 전혀 존재하지 않았던 레닌을 발굴해내야 한다. 지젝은 이 논리가 절대(자)를 사유하는 헤겔 변증법의 본질이라고 생각한다. 절대자를 사유한다는 것은 헤겔에게 '절대 지식'을 사유하는 것이다. 지젝은 이렇게 쓰고 있다.

영원한 절대는 움직이지 않는 준거인데, 시간 안에 존재하는 형식은 그 준거를 중심으로 순환한다. 그 형식의 전제(조건)도 마찬가지다. 그러나 시간 안에 있는 형식이 정확하게 영원한 절대를 정립한다. 영원한 절대는 시간 안에 있는 형식보다 먼저 존재하지 않기 때문이다. 영원한 절대는 첫 번째와 두 번째를 분리하는 틈에서 생겨난다. 『빌리 배스게이트』 사례에서는 원작과 영화로 반복된 원작 사이에서 영원한 절대가 생겨난다.[8]

한 계열을 이루는 첫째 항과 둘째 항이 관계를 맺을 때 새로움(새것)이 생겨난다. 진정한 새로움은 해명할 수 없는 방식으로 창발하지도 않고, 독특하지도 않다. 진정한 새로움은 특정 역사에서 스스로 나타나는 궁지가 작동한 결과다. 다시 말해, 반복되는 역사로 구성되는 특정한 사건 계열에서 스스로 나타나는 교착 상태가 작동한 결과가 바로 새로움이다.

하지만 반복과 그것이 표현하는 "절대적" 우연성이 어떻게 자유 개념과 관계를 맺을 수 있는가? 자유로운 행위는 그때그때 다른 사례를 만들어낸다. 자유의 진리가 만들어내는 효과는 역사 정황에 따라 달라지며 사회장을 구성하는 적대(관계)에 상대적이다. 여기서 순수 과거로 간주되는 절대자를 소급적으로 바꿀 수 있는 자유가 어떻게 (무슨 수로) 반복의 필연성과 연결되는지 질문할 필요가 있겠다. 여기에 어떤 허무주의가 잠재해 있다. 반복이 순수한 역사 우연성에 달린 문제라면, 주체는 오직 가끔 실제로 자의적으로만 자유롭게 보이는 것 같지는 않다. 아직 탐사되지 않은 잠재성들을 발견할 자유는 오직 혼돈과 무질서, 폭력적 단절을 위한 추상적 자유일 뿐인 것 같다.

그러나 지젝은 역사적 정황과 친근하다 못해 외설적인 문화 현상까지 밀착해서 관찰하는데, 이것은 자유로운 행위를 자의적인 것으로 단순하게 환원하려는 의도가 지젝에게 없다는 분명한 증거가 아니겠는가. 오히려 과거에서 우연성을 다시 발견한다면 어쨌든 절대자가 역사적 장면으로 돌입할 가능성이 다시 생긴다고 주장하는 것 같다. 지젝이 보기에 역사라는 연속체가 "존재하는 모든 것"이며 잠재적인 것은 "실제로 무"이기 때문에, 우연적인 것은 자의적인 것으로 환원되지 않고 오히려 특정한 역사적 장면의 재편성으로 환원된다. 즉 알랭 바디우가 말한 "정황"으로 환원된다. 따라서 자유가 수행할 과제는 개별 세계를 갱신하는 것이다. 그러나 자유가 실행되는 과정은 실존적 존재론적 양가성에 여전히 감염되어 있다. 지젝도 이 양가성을 아직 명료하게 해소하지 못하고 있다. 이 양가성은 지젝의 자유 개념에도 존재한다. 이를테면 그는 행위자가 의식적으로 자유로운 행동을 전개한다고 스스로 인지할 수 있는지 묻고 있다. 어떤 조건에서, 어디서, 얼마나? 여기서 중요한 양가성은 바로 "자신을 낳은 부정성을 작동하게 만드는 주체의 반성적 태도"의 자리에 존재한다. 다시 말해, 주체의 이런 실천은 어디서 얼마나 오래 일어나는가?[9]

에이드리언 존스턴이 꼬집었듯이, 지젝은 주저하면서 질문에 대답하지 않았다. 이 문제가 자신을 위험한 생각으로 몰아갈지도 모르기 때문에 대답하지 않은 것 같다. 즉 부정성을 '제대로' 다루거나 통과할 때, 유기적·실체적 총체성을 긍정적으로 파악하게 된다고 생각하도록 지젝을 몰아갈지 모른다는 뜻이다. 이렇게 목적론적 관점을 취하면, '안다고 가정된 주체'의 자리를 점유하지 않으려는, 라캉주의에 고무된 지젝의 저항은 유지되지 않을 것이며, 주체도 자유로운 창조라는 긍정적 과제를 빼앗기게 될 것이다. 또한 이 목적론적 관점은 그의 기본 주장을 위배할 것이다. 그는 기본적으로 주체성과 자유는 보편적인 우발적 사건으로서 나타나야 한다고 주장한다. 마법화된 우주는 물론이고 환영적 실체적 유토피아라는 환상은 없다는 것을 보여주기 위해서다. 물론 우리의 작업은 그곳으로 향하거나 궁극적으로 거기에 참여하려고 하지만. 그래서 지젝에게 자유는 적대를 궁극적으로 해소하기 위해 꾸준히 전진하지 않고 오히려 일시적 양자 도약처럼 간헐적으로 돌진한다.

이 입장은 얼마나 정합적인가? 개인 행위든 집단 행위든 한결같은 행위를 이해하려면, 인간 주체성은 자유가 시간 안에서 펼쳐지는 과정을 알리는 표시나 전조를 완전히 인지하지 않더라도 적어도 그것에 대비하고 있어야 할 것이다. 하지만 지젝은 자유가 뚫고 들어오는 단절의 순간이 언제, 어떤 목적으로 일어나게 될지 알려면, 거꾸로 거슬러 올라가면서 (소급적으로) 해석해야 한다고 주장한다. 다시 말해, 그런 단절이 일어난 후에 비로소 자유로운 행동이 일어났는지, 어느 정도 일어났는지, 또한 그런 자유로운 행동이 무엇을 생성하려고 했는지 인식할 수 있다.

그렇다면 지젝은 다음 질문에 답해야 한다. 어떻게 해야 자유를 촉발하거나 인지할 자리에 도달할까? 바디우의 말처럼, 어떻게 해야 자유를 "계속 밀어붙일" 자리에 이를 수 있는가?

「파르지팔」이 주는 교훈

자유는 봉기만으로 유지될까? 바디우는 최근에 이 질문에 답했는데, 대답이 다소 놀랍다. 『바그너는 위험한가?Five Lessons on Wagner』에서 바디우는 이렇게 말한다.

> 군중이 스스로 선언할 것인가? 말라르메가 기술하듯, 집단적 반란의 모습만으로 이 질문을 완전히 요약해서 보여줄 수는 없다. 인민의 선언과 군중 자신이 선언한 것이 무정부적 반란만으로 충족될 수 없다. 이들의 선언은 그 일관성을 제시하고 검토하고 만들어내야 한다.(『바그너는 위험한가?』)[10]

말라르메는 혁명을 수행하는 인민은 "미래에 일어날 예식으로 미리 침입l'intrusion dans les fetes futures"해 들어가야 한다고 말한다. 방금 인용한 글에서 바디우는 말라르메의 생각을 논평한다. 바디우는 말라르메를 바그너와 연결한다. 다시 말해, 인민이 갈구하고 바라는 것은 예식으로 표현되어야 한다. 인민의 갈망을 아예 의식으로 만들어야 한다. 바그너의 「파르지팔」에 나오는 성배Grai 의식이 바로 인민의 갈망을 상징으로 그려낸다. 이 의식은 신성한 기사도의 충직한 모습을 만들어낸다. 바디우는 성배 의식이 해방에 투신하는 집단(성)을 상징한다고 본다. 「파르지팔」에 나오는 성배 의식에는 잘못된 이데올로기가 분명히 있다. 특히 성배 집단에서 쿤드리Kundry를 배제할 때, 성을 차별하고 평등에 반대하는 생각이 작동한다. 그렇지만, 바디우는 「파르지팔」이 우리 시대에도 의미 있는 예술작품이라고 주장한다. 작품은 자유롭고 해방된 혁명적 집합체를 예식으로 보여줄 때 수반되는 필연성과 불가능성, 혹은 적어도 극심한 어려움을 모두 드러내기 때문이다. 바디우는 이 논제를 다음과 같이 기술한다.

새 예식이 어디서 어떻게 일어날까? 새 예식에서 집합성은 초월성에 기대지 않고도 자신을 대변할까? 이 중대한 질문이 19세기 말에 제기되었고, 「파르지팔」도 그 질문을 주제로 삼는다고 생각할 수 있다면, 그리고 「파르지팔」이 정말 그것을 주제로 삼고 있다면, 이념이 실현될 때 회복과 혁신이 분명히 구별되지 않는다고 인정해야 한다. 회복이 혁신보다 우세하다는 말이 아니라 어떤 현상이 복구인지 혁신인지 결정할 수 없다는 말이다. 여러모로 따져봐도, 「파르지팔」의 주제는 정확히 이 결정 불가능성인 것 같다. 새 예식이 가능한지 질문할 때, 복구와 혁신은, 옛것을 향한 향수와 새것의 창조는 명확히 구분되지 않는다는 생각이 「파르지팔」이 다루는 주제다.[11]

바그너가 「파르지팔」에서 성취하려 했던 것은 "초월성 없이
도 기독교를 거두어들이는 일"이다.[12] 바그너는 「파르지팔」을 상
연하면서, (신에게서 온 사람들을 보내거나 사람들을 신에게로 보
내지 않고) 사람들을 자신에게로 되돌려 보내는 (가톨릭) 미사
를 지내려고 했다. 이런 예식을 지낼 수 없다면, 혁명 투쟁을 유
지할 수 없다. 또한 봉기만으로 해방 작업을 유지할 수 없다. 이
를 다르게 표현하자면, 혁명적 행동을 고무하는 사건들이 이전
의 모든 사건과 연속되지 않더라도 해방적 작업 자체는 규칙적
일 수 없으며 불연속적일 수도 없다. 그래서 이런 작업이 유지되
려면 그 사건 자체를 유지하는 전형적인 일관성으로, 상징적이
고 미학적 형식으로 구현되어야 한다.

하지만 바디우는 근대 예식을 창조하여 초월성 없이도 예식
을 진행하는 것은 너무나 힘들기 때문에 아마 불가능할 거라고
인정한다. 그에 따르면, 바그너 자신도 바라는 결과를 얻지 못
했다. 바그너의 실패를 분명히 암시하는 징후가 있다. 이를테면
「파르지팔」 안에 등장하는 예식을 상연할 때, 관객이 예식을 거
행하는 사람처럼 행동해야 한다고 요구했다. 그래서 1막이 끝나
고 나서 박수를 치지 말라는 조건까지 내걸었다. 「파르지팔」은
대중이 자신을 드러내는 의식이 아니라 그저 말 잘 듣고 다소
아무 의식 없는 부르주아가 보러 가는 공연에 불과했다.[13] 그러
나 바디우는 「파르지팔」이 실패했다고 해서 대중이 자신을 드러
내는 의식을 창조하려는 기획을 포기할 필요는 없다고 지적한다.
「파르지팔」의 실패는 진정한 근대 예식이 적어도 지금은 거행될

수 없으며 민주주의는 이 실패를 증거하는 증상임을 증명한다.[14] 우리에게 민주주의가 있다. 하지만 민주주의를 잘못 상연하는 예식이 많다(예를 들어 향락과 공연으로 가득한 의례들). 미래를 상연할 예식은 지금 불가능하며, 그것을 대체하는 것만 득실댄다. 그러나 바디우는 이렇게 주장한다. 미래에 상연될 예식을 지금 존재하게 하고, "예식을 가능하게 만들" 사건을 준비하는 것은 우리가 떠맡아야 할 혁명 과제다.[15]

지젝은 최근에 자신이 쓴 두꺼운 책인 『마지막 때에 살아가기』에서 의례가 필요하고 해방하는 정치활동을 위한 공연이 있어야 한다고 주장한다. 지젝은 언어 의례적 행위를 의미의 '영점'과 대면하는 행위라고 기술한다. 들뢰즈도 (의미의 영점으로서) 말 더듬기(무엇을 산출하려고 더듬거리며 표현하기—옮긴이)를 언어에 내재된 힘과 동일시했다. 모국어를 쓰면서도 외국인이 되며, 익숙한 것을 낯설게 만드는 능력을 가진 일부 예술가도 이 현상을 이해했다.[16] 모르는 것을 아는 것으로, 보이지 않는 것을 보이는 것으로 만들려고 더듬대며 애쓰는 행위는 모든 혁명이 직면한 문제다. 지젝은 이렇게 말한다.

예전禮典에 내재된 문제는 모든 혁명 과정에 내재된 문제와 같지 않을까? 볼거리로 가득한 프랑스 혁명에서 10월 혁명까지 똑같은 문제를 안고 있지 않을까? 이런 예전이 왜 필요할까? 정확하게 의미 없음이 의미보다 앞서기 때문이다. 예전은 상징 틀인데, 여기서 의미의 영점이 구체적으로 기술된다. 의미의 영점을 체험할 때,

규정된 의미가 아니라 의미의 부재를 체험한다. 다시 말해, 분명히 의미는 있는데 무슨 의미인지 모르겠다고 느낀다. 무슨 의미인지 모호하지만 어쨌든 의미는 있을 때, 이것이 의미 '자체'이며 순수한 의미다. 이 의미가 으뜸이고 나머지 의미는 다음에 따라온다. 즉 규정된 의미는 모두 첫 번째 다음에 나타난다. 의미를 규정하는 행위는 무슨 의미인지 모르겠지만 어쨌든 의미는 있는 현상처럼, 의미가 현존하면서 부재하는 숨 막히는 사태를 무마하려는 시도다. 그런데 우리를 비판하는 사람들은 여기서 사용된 '공산주의'가 마술 같은 단어라고 지적하며, 공산주의는 공허한 기호로서 새 사회에 대한 내용 있는 전망을 전혀 보여주지 않을뿐더러 새로 출범하는 사회에 속하는 의례를 닮은 시늉에 불과하다고 말한다. 이 반론에 답할 때도, 앞서 제시한 의미 없음에 대한 논의대로 답변해야 한다. 다시 말해 의식, 즉 예전과 역사적 시작은 서로 대립하지 않는다. 즉 예전은 변화를 가로막는 장애물이 아니라, 의미를 부여하는 무의미를 유지하는 한, 급진적 변화를 위한 공간을 계속 열어놓는다. 이 무의미는 구체적 의미를 새로 만들어내라고 요구하기 때문이다.[17]

요컨대 지젝은 어떤 형식들을 계속 반복하는 것이 필요하다고 주장한다. 이 형식들은 정치적 운동의 진리를 곧바로 구현하지 않지만, 그래도 그 형식들만이 정치적 운동을 가능하게 만든다. 의례와 예식 행위는 내재적 모형을 제시하는 것 같다. 자유의 선험적 원천과 구체적 역사 행위의 형태는 이어져 있다는 것을 보여주는 모형을 의례와 예식 행위가 제시한다. 지젝은 여기서 바디우에게 기본적으로 동의하면서 다음과 같이 주장하는 것 같다. 혁명 행위를 표현하는 연속극이 상연되고 재현된다고 가정할 때에만, 우리는 혁명을 발명하고 재발명할 수 있다. 다시 말해 혁명 행위는 '의미 없음'이라는 선험적 수준에서, 상징계에 뚫린 틈새에서 나타나야 하며, 미적이거나 예식적 차원에서 이 틈새를 의도적으로 (다시) 열어놓는 행위에서도 나타나야 한다.

지젝은 특히 바그너의 「파르지팔」에 몰두한다고 한다.[18] 그러나 「파르지팔」은 오늘날 우리에게도 의미 있다고 말할 때, 그는 바디우와 다소 다르게 사고한다. 「파르지팔」이 우연성과 어떤 관계를 맺는지 관찰하면 「파르지팔」의 진정한 천재성을 알 수 있다는 것이 지젝의 주장이다. 「파르지팔」은 드라마에 나타난 우연성을 의례로 변형시킨다. 그래서, 주저하고, 위기가 곧 닥칠 것 같으며, 실수하는 장면들을 통합하여 드라마 구조를 의례처럼 만든다. 여기서 「파르지팔」의 탁월함이 드러난다. 암포르타스는 의례를 꺼리다가 결국 의례를 거행하도록 묵인하며, 「파르지팔」도 마침 그때 도착하는 장면이 있다. 지젝은 이 장면들이 의례를 구성하는 핵심 요소라는 사실에 주목한다.[19] 그런데 이 장면들이 핵심 요소라면, 참으로 진정한 예식은 우연한 사건들의 계열에 "쉼표 하나를 찍는" 행위에 불과할 것 같다. 지젝은 그렇게 생각한다. 그렇다면 지젝의 최종 입장은 무엇인가? 어떤 의례들이 거행되고 지속되면 자유로운 행위도 구현되고 지탱될 수 있다. 바디우와 말라르메처럼 지젝은 이런 의례들의 구조에는 좀처럼 규정되지 않는 '내적 필연성'이 내재한다고 생각하는가? 아니면, 지젝은 의례란 연속된 사건들이라고 생각하는가? 소급적으로만 긍정될 수 있는 사건들이 연쇄를 이루고 있는 것을 의례라고 생각하는가?

예전과 예식이 자유와 봉기, 심지어 혁명을 지속하는 데 확실히 도움이 된다면, 실제 예식의 세세한 모양이 완전히 자의적일 수 없을 것이다. 일부 예술 형식은 혁명하라는 명령을 그 자체로 매개해야 한다. 예식에서도 예전적 행위들은 (비록 말과 행동이 희미하게 표현되더라도) 변혁하는 행위를 예견해야 한다. 이런 예전은 변혁하는 행위를 예견하거나 예언했을 것이다. '정해지지 않은' 의미가 자의적 의미일 수는 없고, '의미의 부재'가 자유의 근거라고 주장될 수도 없다. 지젝 자신도 장담하려다 말고 잠시 숨을 고르고는 이렇게 고백한다. 의미 없음을 체험하는 것은 "무슨 의미인지 모르겠지만 어쨌든 의미는 있다고 느끼는 체험을 (…) 정확히 능가한다". [20]

그러나 지젝은 여기서 이상하게 주저한다. 『잃어버린 대의를 옹호하며』에서 지젝은 의미를 "의례로 불러내려면" "필연적 환상"의 구조에 접근해야 한다고 제안한다. 의미는 우리보다 앞서 있으며 "저기 바깥에서" 우리를 기다린다는 생각이 바로 필연적 가상이다. 같은 맥락에서 지젝은 마르셀이 특정 곡을 기술하는 구절에 주목한다. 스완은 이 곡에 완전히 빠져들어, "연주자가 곡을 연주하는 것이 아니라 곡이 나타나도록 예식을 거행하고 있다"는 느낌을 받았다고 마르셀은 쓰고 있다. 여기서도 우리가 관심을 기울이는 대상은 "저기 바깥에" 있고, 그 대상의 진짜 의미는 "가상의 상태로 우리의 부름을 기다린다"는 생각이 표현되어 있다.[21] 지젝은 바로 이것을 '필연적 환상'이라고 부른다. 하지만 그는 여기서 딜레마에 직면한다. 다시 말해, 오직 불연속적 우연성만이 자유로운 행위를 구성하므로 예식은 모두 환상이라고 말하거나, 예식이 환상이 아니라면, 일정한 연속성 자체가 자유를 선언할 뿐 아니라 구현할 것이라고 말해야 한다. 후자의 경우, 예식은 유토피아적 삶이라는 실체에 최소한으로 참여할 것이다. 물론 여기서 유토피아적 삶은 최소한으로나 형식적으로 이해된 것이다. 하지만 그는 잠재적인 것의 지탱하는 힘을 환상이라고 해석하는 입장이기 때문에, 개별적 예식이 해방된 삶의 형태를 구현하는 능력을 어떻게 설명할 수 있을지는 결국 분명하지 않게 남아 있다.

그럼에도 불구하고 『마지막 때에 살아가기』에서 지젝은 예식이 진정한 공산주의 문화를 보여주는 차원이라고 말한다. 여러 사례를 제시해 예전과 예식의 행위는 힘 있고 반드시 필요하다고 역설한다. 「트리스탄과 이졸데」의 '사랑의 죽음Liebestod duet'에서 그들이 나눈 담화가 친밀한 대화에서 공적으로 선언하는 연설로 전환될 때, 비로소 그들을 휘감은 열정적 욕정이 표현될 수 있다. 열정의 진리는 특정한 양식을 가진 공식을 반복할 때에만 드러난다.[22] 지젝은 에릭 사티의 '가구 음악furniture music'이 예전처럼 작용한다고 인정한다. 이 음악을 들을 때 생명의 배경을 듣게 되고 집단적 친밀함을 강하게 체험하기 때문이다. 지가 베르토프의 작품인 「카메라를 든 사나이」도 마찬가지다. 이 작품은 일상을 재현한 장면을 배열하며, 삶의 기쁨에 대한 황홀한 찬양을 병렬해놓은 것이다.[23]

지젝은 예전적 행위를 긍정하면서 이런 결론에 이른다. 이데올로기 비판은 어쨌든 보충되어야 하는데, 자신을 미래에 거행될 예식에 집어넣기보다 일상을 예식처럼 만드는 것이 이데올로기 비판에 반드시 첨가되어야 한다. 정확히 이것이 향락의 정치화일 것이다. 이는 미학화된 정치와 반대되는 개념이다. 물론 이렇게 향락을 앞세우는 것도 현재 상태에 의해 흡수될 위험은 늘 존재한다. 그러나 이제 지젝은 반복되는 행위들이 미래를 잉태하는 데 꼭 필요하다고 분명히 긍정하고 있다. 『잃어버린 대의를 옹호하며』에서도 비슷하게 인정한다. "프로이트가 만들어낸 유명한 격언이 있다. '기억하지 못하면 반복하도록 내몰린다.' 그러나 이 격언을 거꾸로 뒤집어야 한다. 반복할 수 없으면, (반복할 수 없는 것에) 홀린 채 기억하도록 내몰린다."[24] 예식은 기억에 저항하며, 과거라는 덫에 걸리지 않게 하는 무기다. 이것은 역설이다. (그런데 예식을 이렇게 기억에 연결한 것은 우연이 아니다. 실제로 예식을 기획할 때, 조상의 죄책과 원한, 오명을 제대로 처리하려고 한다.)

다시 지젝이 수행하려는 중요한 과제가 무엇인지 정확히 규정해보자. 앞으로 거행될 예식에 참석하는 방법이 아니라, 지금 거행되는 예식의 한계 아래서 미래에 일어날 진정한 의례의 씨앗을 읽어내는 법을 알아야 한다. 이것이 우리가 수행해야 할 중요한 과제다. 예를 들어 「파르지팔」은 기독교를 이교로 만드는 방식에서 한계를 가지고 있었다. 「파르지팔」은 구원을 가져오는 유일한 행위를 계속되는 복구나 영원회귀의 신화 속에 다시 집어넣는다. 반면 「니벨룽겐의 반지」는 이교도의 서사시처럼 보이지만 진짜 혁명적 복음의 메시지가 된다. 지젝은 「니벨룽겐의 반지」를 "바울스러운 예술작품의 극치"라고 평가한다.[25] 지젝이 보기에, 「니벨룽겐의 반지」의 중심은 '신들의 황혼Goetterdammerung'이 끝나는 순간이다. 즉 신들이 떠나가고 인간 집단만이 홀로 남는다. 그리고 인간 공동체는 이제 역사적 결정이 일어나는 우발적 장으로 내동댕이쳐진다.[26] 지젝은 「니벨룽겐의 반지」가 정말 예식이 되어버린 오페라라고 평가한다. 반지는 예식으로서 기능하면서 실제로 예식 효과를 낸다. 반지는 "예식으로" 신들을 쫓아내고 인간 공동체만을 남겨놓기 때문이다. 여기서 인간 공동체는 곧 성령의 공동체다. '신들의 황혼'의 목적은 성육신의 근본 이미지다. 죽어가는 신은 신자 공동체에 내재하게 된 신을 상징한다. 바로 이때, 신은 자신이 만든 형상 안으로 들어온다.[27] 따라서 반지는 「파르지팔」의 실패에서 우리가 기억해야 할 교훈을 "알고 있다". 올바른 예식은 결코 있는 그대로 나타나지 않으며, '재생'을 거쳐 재발견된다. 이것이 「파르지팔」의 실패가 우리에게 주는 가르침이다.

말을 삼가는 의례

그래서 지젝에게 혁명을 지탱하는 일관성은 존재한다. 즉 혁명적 삶의 지속적 원천은 있다. "사멸하지 않는 삶의 실체"이자 모든 예식의 실체는 과거에 존재했으나 아직 실현되지 않은 우연성에서 도출된다. 그는 좋아하는 영화와 소설, 오페라의 결말을 바로 이런 관점으로 즐겨 각색한다. 이것은 지젝의 사유를 규정하는 극히 중요한 특징이다. 그의 각색을 보면 그의 자유관을 곧바로 알 수 있다. 『마지막 때에 살아가기』에서 그는 몇 개의 교훈을 제시하며 마무리한다. 지젝은 정치 투쟁에서 일어날 수도 있었던 대안적 역사를 기술하고, 여러 예술작품에 대해 등장할 수도 있었던 대안적 증언을 짐작하면서 사유하는 것이 어떤 교훈을 주는지 말한다. 그는 실제로 자신의 관점이 일종의 공상과학소설 같은 '만약 무엇이라면'이라는 사고 양식에 상당히 충실해야 한다고 주장한다. 그에 따르면,

> 만약을 가정하는 사고방식에 충실할 때, 가정에 따라 진행되는 논리what-if logic를 그 논리에 따라 뒤집을 수 있다. 급진적 마르크스주의자가 보기에, 우리가 몸담고 있는 현실 역사는 여러 가능한 역사 가운데 실현된 역사다. 과거에 기회를 포착해 행동하지 못했기에 지금 이런 현실에서 살고 있다. 이제 시간을 거슬러 올라가야 한다. 치명적 결정을 하기 전으로, 지금 우리에게 평범하게 보이는 상태를 만들어낸 사건이 일어나기 전으로 되돌아가야

한다. 중요한 결정이 일어났던 순간을 생생하게 되살리려면, 바로 그때 역사가 어떻게 다르게 전개될 수 있었는지 상상해보아야 한다.[28]

지젝은 역사가 완전히 달라졌을 가능성을 어떻게 예식 행위와 연결하는가? 이미 살펴본 대로, 지젝은 우연성을 긍정함으로써 예식이 필요하다고 주장하려 한다(아마 이 주장은 완전히 정합적이지는 않지만 역설적이긴 하다). 그러나 지젝은 지금 우리가 선택할 수 있는 구체적인 상황들에서 주체가 개별적으로 물러나는, 바틀비스러운 퇴장만을 대체로 긍정한다. 지젝은 개인이 엄격한 규칙에 따라 거부하거나 물러나는 행위의 형태만을 권장하는 것 같다. 하지만 자유에 관여하는 반복에 예식이 반드시 필요하고, 더 정확히 말해, 이런 반복을 곧바로 구현한다면, 시대로부터 단지 물러나고 구체적으로 실현된 현상태로부터 후퇴한다고 해서 미래에 접근할 수 있는 것은 아니다. 오히려 예식은 현실의 형식적 요소를 전략적으로 배가해야 한다.

지젝은 록 밴드인 람슈타인이 이 일을 해냈다고 지적한다. 람슈타인은 공연장에서 파시스트 이미지를 반복하면서, 파시스트/나치 이미지와 그것의 이데올로기적 배경 사이에는 틈이 있음을 제대로 보여주고 있다. 파시스트적 이미지의 반복은 이 이미지에 담긴, 이것 자체가 내뿜는 외설적 욕망만을 정확히 드러낸다. 이 욕망은 파시즘을 소유하면서도 소모해버리려는 카타르시스에서 가장 화려하게 드러날 수도 있다. 지젝은 개인이 이런 집합적 체험에 외설적으로 난교를 하듯이 몰입한다는 것을 완전히 시인한다.[29] 하지만 이 시인은 바틀비처럼 스스로 퇴장하는 입장과 전혀 다르다. 지젝 자신도 미래의 축제에 하여간 참여하게 될지 궁금해진다.[30]

하여간 지젝은 의례 행위의 어떤 특성을 인정하는 것 같다. 그러나 지젝처럼 우연성을 근본적 단절로 계속 이해하려면, 존재론적 수준에서 자기 자신에게 폭력을 행사하고, 집단이 취하는 형식적 태도를 거슬러가야 한다. 그러나 자신을 파괴하거나 삭제하지 않는 잠재성이 잠재적 차원에서 우연적으로라도 존재할 때에만, 폭력은 우리를 구원할 수 있다. 그런 잠재성이 있을 때에만 폭력은 파괴에 그치지 않고 생산할 수 있으며, 그런 가능성이 있을 때에만 그 가능성을 지탱하는 예식과 예술이 있을 수 있다. 그런 예식과 예술은 개인의 집착을 해소하고 집단 정서를 모은다. 그때 자유는 의례처럼 일관성을 유지할 것이다. 의례처럼 일관되게 관철될 것이다. 우리는 물신을 숭배하고 환상을 좇는 견해를 멀리하면서, 해방과 사랑, 정의를 품는, 가상적 잠재력과 안전하게 접촉할 길도 없고 그것을 보증할 확고한 방법도 없다고 솔직히 인정해야 한다. 이런 잠재력은 가상으로서 늘 변한다. 그러나 지젝이 최근에 장담하듯이, 의례 같은 일관성을 보여주는 예식과 예전, 더 일반적으로는 '예술적' 양식이 존재한다. 이 양식 자체는 신성하지 않지만, 성스럽고 꾸준히 유지되는 통로를 창조한다. 이것은 행위로 가는 통로가 아니라 풍요로운 가상으로 가는 통로다. 최근에 지젝은 이 사실을 더 많이 인지한 것 같다. 이에 지젝은 예식을 긍정하고 들뢰즈처럼 잠재성을 긍정하는 방향으로 나가고 있다.

하지만 예식과 잠재성을 긍정하는 생각은 궁극적 폭력이 기대고 있는 존재론 및 공격적 주의주의主意主義와 여전히 충돌하는 것 같다. 예식을 거행하는 행위자를 긍정하면 주의주의를 거부해야 한다. 예식의 행위자를 인정하면, 거절Versagung을 통한 단절이 방해받고 거절이 집단적 긍정에 종속되기 때문이다. 예식 미학은 잠재성의 차원을 가리키며 잠재성 차원은 우연적이긴 하나 내적 부정성이나 자기 삭제에 시달리지 않는다. 들뢰즈의 가르침대로 관계가 관계를 이루는 요소들 바깥에 있다면, 자유를 상연하는 의례들은 주체가 외부성을 견뎌낼 조건을 세울 수 있을 것이다. 의례가 세운 조건 아래 주체가 외부성을 견뎌낸다면, 주체는 신경증과 편집증, 정신병 같은 너무나 흔한 증상을 겪으며 외밀함 때문에 고통받지 않고, 오히려 외부성의 우연성이 가하는 시련을 통과하여 무언가를 창조할 것이다. 지젝도 예전과 예식 같은, 집단의 미적 실천들이 건강하고 올바르다고 간주된 유토피아 수준에 접근한다고 생각하는 것 같다. 그러나 자신이 이미 끌려 들어가고 있는 유토피아적 미래와 상반되는, 궁극적인 존재론적·실존적 배경을 계속 붙드는 것은 일관되지 못한 태도다.

자연 경제학 비판
지젝과 함께
양자역학을

에이드리언 존스턴
ADRIAN JOHNSTON

CURRENT PERSPECTIVES IN
ŽIŽEK STUDIES

Slavoj Žižek

나는 이 글에서 지젝과 벌인 논쟁을 이어가려고 한다. 『주체성 Subjectivity』(지젝 2010d; 존스턴 2010)과 『국제철학저널La Revue Internationale de Philosophie』(지젝 2011a; 존스턴 2012a)에서 이미 지젝과 논쟁했다. 적어도 내가 보기에, 우리는 유물론과 자연주의, 과학이 어떤 관계를 맺어야 하는가라는 문제를 중심으로 논쟁했다. 의견이 다른 부분이 분명 있다. 그러나 우리는 모두 헤겔주의를 엄밀하고 야심차게 해석하려는 의도를 품고 있다.

이렇게 함께 지향하는 것들이 있기 때문에 나의 비판도 외재적이지 않고 주로 내재적일 것이다. 여기서도 계속 이 방향을 유지할 것이다. 최근에 대화가 도달한 지점을 살펴보니 그는 다른 곳에서 자세히 전개한 양자역학 해석을 조금 변형하여 재활용하고 있었다.[1] 나는 '선험적 유물론'을 주장하며, 세심하게 검증된, 유사 자연주의적 주체성 이론을 생명과학의 기초와 조금씩 연결했다. 그는 나의 시도에 반대하면서, 비교적 훨씬 더 큰, 중간 규모의 존재와 과정을 다루는 생물학 대신에 극미세 영역을 다루는 물리학이 주체에 대한 발전 가능한 해명을 제시할 때 유일하고 특별한 고정점으로 기능할 수 있고 기능해야 한다고 주장한다. 그런데 주체에 대한 이런 해명은 독일 관념론 철학과 프로이트 라캉주의 정신분석, 현대 자연과학이 교차하는 곳에서 이루어진다.

그의 관점을 내재적으로 비판해보면, 양자역학을 참조하는 방식은 철학 일반의 토대를 따지더라도 의심스러우며 자신이 제시한 기초 존재론의 유별난 핵심과도 이상하게 어울리지 않는다. 지젝은 자기 철학을 스스로 반박하는 아이러니를 가장 극명하게 보여준다. 예를 들어 양자역학을 확장하여 어디에나 통하는 포괄적 결합체로 사용한다. 즉 보편적 경제학처럼 사용한다. (이것은 아원자 입자보다 큰 여러 물질과 함께 인간 주체까지 다룰 수 있다.) 하지만 이런 이론 형식은 양자역학에서 발견되었다고 지젝이 주장한 존재론적 내용과 양립할 수 없을 만큼 충돌한다. (존재 자체는 전체를 이룰 수 없고 일관성도 없다는 것이 [양자역학에서 밝혀진] 존재론적 주장이다.) 일단 그가 최근에 제시한 주장에 곧바로 답하고, 초기에 양자역학을 어떻게 사용하고 (확실히 오용했는지) 다시 살펴볼 것이다. (양자역학을 사용하고 오용한 방식은 특히 '라캉과 함께 양자역학을'이란 장에서 나타난다.) 따라서 현재진행형인 우리의 논쟁에서 취한 관점을 고려해 그가 자연과학을 유물론으로 어떻게 전개하는지 다시 평가할 것이다.

「지젝과 함께 양자역학을」을 나는 1996년에 썼고, 같은 제목으로 2011년에 그 글을 수정했다. 일단 이 글을 숙고하기 전에 지젝의 답변을 요약하고 내 생각을 덧붙이면서 시작해보겠다.(지젝 2011) 지젝은 전적으로 내가 지적한 방향으로 가고 있다.

오늘날 철학적 반성을 요구하는 **유일한** 과학적 발견은 양자역학이다. 양자역학이 함의하는 존재론을 **해석하면서도** 실용적 경험주의와 몽매적 관념론이라는 두 가지 덫을 어떻게 피할 수 있을까?('정신이 현실을 만든다'는 주장은 몽매적 관념론에서 나온다.) 레닌이 쓴『유물론과 경험비판론』은 완전히 개정되어야 한다. 완전하게 **구성된** 갖춰진 물질 현실만이 우리 정신 바깥에 있는 참된 현실이라는, 오래되고 순진한 생각을 버려야 한다. 이런 현실은 일단 '전부'이지만 자신이 구성되는 선험적 과정에 의존한다. 그런데 이 과정은 예외로서 (쉽게) 간과된다. 유물론을 정의할 때 최소한 인정해야 할 것은 셸링이 말한 **실존과 실존의 근거** 사이에 있는 틈이다. 예를 들어 완전히 실존하는 현실이 있기 전에, 혼돈에 빠진, 전부가 아닌, 원초적 현실이 있다. 이것은 아직 완전히 구성되지 않은 실재가 (존재론 이전의 차원에서) 잠재적으로 요동하는 상태를 뜻한다. 존재론 이전의 실재는 바디우가 말한 순수 다수성이다. 이것은 현상 차원이 아니라, 세계의 선험적 지평이 구성하는 현실 차원에 있다.

이론물리학에서 지난 세기를 빛낸 성과를 고려할 때, 그만큼

철학 영역에서도 굉장한 지적 노동이 요구된다. (수학과 과학을 대체로 싫어하는 유럽 대륙 철학자들에게 특히 지적 노동이 요구된다.) 그런데 나는 위 인용문의 첫 문장에 나온 유일한이란 단어를 문제 삼고자 한다. 이 단어는 자연과학에 속하는 하위 분과 하나가 유물론적 반성에 기여하는 고유한 특권을 누린다는 것을 뜻한다. 나의 반대는 양자역학 말고도 다른 과학 분과와 영역이 많다는 단순한 사실을 강조하는 것에 불과한 사소한 불평에 그치지 않는다. 오히려 우리의 확장된 대화의 한 장에 해당하는 이 글에서 나의 핵심적 답변은 다음과 같다. 그가 양자역학에 특권을 부여하는 행위는 자신의 존재론을 떠받치는 기초 및 그 기초에 상응하는 주체성 개념과 양립할 수 없다.

인용문 후반부에서 그는 자신의 존재론적 세계관의 기초를 재서술한다. 그는 셸링과 라캉, 바디우의 용어를 두루 인용하면서, 실제 근거에 대해 말한다. 이 근거는 로고스가 붙잡지 못하는 기저 수준이며, 존재론은 이 근거를 전제한다. 이 근거 자체는 이질적 다수성과 확산이 전체에서 벗어나 통일되지 않은 채 뒤섞인 것이다. 지젝은 존재로서의 존재가 가진 "일관되지 않은 다수성"을 양자역학적 구조 및 역동과 같다고 판단하지만 바디우는 지젝의 주장을 거부할 것이다. 바디우는 집합론을 도입한 존재론을 내세우며 존재를 존재로서l'être en tant qu'être 탐구한다. 바디우는 존재론을 존재자를 다루는 어떤 학문과도 종류가 다르다고 규정한다. 존재자를 다루는 학문은 규정된 존재자를 다루는데, 수학이 적용된 물리학과 함께 (순수 수학이 아니라) 응

용수학도 이 학문에 포함된다. 하지만 나는 존재론을 과학의 토양에 심으려는 지젝의 유물론적 동기를 지지한다.[2] 그러나 지젝은 여기서 과학과 존재론 사이를 부주의하게 오간다.

지젝의 존재론이 전제하는 공리는 '대타자는 없다'라는 라캉의 주장을 철학으로 전유하고 일반화하며 재배치한다.(존스턴 2008b: 189, 208; 존스턴 2012b). 지젝에 따르면, 존재 층위에서 가장 밑바닥으로 내려가면, 존재는 전부도 아니고 하나도 아닌 빗금 친 실재다. (라캉과 바디우를 섞어서 말하자면, 그렇다.) 독일 관념론 전도사인 지젝이 독일 관념론에서 빌려온 말로 표현하면, 현실의 원초적 근거는 비근거Ungrund다. 즉 근거 없음이다. 대립과 갈등, 틈, 부정성으로 채워진, 어긋난 힘들과 존재자들이 벌이는 깊은 소용돌이가 바로 현실의 원초적 근거다. 지젝주의자 관점에서, 보편 질서에 맞게 실존 대상들과 발생이 조화롭게 배치되고 통합되며, 실존이 궁극적으로 (하늘이나 땅의) 보편 질서에 따라 규정된다고 말하려면, 하나이자 전부인 대타자가 있다고 가정해야 한다. (예를 들어 신과 같은 [유일한] 자연은 전체를 유지하는 동질적 실체이거나 영원한 보편적 법칙들의 집합이라고 가정해야 한다.) 지젝의 존재론은 이런 가정을 금지하지만 지젝이 양자역학을 동원하는 방식을 보면 그는 스스로 이 금지를 어길 수 있는 위태로운 지점에 서 있다. 스스로 모순에 빠질 위험은 더 분명하고 확실해질 것이다.

2011년에 지젝은 나에게 답변하면서, 과학으로 형성된 유물론에 무엇이 필요한지 간단하게 설명한다.

수학으로 기술된 과학은 '나와 분리되어 독자적으로 있는' 현실을 파악하려고, 나(라는 주체)를 현실에서 지워버린다. (…) 수학으로 기술된 과학은 내가 현실을 구성하는 선험적 방법을 무시한 것은 아니지만 내가 바로 그 **현실의 일부가 되는** 방식을 무시한다. 따라서 우리가 해야 할 진짜 질문은 이렇다.

나는 현실 자체가 드러나는 장소인데, 나는 어떻게 '객관적 현실' 안에서 출현하는가? (더 정확히 말하자면, 의미 세계가 어떻게 의미 없는 실재 안에서 등장할 수 있을까?) 유물론자인 우리는 두 가지 기준을 제시하고 설명해야 한다. 이 질문에 대한 답이 답으로서 가치가 있는지 이 기준을 가지고 판단할 수 있다.

1) (이 질문에 대한) 답은 정말 유물론을 지향해야 한다. 정신주의의 속임수가 섞여 있으면 안 된다.
2) 평범한 기계론적 유물론의 '객관적 현실' 개념이 어떤 역할을 하지 않을 거라는 점을 수용해야 한다.

나는 이 발언의 거의 모든 것과 함께 두 개의 엄격한 기준도 지지한다. 그런데 이 인용문이 포함된 문맥까지 두루 살펴보니, 주체성의 발생을 유물론으로 설명한 것을 양자역학 해석과 엮으려는 시도는 의심스러웠다. 거칠게 표현하자면, 지젝은 이런 시도를 해보려고 집적대다가 환원적 사고 양식이나 유비적 사고 양식으로 추락할 판이다. 환원적이든 유비적이든, 두 사고방식 모두 지젝 자신이 엮어놓은 존재론과 주체 이론의 진정한 구조적 핵심과 양립할 수 없다.

지젝은 양자역학이 탐구하기에 적합한 영역은 극소 영역이라고 말하지 않는다. 오히려 존재 영역 전체 범위를 감당하는 존재론적 주인의 지위를 양자역학에 부여하다가 스스로 모순에 빠진다. 그런데 이 행위가 환원과 유비라는 함정을 파놓았다. 지젝은 내가 제기한 반론에 답하면서 영점 수준에서 양자를 물질화하는 것은 무에서의 창조와 같다고 주장한다. 진공이나 공백이란 무에서 어떤 것이 생겨났다는 말이다. 그리고 지젝은 하이데거의 기초존재론이 말하는 존재부터 프로이트 라캉주의 정신분석이 설명하는 죽음충동을 거쳐, 격렬한 사회정치적 투쟁의 민감한 기술art까지 두루 요약한다. 지젝은 양자 체계의 에너지학을 언급하며 이렇게 주장한다. "바로 그런 이유로 '무가 아니라 어떤 것이 존재한다'. 에너지역학으로 따지자면 무(없음)보다 어떤 것이 더 싸기cheaper 때문이다."(2011a) 지젝은 추상적·존재론적 경제 원리를 공식으로 제시할 때도 분석적 초심리학 같은 심리 영역으로 건너뛴다. 그리고 죽음충동을 논하면서 이렇게 주장한다. "죽음충동에 내재된 역설은 힉스장의 역설과 정확히 같은 모양이다. 그래서 리비도 경제학으로 따질 때, 체계가 완전히 고요하게 있는 것보다 충동 순환을 반복해서 겪는 것이 더 '싸다'."(2011a) 지젝은 여러 곳에서 이론물리학의 모형을 취하여 라캉의 가르침을 반복해서 해명하는데, 이런 행위는 탁월한 교수법이며 라캉(주의)의 핵심 개념을 파악하려는 사람에게 놀랄 만한 통찰을 준다.(1996: 189~236; 2006a: 165~173; 존스턴 2008b:

195-203) 그러나 간학문적 비교가 통찰을 준다 해도, '값이 싸다cheapness'와 '에너지' 같은 넓고 두루뭉술한 개념에 의지하여 '상동성'을 말하면서 존재론과 자연, 리비도, 정치의 '경제들'을 매끄럽게 왕복한다면, 우리는 미시계와 거시계가 매끈하게 얽혀 있는 유기적 전체를 존재로 규정하는 옛 존재신학적 전망으로 돌아갈지도 모른다. (미시계든 거시계든 자기 안에서 프랙털처럼 되풀이하여 발생하는 패턴들이 사슬처럼 이어져 있는 것이 바로 유기적 전체다.) 한마디로 지젝은 양자역학의 '자연경제(학)'을 (모든 영역에 두루) 일반화해 하나이자 전부인 대타자로 되돌아가버리는 위험을 자초한다. 그러나 지젝주의 존재론은 하나이자 전부인 대타자를 해체하고 금지할 것 같다. 더구나 이렇게 행동하는 바람에, 사람들은 지젝이 로저 펜로즈와 같은 입장에 서게 되지 않겠냐며 의심한다. 로저 펜로즈는 의식을 설명하려고 양자물리학 이론을 제안한다.(존스턴 2011c)

분명히 지젝은 자기도 모르게 환원주의에 빠져버릴 수 있다. 지젝은 양자역학을 선택하고, 갱신된 유물론적 사변을 북돋우는 특권을 가진 과학 분과라고 규정한다. 그래서 환원주의에 빠질 가능성은 더 커진다. 스스로 '자연'과학에 뿌리내리고 있다고 믿으면서 일원론적 존재론을 껴안는 철학적 유물론이 많다. 일원론적 존재론에 따르면, 물질 현실을 구성하는 극소 요소를 탐구하는 최신 물리학은 구현된 존재를 이루는 궁극적 요소가 무엇인지 가설을 세우는데, 사태가 모조리 언급되고 수행되었을 때, 존재자와 사건의 모든 수준 및 층위는 이 가설을 표현한다.

모든 것은 쪼그라들어 최소 물질이 된다.[3] 스피노자스럽게 주체를 뭉개버리는 결정론은 칸트 철학과 헤겔 철학 이전에 있었던 철학적 경향을 반영하며, 지젝에게 영감을 받아 주체의 환원 불가능한 자율성을 옹호하는 자를 한사코 반대한다. 그런데 이 결정론은 지젝의 입장과 겨우 한두 걸음밖에 떨어져 있지 않다. 양자역학이 심지어 가장 크고 넓은 존재자의 층위에도 인지 지도를 제공한다고 가정하면, 원래 의도하지 않은 부담까지 지게 된다. 환원주의적 일원론은 지젝주의 존재론과 밑바탕부터 양립할 수 없다는 철학적 사실을 잠시 제쳐두더라도 그렇다. 지젝이 경험적·실험적 극소(특히 시간적·계산적) 제한 조건을 가진 양자 세계에만 통하는 이론 구성물을 마음껏 확장하는 바람에, 중간 규모의 구조와 인간 크기의 현실 역학을, 상상할 수 없을 만큼 작고 바글거리는 다수의 양자 대상과 양자 과정으로 완벽하게 환원하려는 시도마저 완전히 봉쇄되었다. 양자 기반의 환원주의는 실제로 입증될 수 없으며 공허한 사변을 늘어놓을 수밖에 없다. 그래서 양자 기반 환원주의를 받아들이면, 존재와 존재자가 '거대한 사슬'을 이루어 조화롭게 존재한다는 막연한 신기루에 빠지게 된다.

지젝이 다른 현상들과 양자quantum 사이에 존재한다고 제안한 유사성의 지위의 경우, 방금 논의한 일원론적 환원주의를 조금이라도 닮은 철학적 견해는 이 유사성의 근거가 될 수 없을 것 같다. 지젝은 물리학에 의존한 나머지 물리학과 비슷한 유형의 과학주의적 존재론이 드리운 그늘에 빠져버렸다. 하지만 나는 지젝이 과학주의적 존재론에 가까이 다가갔을 때 불길한 일이 벌어질 거라고 스스로 의식하고 여기서 재빨리 벗어나 일자 없는 존재론을 단호하게 지지한다고 다시 선언할 것이라 확신한다. (일자 없는 존재론은, 포괄하고 뒷받침하는 대타자가 어쨌든 삭제된, 전체가 아닌 존재를 다룬다.) 하지만 일자 없는 존재론에 호소할 때조차, 양자역학에서 빌려온 이런저런 개념을 유비적으로 활용하다가 결국 일자 없는 존재론을 향한 신념을 꺾어버렸다. 다른 글에서도 논증했듯이, 과학으로 형성된 유물론적 존재론은 대타자 없는, 빗금 친 실재를 주장하는데, 과학철학자인 낸시 카트라이트의 이론 노선이 이 존재론을 완성하는 데 더 유용하다. 카트라이트는 '얼룩진 세계dappled world'라는 이론적 배경을 내세우면서, 미시세계를 탐구하는 양자 수준의 물리학이 자기 것인 양 누리는 최고의 지위를 과학과 철학의 차원에서 상당히 효과적으로 의심한다. 지젝도 분명히 포함하여 철학자와 과학자들이 보기에도 양자 수준의 물리학은 그런 지위를 누리고 있다.(존스턴 2011c; 2014)

그러나 지젝이 양자역학을 유비적으로 활용하면서, 느슨한 유비를 추구했지 엄격한 유비를 추구한 것은 아니라고 가정해보자. 여기서 말하는 느슨함은 물질적 연속성이 있다는 가정에 의존하지 않는다. 물질적 연속성을 가정하면, 큰 규모의 현상을 작은 규모의 현상으로 엄밀하게 환원하여 설명하는 것이 원리상 허용된다. 그래도 우리가 다뤄야 할 문제가 여전히 있다. 예를 들어 존재론을 고려할 때, 실체화된 물질적 힘과 요소들이 원자보다 더 작은 사물과 원자의 문턱을 넘어선 현실을 비교하는 것을 허용한다면 어떻게 될까? 인식론을 고려할 때 이렇게 물을 수 있다. 유비를 이끌어내게 하는 유사성을 인지할 때, 자의적으로 선택되거나 창조된 추상적 패턴을 비교 대상들에게 상상적으로 주입하지 않았다면, 이 유사성은 어디서 왔는가? 그리고 방법론을 고려할 때, 저런 종류가 아니라 이런 종류의 유비를 구성하면서 어떤 원리와 가정들이 동원되는가? 지젝은 이런 질문에 여전히 답하지 않는다. 지젝이 양자역학을 철학으로 전유하는 행위를 존재론과 인식론, 방법론 차원에서 정당화하지 않는다면 (그리고 정당화하지 않는 한), 양자역학을 전유하려는 지젝의 시도는 계속 의심받을 것이다.

지젝이 추구하는 헤겔주의를 고스란히 받아들인다면, 헤겔주의자는 물리학에 의존하는 지젝을 내재적으로 비판할 것이다 (내재적 비판은 결코 사소하지 않다).[4] 지젝의 사색에서 (그에게 대답할) 실마리를 찾았을 때, 나는 이미 헤겔 사상을 따르고 있었다.(지젝 2011a)

(존재자가 나타나는 존재론의 지평으로서 '무와 존재자 사이의 차이인) 존재론적 차이를 사물 자체에 옮겨놓고, 존재론적 차이를 현실 자체의 존재론적 불완전성으로 이해한다면 어떻게 될까? (양자역학은 현실 자체의 존재론적 불완전성을 시사한다.) '사물 자체'가 공백이나 무라는 배경 앞에서 나타난다고 가정할 때, 공백이 그저 부정적 공백으로 그치지 않고, 양자역학에서 파악된 공백처

럼 모든 가능한 실재를 예고하는 공백이라면? 칸트의 선험적 관념론이 자신의 논리를 따를 때 도달하는 유일한 결론은 '선험적 유물론'이다. 진정으로 변증법을 따르는 이가 밝히려는 궁극적 신비는 '왜 아무것도 없지 않고 무엇이 있는가'가 아니다. 오히려 그는 '왜 어떤 것이 아니라 무가 있는가'라는 질문에 답하려 한다. 현실을 분석할수록 공백이 발견된다. 어떻게 이런 일이 가능한가?

지젝이 양자물리학을 기초 존재론으로 사변적인 방식으로 확장할 때, 이는 어떤 조건에서는 "진정한 일관된 선험적 유물론"의 자격을 갖출 수도 있다. 진정한 유물론이라는 구절에서 그는 내 입장이 이 순간에 자신과 교차한다고 암시한다. 하지만 나는 그것이 이 유물론적 입장의 유일한 판본이라고 생각하지 않는다. 나는 개별 사항들에 대해 이렇게 논증했다. 지젝은 독일 관념론과 라캉주의 초심리학이 교차하는 곳에서 등장하는 주체(성) 이론에서 출발해 자신의 존재론 구도를 세워나가야 했다.(2012a; 2012b) 지젝 존재론의 부제는 선험적 유물론의 주체성 이론이다. 여기서 내가 내린 결론은 다음과 같다. 비물질적 공백인 '무'에서 물질적 대상인 '어떤 것'이 발생한 사건은 이렇게 발생한 현실에서 주체가 등장하는 것과 차원이 전혀 다르다. 지젝이 양자물리 현상을 추상적·형식적으로 일반화하여 (여러 다른 쟁점 가운데) 주체성 쟁점에 적용하려 한다면, 지젝은 유물론에 맞는 논증을 제시해(지젝은 이런 논증을 분명 제시할 수 없을 것이다), 원자보다 작은 수준의 과정들이 원자의 문턱을 넘어선 규모의 물질에서도 다시 (떠오를 수 있고) 떠오른다고 주장해야 한다. 여기서 원자의 문턱을 넘어선 규모의 물질은 정신적 능력을 가진 행위자를 뜻한다. 다시 말해, 지젝은 양자 수준의 역학이 더 큰 규모의 현실에서도 완전히 희석되지 않고, 변화되지 않으며, 실제로 적용되지 않는 것도 아님을 설명해야 한다. 어떻게, 왜 그런지 해명해야 한다. 지젝은 정신과 물질을 곧바로 연결하여 "정신은 쿼크다"라는 무한 판단을 제시한다. 이 구절은 헤겔의 『정신현상학』에 등장하는 골상학을 논한 유명한 구절을 생각나게 한다. 그런데 이런 무한 판단이 가능하려면, 해석을 뒤틀고 직관에 반하는 아이디어를 내놓아야 한다. 그렇게 해야 옹호할 수도 없는, 환원이나 유비를 제시하여 범주를 착오하는 일을 피할 수 있다.[5] 더구나 해석을 뒤틀고 직관에 반하는 아이디어를 제시하다보면, 양자역학이 정당하게 적용되는 인식론적·존재론적 구역을 넘어서게 된다.

헤겔은 『정신현상학』 서문에서 셸링에 반대하고 스피노자를 통과하면서, 진리를 반드시 실체이자 주체로서 파악하고 표현해야 한다고 주장한다. 지젝은 『정신현상학』의 경이로운 서문에 나오는 헤겔의 주장을 쉴 새 없이 반복한다.(헤겔 1970: 23; 헤겔 1977: 10; 존스턴 2008b: 163-177; 존스턴 2012c) 적어도 내가 이해한 선험적 유물론은 (헤겔스럽게 표현하자면) 자연 실체에서 정신적 주체성이 창발하는 과정을 엄밀하게 유물론으로 기술하면서도 과학적 근거를 제시하려고 애쓴다.[6] 한편 지젝은 생물학과 그 분과학문들을 독자적이고 독특하게 언급하면서, 자율적 주체가 이질적 물질로부터 창발하는 폭발적 사건들의 내러 티브를 기술하고 있다. 물론 지젝이 생물학을 언급하는 독특한 방식을 보면서 엄청나게 배우고 상당한 영감을 얻곤 했다.(존스 턴 2007; 존스턴 2008b: 203-209) 카트린 말라부는 『헤겔의 미 래』라는 탁월한 책에서 헤겔을 촉매로 사용하면서 생물학을 중 심으로 논의를 전개했는데, 지젝도 말라부의 논의에 동조하면 서 『헤겔의 미래』를 자신이 애호하는 헤겔 연구서로 꼽는다. (지 젝은 베아트리스 롱귀니스의 『헤겔의 형이상학 비판』과 제럴드 르 브룅의 『개념의 인내』도 좋아한다.)(지젝 2010c: 68) 그는 나와 말 라부가 중요하게 여기는 기획에도 때때로 힘을 보탠다. 나와 말 라부는 자연철학의 '유기체(론)'에서 정신철학의 '인류학'까지 헤 겔 백과사전에 나타난 체계 변수들 안에서 실제로 일어난 철학 적 전환을 독특하고 더 세련되게 재구성했다는 평가를 받았다. 지금은 그 논의를 정리 중이다.

이렇게 지젝과 헤겔다운 기획을 공유하는 한, 나는 뒤틀기를 제안하지 않을 수 없다. 뒤틀기는 지젝이 제안한 역전과 다르다. 예를 들어 지젝은 "'무가 아니라 왜 무언가가 존재하는가?'는 진 짜 변증법 옹호자에게 궁극적인 질문이 아니다. 오히려 '어떤 것 이 아니라 왜 무가 있는가?'가 궁극적인 질문이다'라고 질문을 역전시켜 재서술한다. 반면 나는 뒤틀기를 제안한다. 예를 들어 헤겔에게 빚지고 있는 선험적 유물론자에게 정말 중요한 질문은 "코기토 같은 주체는 빗금 친 주체 $로서 무(없음)인데, 이 주체 가 어떻게 물질적 실체에서 창발하는가?"이다. 나는 이 질문을

190

더 선호하며, 지젝도 때때로 이 질문을 좋아한다. 더구나 유물론적 존재론이 주체가 자신의 실질적(물질적) 근거를 내재적으로 넘어선다고 가정하려 할 때도, 헤겔주의자는 내가 던진 질문을 던진다. (주체의 실질적〔물질적〕 근거는 존재의 원초적 근거이자 지속되는 배경이다.)

지젝이 최근 나에게 한 답변에 포함된 일부 쟁점을 마지막으로 해명한 다음, 지젝이 양자역학에 처음 개입한 부분으로 돌아가서 지젝의 생각을 살펴보자. 지젝은 양자역학을 전유하면서 놀랄 만한 해석과 희망 찬 전망을 제시한다. 지젝에게 답할 때, 내 관점에서 지젝의 이런 태도를 도저히 받아들일 수 없다고 선언하려는 의도는 없다. 지젝이 양자역학을 사색하면서 제시한 논점이 정확하고 타당한지 완전히 확실하게 평가할 만큼 나는 수학과 물리학을 잘 알지 못한다. 다만 이미 암시했듯이, 지젝이 유물론을 조금이라도 자연과학의 기초 위에 세우려 한 것에 진심으로 동의한다.[7] 지젝은 아찔하게 높은 위치에서 밑바탕에 있는 기초 범주와 개념인 존재와 무를 조망하면서, 철학적 유물론이라 불릴 만한 유물론은 지적으로 진지하게 양자역학을 다룰 수밖에 없다고 말한다. 이것은 완벽하게 옳다.[8] 그러나 유물론이 참으로 변증법을 추구하면서, 물질을 넘어선 주체가 순수한 물질실체에서 창발하는 현상을 환원하지 않고 설명하려 한다면, 물리학에 갇히지 않고 생물학까지 사변적으로 파고들어야 한다. 지젝의 존재론은, 전부도 아니고 일자도 아닌 물질이 대타자 없는 빗금 친 실재라고 주장하며, 나도 지젝의 이런 존재론을 기본적으로 따른다. 그렇지만 나는 창발론적 사유를 고수할 것이다. (이 사유는 카트라이트주의자가 내세우는 '다원주의적 법칙론'과 연계되어 있다.[존스턴 2012c; 2014]) 창발론적 사유를 따르자면, 생물학적 실재의 구조와 역학은 존재론이든 인식론이든 물리학의 구조와 역학으로 환원될 수 없다. (특히 극소 세계의 물리학으로 환원될 수 없다.) 존재가 스스로 발생한다고 말하는 유물론적 기초 존재론은 양자역학의 내용에 의존하면서 유물론적 사유를 위해 오직 양자역학을 과학적 자원의 원천으로 선택한 것에 만족할 수도 있다. 그러나 선험적 유물론의 주체성 이론이 (이론으로서) 방어 가능하려면, 하나의 원천에서 도출되거나 추정되는 것을 넘어서야 한다. 특히 선험적 유물론의 주체성 이론이 대타자로서 자연경제가 제공하는 휘청대는 지지대에 의지하지 않으려면 그렇게 해야 한다.

이 모든 논점을 머리에 새겨두고, 지젝이 초기에 『나눌 수 없는 잔여』에서 양자역학을 어떻게 사고했는지 살펴보자. 이 책에는 주목할 만한 주장들이 있다. 특히 지금은 그가 양자역학을 어떻게 사고했는지 다 알기 때문에 이 주장들이 더 돋보인다. 지젝이 보여준 통찰은 셸링이 1809년에 쓴 『인간 자유의 본질에 관한 철학적 탐구』에서 나왔다. 1996년 작품인 『나눌 수 없는 잔여』가 그 결과물이다. 셸링의 이 저작은 철학적 욕망이 추동한 작품이다. 셸링은 결정론적 자연 필연성이 지배하는 스피노자식 체계와, 자유롭게 스스로 결정하는 주체성이 가진 환원 불가능한 정신적 자율성이라는 칸트 이후의 개념의 대립을 철학적으로 종합하려고 했다.(셸링 1936: 3, 7, 9-11) 이 저작은 지젝의 1996년 책과 다른 저작에서도 발상의 중요한 원천이 되었다.(존스턴 2008b: 19, 69-122) 분명 셸링의 통찰에 고무된 지젝은 양자역학 실험과 현상을 이론으로 재해석하면서 후기 셸링다운 종합을 반복하려고 한다.

더 정확히 말해보자. 지젝은 양자역학을 활용해, 자연스레 인정되며 타당하다고 수용된, 자연의 이미지를 흔들어놓고 해체하려 한다. 이 이미지는 과학에 근거를 두고 있다고 하며, 자연과 (독일 관념론이 말하는) 정신의 차이에 대한 여러 해석에서도 계속 타당하다고 전제된다. (독일 관념론이 말하는 정신은 자연을 넘어선 존재로서 자율적이고 문화적이며 역사적이고 사회적이다.) 지젝은 이렇게 설명한다.(1996: 220)

> 양자물리학이 질문하는 것은 인간의 특징, 자연에 대한 인간의 예외적 지위가 아니라, 오히려 자연 자체의 개념, 즉 자연과 인간의 더 깊은 조화라는 뉴에이지 주장에 함축되어 있을 뿐만 아니라 자연과 인간 사이의 간격에 대한 표준적인 철학적 정식에 함축된 자연의 개념이다. 즉, 어떤 근원적 법칙 혹은 규칙에 의해서 규제되는 '닫혀 있고' 균형 잡힌 세계로서의 자연 개념이 그것이다. 인간을 자연에 대립시키는 사람들에 의해서 암묵적으로 받아들여진 자연 개념 속에는 진정한 '의인화anthropomorphism'가 존재한다. 즉 '같은 것의 순환적 회귀'로서의 자연, 무정한 '자연법칙'의 결정론적 왕국으로서의 자연, 혹은 ('뉴에이지' 감수성에 더 일

치하는) 인간의 오만, 그의 정념적 거만 때문에 궤도를 이탈한 우주적 힘들의 조화롭고 균형 잡힌 전체로서의 자연. '탈구축'되어야 할 것은 이런 자연 개념이다. 인간의 독특한 지위를 강조하기 위해 우리가 준거하는 특징들―구성적 불균형, '어긋나 있음', 그리고 이러한 특징 때문에 인간은 '비자연적' 피조물, '죽음으로 다가가기를 열망하는 자연'이다―은 이미 자연 그 자체에서도 얼마간 작동 중임에 틀림없다. 셸링이 표현한 것처럼, 비록 다른 힘, (이 용어의 수학적 의미에서) 저차원적인 힘 안에서일지라도 말이다.(『나눌 수 없는 잔여』, 365-366쪽)

그의 저작을 모두 접한 독자는 이 구절에서 그의 사유가 거쳐간 궤적과 여러 주제를 충분히 감지할 것이다. (이 궤적 및 주제와 더불어 논쟁을 일으키는 주장들은 『나눌 수 없는 잔여』부터 최근에 출판된 저서에서까지 규칙적으로 반복해서 나타난다.) 일단 이것들이 낳은 결과를 건너뛰고 논의의 초점을 더 좁혀보자. 지젝은 극소 세계와 극대 세계를 곧바로 이어 붙이면서 두 세계 사이의 심연을 덮어버린다. (입을 벌리고 있는 심연은 물리학 안에서는 닫혀야 하고, 그것에 아예 다리가 놓여야 한다.) 지젝은 「라캉과 함께 양자역학을」의 나머지 부분에서 존재론적 내러티브를 양자역학으로 승인한다. 이 내러티브에 따르면, 우주 전체의 존재가 증언하는 창조의 순간은 지젝의 표현대로 "구성하는 불균형"에 의해 점화된다. 다시 말해 "어떤 광범위한, '병리적으로' 혼란한 균형에 의해, (…) 깨진 대칭(1996: 227)에 의해, "근본적 장애나 상실된 균형"에 의해 정화되는 것이다.(1996: 227) 이런 주장들을 근거 삼아 지젝은 "인간의 자만이 (균형 잡힌, 스스로 닫혀 있는) 자연을 혼돈에 빠뜨렸다고 하지만 균형 잡힌, 스스로 닫혀 있는 자연은 처음부터 존재하지 않았다"고 강조한다.(1996: 235) (이 결론은 여러 효과를 낳겠지만 이념적·정치적 함의를 분명히 지닌다. 특히 생태학과 '생명권력'이 그렇다.) 알튀세르가 제시한 '마주침의 우발적 유물론'은 지젝의 견해를 미리 알려준 철학으로서 주목할 만하다.(1996: 227; 알튀세르 2006: 174-175, 188-190)

지젝은 불균형과 비대칭이 균형과 대칭보다 우선한다고 주장하면서, 양자역학에 대해 이론적 논증을 펼친다. 이 논증은 다년간 출간된 저작에서 다시 떠오르고 있다. 지젝은 레닌이 쓴 1908년 작품인 『유물론과 경험비판론』에 반대하는 논증을 펼친다. 레닌은 이 책에서 최신 물리학을 (유물론에 반대하는) 관념론으로 이용하는 소위 '관념론자'에게 맞선다. 당시 최신 물리학에서는 (빡빡하고 무거우며 단단한 재료로서) '물질'이 사라지고 있었다.(레닌 1972: 308-318) 반면 지젝은 『나눌 수 없는 잔여』(229쪽)와 『신체 없는 기관』(24쪽), 『시차적 관점』(165-166쪽, 168쪽)에서 이렇게 주장한다. "물질이 사라진 것"을 반갑게 긍정하는 유물론이 오늘날 유일하게 정당한 유물론이다. 이론물리학에 따르면, 물질 자체가 비물질적으로 변한다. 다시 말해, 표상될 수 없는, 비물질화된 입자와 파동, 진동하는 끈strings은 실재하는 물체에 대한 거시 차원의 감각 지각을 대체하면서 허상으로 만들어버린다.

　지금까지의 논의를 마무리해보자. 지젝이 보기에, 유일하게 존재하는 자연은 과학자와 비과학자가 과거로부터 전형적으로 표상했던 자연과 굉장히 다르다.[9] '자연적인 것'이 무엇이든, 그 것은 대타자 없는 빗금 친 실재와 "참을 수 없이 가벼운" 존재의 적막한 공간일 수밖에 없다. 즉 존재론적 내재성에서는 파편처럼 흩어진, 수많은 일시적 존재가 왕래하지만 (이렇게 쪼개진 공간을 중심에서 제어하는) 포괄하거나 뒷받침하는 질서는 없다. 나도 여기서 지젝의 의견에 동조하며 이런 유물론을 긍정한다. 다시 말해, 유물론과 과학으로 자연을 비자연적 존재로 만들려는 기획을 인정한다. 또한, 자연에서 자연의 성격을 제거하려는 자연주의적 기획에 동의한다. 그런데 지젝이 양자역학은 유물론적 존재론을 떠받치는 과학적 주춧돌이라고 선언하면서 이 존재론이 자율적 주체성의 비환원적 모형까지 자기 내부에 수용하고 있다고 말할 때, 나는 거북했다.

　그 이유는 두 가지다. 첫째, 최근 논쟁에서 지젝은 나에게 답변했고 나도 다시 응답하면서 이렇게 주장했다. 지젝의 생각은 수행적 모순에 빠진다. 지젝은 양자역학의 실체를 변환하여, 양자역학을 모든 것을 잡을 수 있는 구도와 패턴의 그물망으로 바꾸고, 이 그물망을 모든 규모의 존재자들에게 적용한다. (그래서 양자역학은 인간 주체를 포함해 더 큰 규모의 존재자를 거쳐 비전체인 우주에도 적용될 수 있다.) 이것은 수행적 모순에 이른다. 어떻게? 지젝은 (사라졌다고 가정된) 일자이자 전부인 대타자를 다시 도입하기 때문이다. 지젝은 스스로 통합하는, 전체가 된 전부로서 자연이 존재한다는 자연관을 양자역학이 과학적으로 반박할 수밖에 없다고 강조하면서도, 바로 양자역학을 일반화하여 자연경제를 내세운다.[10] 자연경제라는 가면 안에서 다시 등장하는 것이 일자이자 전부인 대타자다.

둘째, 자유로운 주체를 철저히 유물론적으로 설명하기 위해 양자역학에 의존하는 것은 반드시 필요하지 않으며[11] 심지어 거의 실현될 수도 없다.[12] 나는 헤겔과 생물학의 근거들을 결합하면서 이미 여러 곳에서 그렇게 논증했다.(2008b: 203-209, 269-287, 2010: 86-87, 89-92; 2011c; 2012a; 2012c; 2013; 2014) 지젝이 양자 영역의 초미시 세계로 깊숙이 내려갈 때, (그런 움직임 덕분에 해소되고 잠잠해지는 문제들보다) 더 혼란스러운 장애물들이 생긴다. 더구나 (의도를 가진 주관적 행위자를 언급하는) 유물론적 탐구에 직접 확실하게 관련 있는 과학의 분과 학문들은 지젝이 해체하고자 하는 자연관을 자연스럽게 비판한다. (지젝은 인간이 거주하는 현실과 엄청나게 멀리 있는 영역을 탐구하는 이론 물리학의 힘을 빌려 특정한 자연관을 해체하려고 한다.) 이런 맥락에서 양자역학을 이용하려는 지젝의 시도는 무척 혼란스럽기에 구석으로 치워두는 게 더 좋을 것 같다. 오컴의 면도날과 함께 여분으로 준비해둔 기준 정도로 생각하자.

그런데 흥미롭게도 『나눌 수 없는 잔여』에서 지젝은 내가 앞서 제시한 반론을 예상했다는 듯이 말하고 있다. 『라캉과 함께 양자역학을』의 마지막 부분에서 지젝은 라캉의 말하는qua parletre 주체 개념, 즉 말하는 존재이자 언어를 쓰는 사회상징적인 피조물 개념과, 양자 존재자와 사건들의 중요한 측면들의 놀라운 유사성을 조명할 때 어떤 결과가 도출되는지 기술하고 있다.(220-228쪽) 이때 지젝은 물리학을 '실재론'으로 독해하면서, 잘 알려진 반실재론과 주관적 관념론, 사회와 언어에 초점을 맞추는 구성주의 해석에 반대한다.(236쪽) 지젝은 다음과 같이 보고 있다.(230쪽)

> 양자 우주에서 일어나는 기이한 현상에서 인간 정신 자체는 자신 바깥에서 자신을 마주 본다. 인간 정신은 자신 바깥에서 기이한 uncanny 분신을 대면하는 것이다. 양자과정은 (흔히 말하는) '자연'에서 볼 수 있는 어떤 것보다 인간의 언어세계와 더 비슷하다. 그러나 이렇게 비슷하기 때문에(양자과정이 인간과 자연을 나누는 통상적인 기준에 따라 인간세계라는 종차differentia specifica를 정의하는 특성을 '모방'하는 것 같다는 사실 때문에), 양자과정은 우리가 '자연'에서 대면하는 어떤 것보다 훨씬 더 기이하다.(『나눌 수 없는 잔여』, 382-383쪽)

여기서 지젝이 특히 셸링이 정의한 두려운 낯섦을 염두에 두고 있다는 것은 의심의 여지가 없을 것이다. 이 용어는 프로이트의 관심을 끌었고, 나중에 정신분석적으로 "숨은 채 있어야 하지만 결국 밝혀지는 것"이라고 정의되었다.(SE 17: 241) 프로이트는 불편하게 하고 불안을 야기하는 분신doppelgaenger의 형상과 두려운 낯섦을 연결한다.(SE 17: 234-237) 양자 존재와 사건들은 수학으로 구성된, 의미 없는 영역이자, (지각과 의미를 포함한) 인간 감각의 각도와 완전히 다르게 보이는 기이한 영역이다. 더 정확히 말해, 우리는 여기서 전혀 예상하지 못한 닮음을 직접 대면하면서 당황할 것이다. 전혀 예상하지 못한 닮음은 "기이한 분신uncanny double"이며 "자연 안에 있지만 자연을 능가하는" 것이다. (라캉의 열한 번째 세미나에 나오는 말로 다시 기술하면) 그 닮음은 자연을 넘어선, 탈자연화된 주체성을 괴상하게 반사하는 자연이다.[13]

셸링과 프로이트가 생각한 의미에서 두려운 낯섦Unheimliche을 넌지시 가리키며 정신분석에 은근히 호소하는 지젝은 정신분석에 많은 것을 건다. 이때 지젝은 내가 자신의 관점을 의심하고 유보한 것을 의식한 듯, 양자역학을 동원하는 방법에 대해 조심스럽게 침묵을 지키려 한다.(1996: 230)

여기서 우리가 전개한 논의가 모두 효력이 없는 은유이자 얄팍한 유비가 아닌가? 이것은 아주 분명하게 설득력 있는 비판처럼 보인다. 그래도 이 비판을 향해 정확하게 답할 수 있다. 일단 양자세계와 상징적 질서의 상동성은 확고한 근거가 없는 피상적 유비와 은유에 지나지 않는다고 자연스레 비판할 수밖에 없을 것이다. 하지만 이런 비판 자체가 기존 철학적 태도의 표현이자 효과다. '자연'과 상징적 우주는 엄청나게 멀리 떨어져 있어 한쪽에서 다른 쪽으로 건너갈 수 없으며, 두 영역을 연결하는 행위는 '근친상간'

을 막듯이 금지해야 한다는 것이 기존 철학의 입장이다."(『나눌 수 없는 잔여』, 383쪽)

이 인용 구절 다음에 『나눌 수 없는 잔여』의 마지막 단락이 나온다. 여기서 지젝은 양자역학이 셸링이 1809년에 제기한 주장을 확증한다고 반복한다. 셸링의 주장에 따르면, 인간 자유는 침입하는 출현이다. 다시 말해, 길들여지고 공손해진, (지금 여기 있는) 실존의 현실 안에서 항상 이미 과거에 있는 근거의 (다루기 힘든) 실재가 갑자기 떠오른다. 그런데 이렇게 주장하려면 셸링이 제시한 '근거'와 양자 우주가 일대일 대응을 해야 하고, 셸링이 말한 '실존'과 아원자 영역보다 더 큰 영역이 일대일 대응을 해야 한다.(230-231쪽) 이제 지젝의 진단에 정면으로 답변하면서 이 논의를 마무리하고자 한다. 비판자들은 그가 양자역학을 자신의 이론에 병합한 것을 비판하는데, 그는 이들을 철학적 신경증자라고 진단한다. 이는 "어머니 자연"을 둘러싼 오이디푸스적 근친상간 쟁점에 구속되어버린 사상가들이라는 뜻이다.

물론 나의 비판이 매정한 분석적 양식으로 기술되었다고 해서 쉽게 무시될 수 없겠지만, 이미 여기서 제시한 여러 비판들을 반복하지 말고 다시 시작해보자. 지젝의 반박은 다른 과녁을 겨냥하는 것 같다. 하지만 나를 놓친 것은 확실하다. 먼저 내가 유물론 철학으로 과학에 개입하는 것에 반대하는 경향을 지젝과 함께 넘어서려 한다는 점을 분명히 해두어야겠다. 여러 종류의 반자연주의는 유물론으로 과학에 개입하는 것을 계속 완고하게 반대했다. 반자연주의는 과학적인 것을 모두 의심하고 혐오하지만 자연과 정신을 원래 분리하는 존재론적 이원론을 자인하기도 하고 부인하기도 한다. 나와 지젝도 유물론적 주체성 이론에 헤겔 변증법의 사고 양식이 필요하다고 생각한다. 다시 말해, 자연 실체와 정신적 주체성의 관계를 차이 안에 있는 하나됨과 하나됨 안의 차이로 사고할 수 있어야 한다. 단지 우리는 이런 지적 과제를 수행하는 수단과 방법 면에서 의견이 다르다.

유물론 안에서 유물론으로 지젝을 비판하려면, 지젝이 내세운 기준인 두려운 낯섦을 완전히 내 방식대로 전유해야 한다는 생각이 자꾸 든다. (철학이 아니라) 정신분석이 내세우는 증거 기준을 고려할 때, 지젝이 양자(현상)를 숙고하면서 불러온 두려운 낯섦은 증상을 일으킨다. 그런데 이 증상은 지젝이 제시한 사변의 진리를 증언한다. 두려운 낯섦을 내 방식대로 전유할 때 그것은 오히려 내 주장을 뒷받침하는 근거로 변한다. 물리학이 아니라, 생물학이 오늘날 이론을 생산하는 유물론자가 투쟁하는 과학 영역이라는 것이 내 주장이다.[14] 가깝고 근접한 현상과 멀고 경원한 현상처럼 서로 맞서는 현상들을 융합하는 충격적인 일이 두려운 낯섦이라는 증상을 일으킨다면, 생물학이 제시한 인간상을 대중이 낯설게 느끼고 낡은 자연상이 완전히 전복되면서 '인간 본성'에 대한 생명과학의 해명이 제시되었을 때, 두려우면서도 낯선 느낌이 마음을 강하게 교란시켜야 할 것이다. 지젝은 상징적 주체성과 양자 논리가 구조상 이성질체isomorphism라는 평가도 최소한 똑같이 마음을 강하게 교란시킬 거라고 장담한다. 예를 들어 계획 없이 진화한 인간 중추신경계의 구성은 역기능적이고, 모순을 품고 있으며, 뒤얽힌 체계와 닮았다. 몸과 뇌는 후생적, 신경성형적 통로를 거쳐 사회적·언어적으로 매개된다고 한다. 그런데 이 사실들을 모두 생물학이 발견했다. 과학적이라고 말하지만 이데올로기가 적재된, 풍자화 같은 인간상과, 생물학이 설명하는 주체의 물질적 기초, 즉 "자연적" 신체는 뚜렷하게 충돌한다. 이 풍자화 같은 인간상은 생명정치를 수행하는 후기 자본주의에서 인기가 있다.

자연이 집처럼 친근하고, 몸은 고향처럼 편하며, 피부는 집에 있는 것 같은 느낌을 주듯이, 자연이 자기 것처럼 느껴지는 "근친상간적" 체험이 갑자기 완전히 다르고 예상할 수 없는 것으로 변형되는 사건보다 더 불안한 것이 있을 수 있을까? 아침에 일어나보니, 늘 어머니로 여겨왔던 (자연이) 원래 존재하지 않았고, 우리가 경험했던 어머니 자연은 가면을 쓰고 살아온 사기꾼이며, 우리는 자연의 정체를 지금까지 오해했음이 드러난다면 어떻게 될까? 항상 지나치게 닮은 분신은 "내 안에 있지만 나를 능가한 것"인데, 나는 (가면을 벗기고 계략을 드러낼 수 있지만) 분신을 소유할 수 없고 피할 수도 없다면 어떻게 되는가? 나를 내 신체에서 분리하는 것은 확실히 가능하지 않지만 말이다. (엥겔스의 자연변증법을 문자 그대로 받아들이지 않지만) 엥겔스가 '자연변증법'을 쓴 정신을 계승하여 새로운 유물론으로 생명과학을 급습할 때, 두려운 낯섦의 힘을 아마 더 좋은 방향으로 호출할 기회가 생길 것이다.

6장

지적은
에코 시크

베레나 엔더맷 콘리
VERENA ANDERMATT CONLEY

CURRENT PERSPECTIVES IN
ŽIŽEK STUDIES

Slavoj Žižek

비판적 문화 이론을 전파하는 탁월한 공작원인 슬라보예 지젝은 오늘날 자본주의 아래서 벌어지는 온갖 문화전쟁에 직간접적으로 건드리고 있다. 당연히 환경 쟁점에 대해서 지젝은 할 말이 있을 것이다. 문화비평가들이 꺼려하는, 다소 분명하지 않은 주제도 그는 곧바로 대면한다. 『지젝 대화록』(2004)에서 글린 데일리와 나눈 대화 중 생태학을 언급한다. 2007년, 아테네 강의인 「자유주의 유토피아」에서도 생태학을 말한다. 「성찰된 삶, 현대 사상가 8명과 떠난 여행」이란 기록영화에서는 애스트라 테일러와 대화하면서 생태학을 주로 논의한다. 2008년에 「오늘날의 검열: 인민의 아편으로 새로 등장한 폭력과 생태학」이란 강의를 하고 「자연의 불만」이란 논문을 쓰는데, 여기서도 환경 문제에 개입한다. (「자연의 불만」은 「자연 안의 불만」이란 제목으로 『잃어버린 대의를 옹호하며』에 재수록되었다.) 가장 최근에 출간된 『마지막 때에 살아가기』(2010)에서도 생태학이 활발하게 논의되고 있다.

지젝의 생태학 성찰은 강의와 저서에 흩어져 있기도 하고, 상황에 맞게 기획되기도 했다. 어쨌든 지젝은 강하고 일관된 목소리로 유럽 철학을 고수한다. 세계 자본주의가 낳은 효과들을 계속 의심하며, 세계 자본주의가 무엇을 가져다주었는지, 우리를 어디로 이끌지 검토한다. 그는 모든 사람이 환경에 연루되며 환경은 대체로 자본주의 바깥에서 보호받을 수 없다고 생각한다. 생태학에 대해 의견을 표명할 때, 이 철학자는 자본주의 체계를 가차 없이 비난한다. 자본주의 체계는 늘 확장하면서 스스로 개조하며, 파국을 예상하는 시나리오에서도 늘 한계를 능가하는 체계로 등장한다. 그는 통상적인 가정을 오히려 물리치며, 자본주의가 보편적이고 생태학은 개별적이라고 선언한다.(『마지막 때에 살아가기』, 334쪽) 오늘날 모든 곳에서, 특히 언론에서 자본주의를 생활의 당연한 조건으로 만들려는 시도가 눈에 띈다. 자본주의가 생활 조건이 되면, 자본주의는 '경제'로 대체되어 더는 논의할 필요가 없어질 것이다. 자유주의자와 보수주의자는 사회주의와 조금이라도 닮았다고 인지되는 체제나 제도에 반대하면서, 세상 모든 것 가운데 가장 좋은 것이 오늘날의 자본주의라고 말하고 있다. 반면 지젝은 사회주의, 심지어 공산주의가 있어야 진짜 생태학을 사유할 수 있다고 주장한다. 생태학도 각자 모두가 공유하는 진정한 집단 체험을 요구한다. 다음 절에서 나는 「자연의 불만」에서 지젝이 내세우는 생태학을 파헤치고 이 생태학이 그의 다른 저술에 어떻게 배어 있는지 검토할 것이다. 마지막으로 오늘날 우리가 직면한 생태학적 궁지를 고려하여 지젝의 이론을 평가할 것이다.

생태학과 해방하는 주체

지젝은 묻는다. 세계 자본주의가 발전하면 붕괴가 일어날까? 붕괴가 일어난다는 것이 지젝의 대답이다. 자본주의에는 지젝이 말한 네 가지 적대antagonism, 즉 역기능적 연결 지점이 네 개 있다. 1) 생태학 자체 2) 지식소유권을 포함한 사적 소유와 물과 천연자원 같은 필수 자원 3) 기술과학의 새로운 발전이 함의하는 사회 윤리적 의미, 무엇보다 유전공학의 의미. 유전공학에서는 이윤을 얻으려는 동기가 강하게 작용해 인간을 은밀하지만 완전하게 조작하려 한다. 4) 세계 전역에서 새로운 차별 정책이 시행되고 있다. 도시는 실제로든 상징적으로든 장벽을 쌓고 있다. 21세기에 들어서면서 부쩍 그런 일이 많아졌는데, 도시는 도시 영역에서 커지고 있는 빈민촌을 격리하려고 장벽을 쌓는다.(「자연의 불만」, 38-41쪽) 네 개의 적대는 자본주의 체계가 원만하게 기능하지 못하도록 한다. 그런데 자본주의 체계는 네 개의 적대를 계속 만들어내고 있다. 1번부터 3번까지는 마이클 하트와 안토니오 네그리에게서 빌려온 용어인 '공통적인 것'과 상관있다.(44쪽) 세 개의 적대는 문화와 철도, 우체국 같은 사회기

반시설과 함께 물과 숲 같은 환경 자원과, 유전자 유전 같은 인간 자원까지 포함한다. 자본주의는 사유화를 강조하며 공통적인 것을 위협한다. 자본주의가 이대로 진행되면 인류가 스스로 멸망하는 단계까지 나아갈지 모른다. 새로운 '공산주의'로 되돌아가자는 지젝의 호소는 사적이지도 공적이지도 않은 공통적인 것이 있기 때문에 정당화된다.(44) 그러나 네 번째 적대인 새로운 차별 정책은 나머지 적대들보다 더 중요하다. 여기서 지젝은 포함된 자와 배제된 자를 구분한다. 포함된 자는 신흥 상징 계급인데, "관리자와 언론인, 마케팅 담당자, 학자와 예술가 등이 이 계급에 속한다".[1] 반면 빈민촌 거주자인 배제된 자는 자본주의 체계의 증상이자 잔여로 기능한다. 이들의 지위는 21세기에 등장한 프롤레타리아의 지위와 같다. 푸리에 옹호자같이 유토피아를 추구하는 사회(주의) 사상가들은 산업이 발달하면서 19세기 유럽과 미국의 지형이 어떻게 변형되었는지 지켜보았다. 그래서 최근까지도 그들은 궁핍한 삶의 조건에서 벗어나는 길을 찾는 데 머물러 있었다고 지젝은 암시한다. 지식인과 노동자는 똑같이 비인간적 구속에서 벗어나는 길을 찾으려 했고,[2] 자신들이 형성하는 역사가 계속 진행된다고 느끼면서 사태의 본질을 바꾸는 것을 행동의 목표로 삼았다. 그러나 우리는 지금 생태학적 재난과 핵전쟁, 유전자 변형까지 겪을 수 있다. 그래서 생활세계에서 이루어지는 행동의 일정한 범위가 보증하는 보호 기능에 더는 의존할 수 없으며, 우리가 무슨 일을 하든 역사는 제 갈 길을 간다고 말할 수도 없다.(「검열과 폭력」, I, 1) 배제된 자는 19세기 노동자와 다르게 계급을 형성하지도 않는다. 배제된 자는 국가 바깥에 사는데, 이들이 사는 곳은 공식 지도에는 빈칸으로 표시된다. 생태학은 인류 전체와 관계있다. 그래서 지젝은 배제된 자를 해방시키자는 맥락에서 생태학을 사유해야 한다고 말한다.

지젝은 새로운 해방 주체를 고려하여 생태학을 논의하면서 이렇게 주장한다. 오늘날 이데올로기는 생태학을 신비화하며, 뉴에이지 신봉자는 의로운 종교인인 양 균형 잡힌, 조화로운 자연이 주는 교훈을 가르치려 한다. 하지만 우리가 빈민굴 거주자가 품은, 엄청난 해방 잠재력을 먼저 고려할 때라야 진실된 견해가 가능하다. (다시 말해 진실을 말함으로써 자신을 논박하는 생태학이 가능해진다.) 여기서 적대는 지젝의 논증에서 중심이 되며, 지젝이 추구하는 실용적·유토피아적 방향을 가리킨다. 지젝이 기술하듯, 인간이 초래한, 순수하게 우연한 생태학적 재난이 지구 전체에 미치더라도, 새로 생긴 빈민촌이라는 적대(관계)가 진짜 저항 지점이 된다. 빈민촌 위를 비행하면서도 빈민촌의 존재를 잊어버리려는 자가 있는가 하면, 21세기 빈민굴 거주자는 그저 숫자로만 존재하는 인간이며 '주변 현상'에 불과하다.(「자연」, 40쪽) 지젝은 배제된 자들이 거주하는 구역을 "진정한 '사건이 일어날 만한 장소'"로 본다. 이 장소에서 생산적 적대(관계)가 결집될 수 있다. 빈민은 포함된 자 안에서도 테러를 일으킨다. 또한 빈민은 자신이 거주하는 생활세계도 뒤흔든다. 따라서 빈민이 열어놓은 공간 덕분에 방해와 부정성으로 기능하는 사건이 일어날 수 있다. 지젝이 보기에, 사건은 사건이 일어나는 상황 가운데 있는 모든 이에게 영향을 주며, 심지어 사건을 무시하려는 이들까지도 영향을 받는다. 사건이 일어나기 때문에 사건을 무시하려는 이들도 빈민가의 조건을 순진하게 모른 척할 수 없다. 그들에게 정확히 드러나는 것은 바로 자신이 그 사건을 무시하고 있다는 사실이다.

배제된 자는 그때그때 사회적 관계를 맺으며 생존하는데, 이런 생활 방식 덕분에 그들은 생생하게 연대하면서 자기네만의 경제를 구축한다. 지젝은 이 사실을 인정하지만 그들이 여전히 부유하는 공간에 살며 모든 실제적 관계에서 배제되었다고 본다.(41)[3] 지젝은 이렇게 결론 내린다. "빈민촌 거주자에게서 새로운 사회의식이 생겨날 거라는 표시를 찾아야 한다. 그런 사회의식은 미래를 낳는 씨앗이 될 것이다."(42) 씨앗(싹)이란 단어는 애매하게 해석될 수 있는데, 여기서는 뜻이 이중으로 규정된다. 씨앗은 성장의 표시이면서 바이러스 확산의 표시이기도 하다.[4] 우리가 사는 이 시기에는 '해체된' 대중과 빈자가 있다. 그들은 모조리 빼앗긴 나머지 극빈자로서 도시에 살고 있다. 그래서 지젝은 (아마 다소 성급하게) 마무리하면서 이렇게 말한다. 바마코나 상하이에 있는 빈민굴 거주자는 시카고의 게토나 파리의 방리외〔변두리 지역〕에 사는 사람과 근본적으로 다르지 않다. 21세기 해방 정치의 중요한 임무는 빈민촌 거주자를 조직하여 훈련하는 것이다. 즉 그들을 정치화하는 것이다. 국가가 더 이상 개입하지 않는 슬럼에서 해방 정치는 밑바닥부터 다시 시작해야 한다. 그러나 해방 정치는 빈민굴 거주자를 조직하는 데 도움을 줄 사람을 필요로 한다. (해방 정치를 구성하는) 행위는 (사람을) 모으고 형식을 부과해야 한다. 그 행위는 최근에 등장한 '해체된 대중'인 빈민굴 거주자가 (해방 정치를 하도록) 승인해주어야 한다. 반면, 세계 자본주의에 적응한 자들은 빈민촌 거주자를 "세계적으로 거주하는" 동물로 여긴다.(「자연」, 42쪽)

프롤레타리아가 있을 위치가 우리에게 필요하다. 자크 랑시에르의 표현대로 하자면, 자기 몫이 없는 부분이 필요하다(적어도 지젝은 이 주장을 고수한다). 우리는 '인민' 같은 텅 빈 기표에 단순하게 기댈 수 없다. 인민은 '무지개 연정' 같은 유토피아스러운 이미지의 분신일 뿐이다.(43) 지젝은 생태학과 사적 소유, 유전공학적 조작이라는 붕괴 지점과 포함된 자와 배제된 자를 분리하는 적대(관계)를 구분하면서 두 영역은 질적으로 다르다고 지적한다. 네 번째 붕괴 지점/적대(관계)는 나머지 세 개의 붕괴 지점이 준거로 삼는 점이다.(45) 배제된 자가 부추기는 테러는 조건을 창출하는데, 사건은 이 조건 덕분에 새 질서 안에 안전하게 자리를 잡을 수 있다.

네 번째 적대가 없다면, 나머지 세 붕괴 지점은 정치적 힘과 전복적 가능성을 잃는다. 예를 들어 현장 연구는 환경 문제를 지속 가능한 발전에 대한 쟁점으로 바꿔버린다. 마찬가지로 '소유' 개념 역시 물리적·지적 의미를 바꿔버릴 수 있고, 유전공학도 엄청난 윤리 쟁점으로 바꿀 수 있다.[5] 모든 것을 말하고 행하더라도, 포함과 배제 사이의 적대에 주목하지 않은 채 환경을 위해 싸운다면 우리는 진짜 보편성에 이르지 못한 채 칸트가 말한 사적 관심에 머물게 된다.(45) 지젝은 자유주의자의 주장을 반복해서 지적하는데, 자유주의자는 홀푸드Whole Foods나 스타벅스의 광고에 동조한다. 이 회사들은 상품을 소비하는 행위 자체가 정치적으로 진보적이라고 주장하기 때문이다. 순수한 정치적 태도와 소비가 이 회사들의 상품에 융합되어 있다. 이런 자유주의자는 '그린 시크green chic'에 집착하면서 진정한 상징적 행위가 아니라 유사 행위에 가담한다.[6] 진정한 상징적 행위는 체계를 중지시킨다. 이를테면 해체된 대중을 해방시킨다. 우리에게는 이런 행위가 필요하다. 빈민촌 거주자는 앞으로 어떻게 조직될 수 있을까? 지젝은 이 물음에 답하지 않는다. 민주주의는 처참한 체제지만 그것이 최선이라는 윈스턴 처칠의 명언을 이용하여, 그는 정치는 나쁘지만 그것이 우리에게는 최선이라고 결론을 내린다. 우리에게 새로운 종류의 정치인이 필요하다.(「생태학」, 174쪽)[7] 하지만 그는 그 정치인들이 어디서 어떻게 등장할지 여전히 말하지 않고 있다.

자연은 존재하지 않는다고 주장하는 생태학

포함된 자가 세상을 향해 행동할 때, 그들은 도덕적으로 행동한다는 기분 좋은 감정을 느낀다. 하지만 배제된 자는 기존 정치

부문에서 오히려 압박을 받는다고 느낀다. 이 압박은 늘 공포와 테러를 불러온다.(「자연」, 46쪽) 지젝은 공포와 테러 가운데 하나를 고르는 것이 진짜 선택이라고 말한다. 포함된 자는 '대타자'를 잃을까 두려워하여 (사회생활을 위한) 지침을 활용하는데, 신원이 밝혀지지 않은 타인은 이 지침을 흔들어놓을 수 있다. 대타자는 의미의 상징적 힘으로서 포함된 자의 일상생활의 형식을 규정하고, 그들의 유사 행위를 지배한다. 그래서 포함된 자인 '우리'가 의미는 위협을 완화할 수 없고 상징적 장벽도 배제된 자를 떼어놓을 수 없음을 깨달을 때, 우리는 테러 가능성을 감지한다. 그런 까닭에 우리에게 자연이 빠진 생태학이 필요하다. 자연은 생활세계에 두께와 질감을 부여함으로써 생활세계를 환상으로 포장하기 때문이다.(48쪽) 우리에게는 완전히 새로운 구도가 필요하다. 하지만 포함된 자는 위험을 피하고 싶기 때문에 상징적 유대에서 자신이 자유롭다는 인식을 미룬다(자신이 자유롭다는 것을 일부러 인지하지 않으려 한다). 지젝에 따르면, 자본주의 아래서 등장하는 새로운 뉴에이지 사상Ageism은 테러를 공포로 바꿔버린다. 포함된 자는 자신이 속한 생활세계가 (사회 구조를 고려할 때) 존재하지 않음을 보지 않으려 한다. 더구나 안정된 기반으로 존재하는 자연은 이제 생태학적 문제 탓에 위험의 근원이 되어버렸다. 해방적 테러를 공포의 정치학과 완전히 구별하는 선을 생태학 안에서 그을 수 있다.(53쪽)

이제 사회 정치적 운동으로서 생태학은 거의 사라졌고, (지젝이 마크 데이비스에게서 빌려온 말인) '공포의 생태학'은 세계 자본주의를 대변하는 주도적 이데올로기로 발전할 가능성이 농후하다. 공포의 생태학은 "새로 등장한 인민의 아편으로서 쇠퇴하는 종교를 대체한다".(53) 그래서 지젝은 '우리'에게 무엇보다 자연이 존재하지 않는다고 말하는 생태학이 필요하다고 못 박는다. 팀 모턴이 쓴 『자연 없는 생태학』에서 빌려온 공식으로 지젝은 이렇게 논증한다. 우리가 아는 자연은 배경이자 생활세계로서 두터운 상징적 유대와 구조로 이루어져 있다고 하지만 이런 자연은 존재하지 않는다. 인간이 늘 되돌아가고자 애쓰는 조화롭고 균형 잡힌 자연은 존재하지 않는다. 지젝은 한술 더 떠 이런 자연은 순수한 이데올로기라고 혹평한다.

나중에 지젝은 자연과 생태학을 주제로 한 이론 논쟁에 가담한다. 환경은 클로드 레비스트로스의 작업 초기에 등장했고, 그 후에 이론의 영역에서 68 이후 사상가들의 작업에서도 등장한다. 이를테면 그레고리 베이트슨과 미셸 세르, 질 들뢰즈, 펠릭스 가타리 등이 있다. 지젝 논증의 상당 부분은 타당하지만 여전히 논의가 되고 있는데, 주로 자본주의 비판의 맥락에서 다루어진다. 자연은 인간이 활동하는 배경을 이룬다는 생각은 되먹임 고리와 인공지능학, 원자 이론으로 대체되었다. 일리야 프리고진과 이자벨 스텐저스의 영향력 있는 저서인 『혼돈으로부터의 질서La nouvelle alliance』는 이런 개념들을 보충했다. (이 책은 1984년에 영역본 *Order out of Chaos: Man's New Dialogue with Nature*로 나왔다.) 되먹임 고리와 인공지능학, 원자 이론 같은 개념들은 몇 세기 동안 떨어져 있던 인문학과 (자연)과학을 다시 결합하려 한다. 인간은 자연에 '붙박여' 있다기보다 자연의 일부로서 완전히 재평가된 존재라고 한다(붙박여 있다라는 단어는 지젝이 주로 비판하는 표현이다). 자연은 더 이상 '조화로운' 존재로 보이지 않으며, 늘 불균형에 사로잡혀 있다. 사람들이 흔히 알고 있는 복잡성 이론에 따르면, 자연은 늘 운동한다. 늘 운동하는 체계인 자연에서 '질서'는 시간에 따라 혼돈으로부터 창발한다. 새 질서는 늘 느리거나 갑자기 발생할 것이다. 다시 말해, 종종 무작위로 발생할 것이다. 스티븐 J. 굴드는 자신이 말한 격언으로 유명해진 대중적 과학자인데, 진화는 복잡성 안에서 마구잡이로 걷는 행위이지 질서에 따라 일어나는 전진이 아니라고 한다. 굴드의 말은 질서가 혼돈에서 창발한다는 가설과 크게 다르지 않다. 자연은 우발적 사건과 큰 재난의 연쇄라는 뜻으로 그렇게 말했는데, 굴드 자신도 복잡성 이론대로 사고했다. 지젝도 자연은 우발적 사건과 큰 재난의 연쇄라는 말을 즐겨 인용한다.(「검열과 폭력」 I, 3)

해방을 외치는 담화가 판을 치던 시대에 등장한 과학적 발견들은 1968년 이후에도 영향을 미쳤다. 그래서 근대성의 여러 기획은 68년 이후에도 계속 비판받으며 교정되었다. 자연이 문화와 맺는 관계가 재평가되자, 자연을 제어하려는 여러 작업은 중단되었다.[8] 사람들은 자연을 제어하려고 다음과 같은 일을 저질렀다. 녹색혁명 동안 댐이 건설되고 부적합한 작물이 증가했다. 비생산적 기술이 도입되자, 생태학적 재난과 질병이 생기고 제3세계 사람들이 굶어 죽었다. 이들은 빈민촌 거주자로 내몰려

버림받고 있다. 그런데 지젝은 이런 자연 통제에 대한 사유를 우회하면서 뉴에이지 사상에 초점을 맞춘다. 이는 레이건 시대에 등장했는데, 지금은 1960년대 해방 논의를 보수적으로 활용한 사상으로 보인다. 뉴에이지는 1960년대 정치적 수사의 맥락을 고려할 때 매우 생산적 사고방식을 가로막고 있었다.[9] 지젝이 뉴에이지를 비판하면서 생활세계로서 낭만화된 자연은 순수한 이데올로기라고 지적할 때, 그에게 동의하지 않을 수 없다. 그는 인간과 자연이 신비스럽게 관계 맺는다는 주장을 비판한다. 그가 판단하기에, 이런 관계는 변화를 두려워하는 마음과 늘 손잡게 마련이다. 종교 지도자와 환경주의자도 똑같이 이런 태도를 취한다. 지젝은 과학을 칭송한다. 하지만 굉장히 합리적인 과학자도 지식과 권력을 근거로 삼는 '대학 담화'를 하다보면 이데올로기에 철저히 포섭된 세계관을 고수하게 된다고 지적한다. 인간이 자연에 뿌리를 내리고 있다는 자연관은 자연을 대타자로 보는데, 지젝은 이 자연관을 거부해야 한다고 단호하게 주장한다. 자연은 존재하지 않으며, 우리는 모두 제2의 본성을 가지고 언어 안에서 살아간다. 또한 유전자가 발견되고 유전자 기술이 발전하면서 자연과 인간 개념도 모두 사라졌다.

우리가 이미 살폈듯이, 대타자로서의 자연은 존재하지 않는다는 지젝의 발견이 완전히 새롭지는 않다. 지젝은 이미 잘 알려진 사실을 나름 정교하게 다듬었다. 지젝은 자신이 거부한 '자연에 뿌리박은 인간'을 자연에서 분리된 근대성의 주체와 맞세운다. 이것은 데카르트의 주체이기도 하다.[10] 지젝은 주체와 대타자가 어떻게 구성되는지 수십 년 동안 논의해왔다. 이에 지젝은 이 논의를 건너뛰고, 헤겔과 라캉에 대한 자신의 해석을 확인하면서, 스스로 내린 결론을 반복해서 강조한다. 데카르트적 주체는 자연과 동물성, 본능에서 떨어져 나왔으며, 인간은 태어나면서 언어세계로 들어간다. 인간은 늘 어떤 추상의 세계로 넘어가는 것이다. 인간은 태어날 때 이미 제2의 본성으로 들어간다. 이데올로기가 전유하고 조작하는 대상은 이 텅 빈 주체다.

생태학에서 쟁점이 되는 또 다른 공통적인 주제가 있다. 지식소유권 및 유전자공학과 관련된 것인데, 여기서 자라난 공포는 진짜 진보를 가로막고 있다. 지젝은 언론을 비난하면서, 언론은 알맹이도 없는 쟁점을 다루느라 시간을 허비하며 지식소유권 분야에서 일어나는 일에 대해 논쟁하지 않는다고 비판한다(지식소유권 법은 특히 유전자공학 정보가 자유롭게 순환하지 못하도록 금지한다).[11] 지젝은 이렇게 경고한다. '우리 서구인'이 유전자 실험과 조작 절차를 윤리와 법으로 어떻게 제한할지 쉴 새 없이 논쟁하는 사이에 중국인은 자신이 세운 의제를 단순하게 밀고 나가고 있다. 중국은 시민들의 유전자 물질을 통제하고 특정한 방향으로 조정하며, 유전공학도 이윤 경쟁에 나서고 있다.(『마지막 때에 살아가기』, 341쪽) 유전공학은 지금 인간이 사는 세상에서 계속 생존하도록 도울 수 있는 무한한 가능성을 지니고 있다. 유전공학의 가능성을 흔한 방식으로 상상해본다면, 거의 과학소설 수준에 이를 것 같다. 지젝은 이렇게 강조한다. "미시 유기체가 암세포를 식별하여 제거하고, 태양에너지를 사용 가능한 연료로 변형시키는 공장을 설립하는" 계획들은 공포의 정치학이 사회를 장악한 곳에서 실현될 수 없다.(「자연」, 55쪽) 우리는 이 제 인간과 자연의 생명을 조작하고 개조할 수 있으므로, 이 방향으로 계속 나아가서 인류를 더 낫게 만들면서도 생태학에 유리하게 '자연'과 인간을 생산적으로 조작하는 것을 두려워하지 말아야 한다.

공포와 테러

이데올로기의 산물인 공포는 실존의 테러로 대체되어야 한다. 처방하길 즐기는 지젝에 따르면, 우리는 대타자가 없음을 깨닫고, 우리 실존 앞에 놓인 심연을 대면해야 한다—하이데거조차 이 심연을 감히 대면하지 못했다.(「자연」, 64쪽) 대타자가 없으니 인간은 자신과 세상을 마음대로 발명하고 재발명할 수 있다. 뒤섞는 걸 좋아하는 지젝이 아이스킬로스와 소포클레스, 체 게바라를 인용하면서 도입한 이 자유 개념 덕분에 그는 친구인 바디우가 말한 혁명적 평등주의 정의라는 "영원한 이념"의 네 가지 계기에 호소하면서 결론을 제시한다.(69) 이 이념이 없으면 생태학을 정치적으로 파악할 가능성도 없다. 네 가지 계기는 다음과 같다.

1. 엄격한 평등주의 정의. 생태학적 파괴를 촉진하는 것을 막기

위해 모든 사람이 부담을 똑같이 져야 한다.

2. 테러. 부과된 보호 법규를 어기는 자를 가차 없이 처벌하기―
   테러의 목표는 환경 파괴를 억제하는 것.

3. 주의주의. 대규모 생태학적 파국이 일어날지 모른다는 위험을
   직시하는 유일한 길은 집단 결정이다―대중의 집단 결정은 자
   본주의가 발전하면서 '저절로' 생겨나는 논리를 거스를 것이다.

4. 인민을 신뢰함. 지구 위에 거주하는 사람의 다수는 이런 엄격
   한 규칙을 지지하며 이 규칙들을 (타인이 아니라) 자신들이 만
   들었다고 생각하고 이 규칙들을 강제하는 데 기꺼이 동참할 것
   이다―이와 더불어 이런 조치들을 실행하는 공공의 영웅들을
   칭송할 것이다.

지젝에 따르면, 평등(지상)주의 정의와 테러, 유사 스탈린주의
적 조치들이 어우러질 때 인류는 자신의 생태학적 딜레마를 직
면하고 해결할 수 있을 것이다. 지젝은 마지막으로 이렇게 묻는
다. "투쟁의 전체 장을 물들이는 분열, 즉 포함된 자와 배제된 자
의 분리가 없다면 이런 기회가 생길 수 있었을까? 문화 못지않
게 자연도 불가능하지 않을까?"(70쪽) 지젝이 던진 질문을 보면,
자연이란 말이 갑자기 다시 등장하고, 배제된 자는 변화가 시작
될 수 있는 우연성을 도입한다. 따라서 배제된 자가 있어야 변
화가 일어날 기회가 생긴다. 그런데 이 발상이 최초 텍스트에서
"자연 안의 불만"으로 옮겨질 때, 배제된 자가 있어야 비로소 생
산적 적대와 정치적 생태학이 가능하다는 논쟁적 진술은 삭제

되었다!(461)

종말 대 종말론

지젝은 혁명적 평등주의적 정의 이념을 언급하고, 서양 철학과 프랑스 혁명을 연결하면서, 진짜 생태학을 찾아 나선다. 진짜 생태학은 이데올로기의 힘에 의해 부활하지 않는다. 그는 발터 벤야민의 말을 나름대로 소화하여 이렇게 진술한다. "혁명 과업은 역사 경향이나 역사 필연성이 스스로 실현되도록 돕는 것이 아니라 세계적 재난의 낭떠러지로 달려가는 역사라는 '기차를 멈추게' 하는 것이다."(「자연」, 69쪽) 지젝은 이 통찰이 생태학적 재난을 예상하는 우리 시대에 다시 중요해졌다고 주장한다. 지젝은 생태학적 문제가 있다고 분명하게 말하지만 문제를 풀려고 개입하는 과정에는 불확실성과 장애물이 있다고 늘 지적한다.(「생태학」, 170쪽) 지젝은 지치지도 않고 반복해서 강조한다. 도널드 럼즈펠드를 인용해서 말하자면, 생태학은 "알지 못한다는 사실조차 모르는 사태"를 상당히 많이 포함한다. 따라서 문제를 풀기 위한 개입이 어떤 결과를 낳을지 확실치 않다. 지젝은 이것을 보여주는 사례를 반복해서 인용한다—나는 이 점이 다소 유감스럽다. 지젝은 애스트라 테일러와 대화하면서 새 이야기를 한다. 1940년대 후반에 중국 공산당은 새가 논밭에 있는 씨앗을 너무 많이 먹는다는 것을 알았다. 그래서 공산당은 새를 죽이기로 결정했다. 그런데 새가 죽고 나자 기생생물이 씨앗을 먹고 있었다. 알고 봤더니 새는 씨앗과 함께 기생충의 포식자이기도 했다. 그래서 중국은 소비에트에서 새를 수입해야 했다. 이 사건을 보면, 새는 쓸모없는 존재가 아니라 '기능'을 갖는다는 것을 알 수 있다. 새는 복잡한 체계 안에서 고리 역할을 하며 서식지에 사는 생명체들끼리는 연결되어 있다. 체계 안에 있는 고리가 빠져버리면 재난이 쉽사리 발생할 수 있다. 이런 재난이 늘 도움이 되지는 않는다. 오늘날 생태학은 비슷한 재난을 복구하려 할 때, 더 오래된 규칙과 기술을 자주 참고한다.

그러나 거대한 심연을 강조하는 철학자인 지젝은 복잡한 체계 안에 있는 고리를 인정하지 않는다. 지젝은 생태학적 재난이 발생하고 유전자 변형이 일어나며 핵 위험이 확산되어 인류가 모두 사라질지 모른다고 담담하게 인정한다. 그래도 지젝은 신비화하는 이데올로기를 계속 비판하면서, 자신이 보기에 단순하게 획득될 수 없는 실재를 신비화한다. 자신이 받은 정신분석 수련에 충실한 그는 정신분석을 보완하여, 상징적 끈과 질감, 모양새가 완전히 제거된 엄청나게 추상적인 컴퓨터 세계에도 정신분석이 통하게 만들려고 한다. 지젝은 자신의 생각을 정교하게 다듬을 때 라캉과 헤겔, 바디우 같은 사상가의 텍스트에서 주로 시작하고 이를 통해 작업한다—알랭 바디우는 지젝이 최근에 선택한 중재자다. 더구나 지젝은 다른 사상가의 논문이나 책과 대화하면서 집필을 하는 것 같다. 「자연의 불만」은 팀 모턴의 저서와, 최근에 출간된 『마지막 때에 살아가기』는 엘리자베스 퀴

블러 로스의 저서와 대화한다. 스위스 심리학자인 퀴블러 로스는 죽을병에 걸렸을 때 인간이 보이는 반응을 연구했다. 로스는 다섯 단계의 반응이 전형적으로 나타난다고 말한다. 부정/부인과 분노, 타협, 우울, 수용.(『마지막 때에 살아가기』, xi) 지젝은 철학적 논증에 강렬한 정신분석적 분위기를 가미하여, 이 책 전체에서 생태학을 정교하게 가다듬는다. 그런데 '우울'과 '수용' 사이에 있는 "(네 번째) 막간극, 바로 앞에 다가온 종말"이란 장에서 주로 이 작업을 하고 있다. 지젝은 카트린 말라부가 쓴 『새로운 종류의 환자Les nouveaux blessés』에도 주목한다. 여기서 말라부는 오늘날 외상은 외부에서 오며, 프로이트가 말한 것과 달리 과거의 어떤 성적 외상도 지시하지 않는다고 주장한다. 오늘날 인간도 바깥의 충격을 마주하고 있다. (인종학살과 전쟁에서 아사와 생태학적 재난까지 모두 [마음이 아니라] 바깥에서 일어난 충격이다.) 오늘날 인간은 마지막 때에 살고 있다. 지젝은 이렇게 결론 내린다. 앞서 언급한 논문에서 지젝은 네 가지 적대관계를 말했는데, 이것들은 이제 종말을 대표하는 네 기수가 되었다. (생태학적 위기와 체계에 내재된 불균형, 유전자공학 혁명이 낳은 결과, 사회 분열과 배제의 폭발적 증가가 종말을 대표하는 네 기수다. 그리고 사유화와 지식재산권, 자원, 천연광물은 체계에 내재된 불균형을 부추기는 근원이다.) 「자연의 불만」에서 지젝은 과학보다 종교가 생태학적 이해와 관심을 위해 싸우는 자리가 될 수 있다고 이미 주장했다. 『마지막 때에 살아가기』에서는 생태학적 정의가 기독교의 유산에 힘입어 보완된다. 생태학적 정의는 프랑스 혁명이 도입한 평등(지상)주의에서 도출된다. 이데올로기는 여러 사례에서 드러나듯 현실을 신비화한다. 이데올로기에 내재된 상상의 차원은 모든 사람이 알지만 보지 않으려 하는 진리를 세 가지 형태의 종말론으로 가려버린다―기독교 근본주의와 뉴에이지, 디지털 기술 기반의 포스트휴먼이 세 가지 형태의 종말론이다. 지젝은 공포와 테러를 맞세웠듯이 종말과 종말론을 맞세운다. 빅뱅이 일어나고 한 번도 보지 못한 일이 벌어지는 식으로 마지막 때가 오지는 않을 것이다. 오히려 생태학적 교란이 소규모로 이어지면서 마지막 때가 올 것이다.(『마지막 때에 살아가기』, 350쪽) 재치와 역설을 번갈아 구사하는 지젝은 자본주의가 빙하 소멸에서 그린란드 녹지화까지 온갖 문제를 되살려낼 것이라고 비꼬아서 말한다.

지젝은 1960년대 이후에 자본주의가 심화되는 과정을 다시 살피면서, 새로운 네트워크 자본주의가 위계질서를 가진 자본주의를 대체했다고 주장한다.[12] 새로운 "'자본주의 정신'은 1968년에 유행하던 평등주의와 반위계 질서를 내세우던 수사를 웅장하게 다시 끌어들여, 자신이 기업 자본주의와 '현실 사회주의'가 유지하는 억압적 사회 조직에 대항하여 자유지상주의적 반란을 일으키는 데 성공했다고 스스로 주장한다.(356쪽) 지젝은 광고 분야에서 일어난 변화는 새로 등장한 자본주의의 모습을 잘 보여준다고 주장한다―장 보드리야르도 수십 년 전 광고를 비판했지만, 오늘날의 광고가 훨씬 더 사악하다. 지젝은 생태학과 사회적 연대성 같은 사회이념적 주제들이 광고에 더 자주 동원되는 현상에 주목한다.(356쪽) 이를테면 광고는 이렇게 말한다. "상품을 소비하기만 하면 누구나 자연이나 가난한 이를 돕는 일에 동참하게 된다." 소비자운동에 참여하는 행위 자체가 자본주의적 소비주의가 궁극적으로 조장한 해악에 맞서 싸우는 행위로 표상될 때, "윤리를 추구하는 소비자"가 탄생한다.(356쪽) 자본주의에서 유통되는 상징적 통화인 로고logo는 이제 의미 체계 전체를 지탱한다.

자신의 여러 저작에서 생태학적 재난과 더불어 모든 재난은 새로운 개시, 즉 창발하는 가능성을 제공한다고 주장하면서, 그는 이를 예시하기 위해 일곱 번째 예술의 표준적 사례에 호소한다. 이를테면 레이먼드 카버의 단편소설들을 엮어놓은, 로버트 앨트먼 감독의 「숏컷」의 배경이 되는 로스앤젤레스에서 교통사고가 나자 가능성이 열리고 완전히 다른 구도가 세워지며, 주인공도 다른 상황에서 다르게 행동한다. 지젝은 「자연의 불만」에서 꺼낸 주제를 전개하면서, 생태학적 차원에서 혁명적 평등주의 정의라는 영원한 이념을 숙고한다. 이 이념은 자본주의를 대체할 공산주의가 가능하다고 (우리에게) 알려준다. "생태학까지 포함된, 자연적·공통적인 것이 위협받을 때, 시장과 국가 모두 우리를 구원하지 못할 것이다. 진정한 공산주의적 동원만이 우리를 구원할 것이다."(334쪽) 이 "마지막 때에" "지금 여기 있는, 참된 공산주의"를 집단이 함께 체험할 때라야만 우리에게 필요한 변화가 일어날 것이다. 공산주의만이 무엇을 이룰 수 있다는 진술은 지젝의 저서에 자주 나온다. 지젝은 자본주의 아래서 진정한 생태학은 없다고 믿는다. 문화전쟁은 자본주의 안에서, 포함된 자 사이에서도 일어난다. 생태학이 참으로 정치를 추구하려면, 해방을 추구하는 주체를 다루어야 한다. 우리가 앞서 '혁명적 평등주의 정의'라는 제목으로 제시했던 네 가지 주제는 모두 공산주의를 기술한다. 이 공산주의는 생태학에 더 잘 어울릴 것이다. 더구나 지젝은 '기독교적 유물론'을 소개하는데, "기독교적 유물론은 신적 타자성을 거부하면서도 무조건적 헌신을 수용한다."(352쪽) 하지만 이제 무엇을 해야 하는가? 이 질문에 답할 때, 지젝은 다시 한번 예술을 언급한다.[13] '되찾은 대의'를 처음으로 알리는 것은 "예술 안에서 드러난다"고 지젝은 결론 내린다.(365쪽)

지젝은 19세기에서 우리 시대까지 여러 사례를 늘어놓는다. 카프카와 바그너, 멜빌에서 지가 베르토프와 텔레비전 쇼인 「퍼블릭 히어로」 등.[14] 지젝은 카프카가 쓴 마지막 소설인 「가수 요제핀」을 강조하는데, 이 소설은 리더십이 강한 지도자가 없어도 진정한 집단 체험이 가능하다고 말한다. 이 소설에 나오는 생쥐족mouse community은 요제핀이 아예 노래를 못한다고 알고 있다. 생쥐족은 요제핀을 유명인으로 대우하지만 숭배하지는 않으며, 그녀에게 어떤 특권도 주지 않는다.(368쪽) 베르토프의 작품인 「카메라를 든 사나이」는 "영화 분야에서 공산주의를 보여주는 대표적 사례"가 되었다.(378쪽) 이 영화는 온갖 삶의 모습과 일상생활을 긍정한다. "존재의 일의성"을 근본적으로 인정하므로 「카메라를 든 사나이」는 공산주의적 영화라고 말할 수 있다.

존재의 일의성을 인정하면, 일상적 위계질서가 모두 평등해지고 심지어 새것과 옛것을 맞세우는 공산주의적 구별까지도 무너진다.(378쪽)[15] 가수 요제핀과 카메라를 든 사나이가 집단 체험을 다루면서 지금 존재하는 공산주의를 진정으로 축하하고 있다면, "바틀비"는 단절을 다루고 있다. 이는 체계 안에서 거절하고 참여하지 않는 행동이다. "나는 안 하는 것을 선호한다"라는 바틀비의 유명한 공식은 진정한 상징적 행동으로서 그를 둘러싼 격앙과 가짜 활동성으로부터 이 수동적 인물을 떼어놓는다.

가짜 활동을 거절하고 상징적 행위로 나아가면 체계의 작동이 중단될 것이다. 그런데 열심을 품고 완전히 헌신하지 않는다면, 상징적 행위로 나아갈 수 없다. 진짜 상징적 행위가 일어나야 '공산주의'를 지금 함께 체험할 수 있다.(『마지막 때에 살아가기』, X) 지젝은 여기서 분명하게 못 박는다. 오늘날 공산주의가 무슨 쓸모가 있는지 묻지 말고, 우리 시대에도 공산주의 이념으로 살아간다는 것이 무엇을 뜻하는지 물어야 한다. 공산주의 이념으로 살아간다는 것은 신념을 굳게 지키며 헌신한다는 뜻이라고 답할 수 있겠다. 지젝은 광고 문구를 뒤집어 사용하면서, "알려면 믿어야 한다"고 쓰고 있다.(338쪽) 지젝은 헌신적 열정을 택하고 합리적 과학을 버린다. 지젝이 보기에 합리적 과학은 이데올로기에 물들어 있다. 「자연의 불만」에 이미 암시되어 있듯이, 지젝은 종교 없는 믿음을 저항이 싹트는 장소로 만든다. 과거에 비해, 지젝은 지식과 권력이 떠받치는 과학을 더 강하게 비판한다. 종교 없는 믿음과 열정적 헌신은 사건이 일어날 자리를 열어놓을 수 있다. 카프카의 동물 유토피아와 지가 베르토프가 이것을 잘 보여준다. 그런데 바틀비가 보여준 단순한 거절도 체계를 중단시키는 상징적 행위가 된다. 뉴에이지와 홀푸드, 스타벅스가 "청바지를 사서 아이티를 구하자"라고 외치며 자유주의적 가짜 행위를 제안할 때, 바틀비는 단순하게 거절함으로써 가짜 행위를 중지시킨다. 우습게도, 400쪽이나 되는 책 『마지막 때에 살아가기』의 끝에 가서야 이 결론이 나온다. 지젝은 다른 지면에서 분석에 실패한 경험을 기술하면서, 공백을 메우려고 계속 떠들다보니 분석할 수 없었다고 고백한다.[16] 지젝이 쓴 이 두꺼운 책도 공백을 메우고 있는가? 아니면 창조할 수 있는 공간을 만들어내, 더 정의로운 정치적·생태학적 사고에 가담하도록 돕는가?

"무엇을 할 것인가"?

지젝은 생태학적 역설이 중요하다고 강조하면서, "생태학은 인류의 운명이 어디서 결정될지 묻는다. 우리는 모두 멸종할지 모른다"고 말한다.(「자연」, 58) 2010년 11월 11일 알자지라의 리즈 칸과 대담할 때, 지젝은 법으로는 생태학적 문제가 다 풀리지 않을 거라고 지적한다. 우리는 다르게 사고하는 법을 알아야 한다. 최근에 지젝은 사도 바울의 말을 인용한다.(「에베소서」 6장 12절) "우리는 살과 피에 맞서 싸우지 않습니다. 우리는 권세와 지도

자, 세상을 다스리는 어둠의 지배자와 맞서 싸웁니다. 또한 하늘에 있는 사악한 영과도 싸웁니다."(『마지막 때에 살아가기』, XV) 지젝은 사도의 말을 지금 우리가 쓰는 언어로 번역한다. "우리는 여기 부패를 저지른 인간과 싸우지 않습니다. 우리는 권력을 잡은 자와 그들의 권위, 그 권위를 유지하는 이데올로기적 신비화와 세계 질서에 맞서 싸웁니다."(XV)

지젝은 확실히 그렇게 싸운다. 그는 바디우 같은 이들을 칭찬한다. 바디우는 설령 파국으로 끝난다 하더라도 위험을 감수하고 진리 사건을 고수하려고 하기 때문이다. 지젝은 자유주의가 내세우는 희생자 이데올로기를 거부하는 자를 칭찬하는데, 자유주의적 희생자 이데올로기는 정치를 최악의 생태학적 시나리오를 피하려는 기획으로 환원하며, 모든 긍정적 기획을 거절하고 악을 최소화하는 선택을 한다. 그는 스스로 천명한 정치철학을 상세히 해명하는데, 이 철학은 인간 실존의 심연과 우연성에 기초를 두고 있다. 여기서 그는 이 우연성을 도발적으로 밀어붙이며 다음과 같이 제안한다. "전체 세계가 사물 자체가 아니라 우리 정신의 규제적 이념이라면? 정신이 세계라는 정신의 규제적 이념을 감각의 잡다에 부과하여 세계를 의미 있는 전체로 경험한다면?"(「자연」, 57쪽) "자연을 정신과 현실의 원초적 조화로 받아들이는 믿음이 관념론의 가장 기초적인 형태라면? 그런 믿음이 대타자에게 의지하는 가장 기초적인 형태라면? 세계 자체는 의미 없는 혼란스러운 다수manifold라고 인정할 때, 진정한 유물론적 관점이 시작된다면?—그것을 인정할 때 진정한 유물론적 관점이 완성된다면?"(58쪽) 지젝은 이데올로기의 낌새가 나는 어떤 질서와도 거리를 두면서, 권력을 쥔 자가 여기 존재하는 세계에 거의 항상 의미를 주입하고 있음을 독자가 대면하도록 밀어붙인다. 현실은 늘 이데올로기가 만들어낸 생산물이다. 지젝은 평등주의 질서를 생태학적 혼돈에 부여하는 일에 열정적으로 투신하라고 독자에게 요구한다.

지젝이 제시하는 철학적 구도에 들어가길 바라든 바라지 않든, 지젝의 입장은 여러 자유주의자와 뉴에이지 옹호자, 학자들을 깨우는 강력한 자명종 기능을 한다. 지젝은 이들이 정직하지 않다고 반복해서 꾸짖는다. 지젝은 자유주의 관점을 '기분 전환용 도덕주의'라며 조롱한다.(「생태학」, 177쪽) 하지만 지젝처럼 사태를 철학적 수준에서 논의하면 생태학적 실천을 강구할 때 곤란해진다. 에티엔 발리바르는 더욱 빠르게 변하는 세상에서 이론과 실천은 어느 때보다 융합되어야 한다고 주장하지만 지젝은 철학이 적용될 수 있는 상황과 일부러 거리를 두면서 철학적 분석을 수행한다.

그의 철학화하는 태도가 특정한 상황과 동떨어져 있다는 사실은 생태학에 대한 구체적 발언에서 분명하게 드러난다. 이를테면 생태학이란 용어도 실제로 정의한 적이 없고, 중국에는 씨앗을 먹는 새가 있다는 사례와 애스트라 테일러와 대담하면서 든 사례까지도 잘못 고른 것이다. 그는 진정한 생태학자라면 완벽한 정원을 만들고 싶다는 생각을 하면 안 된다고 비꼬듯이 말하지만, 자신의 생각과 달리 이 말은 진리에 더 가까운 것 같다.

'잔디 관리 회사인 쳄론Chemlawn'과 잡초 제거제를 이용하여 만든 완벽한 정원은, 완벽한 정원을 믿지 않는 자가 강박적으로 매달리는 대상이다. 그는 잡지에 실린 화려한 사진을 모방한다. "진정한 생태학자"는 자신이 사는 곳의 토지에 적응한 야생 식물을 선택할 것이다. 지젝은 테일러와의 대화에서 생태학자는 천연 우림에서 산책을 하고 물을 마신다며 조롱한다.(163-164쪽) 코카콜라 기업들이 홍보하고 판매하는 플라스틱 병으로 물을 마시는 사람들을 타박하면서 지젝이 한 충고는 당연히 박수받을 만하다. 그러나 천연 우림은 인위적으로 조성된 경우가 더 많을 것이다. 즉 더 빠르게 자라고 더 이윤을 많이 내도록 유전적으로 변형된 나무를 기르는 단일 재배의 결과일 것이다. 생태학적으로 "진짜" 우림은 조성된 천연 우림이 아니며 생태 기행자를 환영하지도 않는다. 진짜 우림에는 썩거나 죽어가는 나무가 가득하며 가시덤불이 우거지고 해충이 득실댄다. 지젝이 생각하는 혁명적 평등주의 정의는 생태학과 배제된 자를 하나로 모은다. 이것은 누구도 예상치 못한 발상으로서 환영할 만하다. 그러나 지젝의 논의는 지나치게 추상적이어서 헌신이나 행동보다는 지적 태도에 더 가까워 보인다. 들뢰즈와 가타리가 폴 비릴리오에게 동조하며 기술했듯이, 생태학을 사고할 때는 지금 상황에서 시작해야 한다. 들뢰즈가 보기에, 오늘날의 세상에는 더 이상 특권을 지닌 목소리가 없다. 예술도 마찬가지다. 정치적 미학에 생태학적 움직임이 종종 있는데도 그렇다. 예술조차 돈에 물들어 있다.(들뢰즈, 대담, 1995) 1990년대 초에 들뢰즈는 미시적 개입만 할 수 있다고 생각했다. 즉 세포질 속의 액포처럼 그저 다르게 생각할 여지만 있을 뿐이라고 진단했다. 데리다는 민주주의를 옹호하면서 민주주의는 절대 이념이며 경험적 실천들의 다발이라고 말했다. 따라서 들뢰즈에게는 생태학에 있어 미시 실천이 중요하다. 서식지를 복원하고 물을 끌어와서 가뭄과 기아에 대비하며 강제 퇴거에 저항하는 것이 미시적 실천이다. 반면 지젝은 미시적 실천을 사소하다고 평가한다. 아마 지젝의 논증에 등장하는 논리 범주 때문에 그렇게 평가한 것 같다. 지젝은 생태학자가 '그린 시크green chic'에 집착하는 자유주의자가 되어버렸다고 비난한다. 하지만 지젝 자신도 급진주의자나 에코 시크eco chic에 물들 수 있는 위험에 노출되어 있는 것이 아닐까? 화학과 생물학, 심지어 세련된 생태학이 제시하는 역동적 과정도 그런 위험에 노출되어 있지 않을까? 해방하는 주체를 논의할 때, 지젝이 다른 곳에서 칭찬한 에티엔 발리바르로 돌아갈 수 있다. 발리바르를 언급하면서 배제된 자가 포함된 자를 얼마나 꾸준히 압박하는지 다시 떠올릴 수 있기 때문이다. 배제된 자의 요구는 늘 거부되지만, 결국 이는 긴급하고 억누를 수 없는 것으로 남아 있다. 앞으로 가능성이 열리고 변화도 도래할 것이다.

지젝도 들뢰즈와 다르지 않게 사고하면서 차이를 찾아내고 교정을 시도한다. 생태학을 논의할 때, 지젝은 반복해서 말한 내용을 전달하면서 자신이 저지른 모순까지 말한다. 애스트라 테일러는 지젝에게 관점이 너무 자주 바뀐다고 지적한다. 지젝은 몇 분 만에 "이 세상을 사랑해야 한다"고 대답했다가, 곧 "이 세상을 미워해야 한다"고 말했다. 그러자 지젝은 그녀가 자신이 원하는 것도 선택하고 무엇이든 도움이 되는 것도 선택해야 한다고 대답한다. 다른 대담자에게는 입장을 바꾸는 것을 겁내지 말아야 한다고 말하기도 한다. 계속 반복되면 새로운 가능성들이 생겨날 수 있기 때문이다. 지젝에게는 이것이 영원한 이념이다. 우리는 진리를 곧바로 얻을 수 없다. 진리를 얻으려면 늘 선택해야 한다. 선택을 잘못하더라도 때로 선택을 똑바로 할 수 있는 조건이 마련된다. 하지만 이 철학자는 오늘날 우리는 자유주의적 위계 질서와 평등주의적 테러 가운데 하나를 선택해야 한다고 생각한다. 최악의 선택을 하고 나서야 비로소 새로 선택할 기회가 열린다는 것이다. 그러면 오늘날 공산주의의 이념이란 무엇인가? 지젝에 따르면, 경험적 수준에서 그것은 항상 베케트이다. 그는 베케트의 문장을 소환한다. 늘 실패하고 다시 시도하라. 조금씩 더 나은 방식으로.(85)

이것은 생태학의 이념이 될 수 있을까? 오늘날 우리는 생태학을 어떻게 사고할 수 있을까? 자유주의적 태도를 취할 위험이 있더라도 우리는 다음과 같은 가설을 제시할 수 있다. 생태학자는 '경험적' 차원에서 작업할 때, 지젝이 제안한 방법과 비슷하게 작업해야 한다. 생태학은 지구와 지역을 넘나들면서 다른 여러 영역에 관여한다. 이를테면 공해와 인간, 자연, 식물의 생존과 함께 오염을 유발하는 기술들을 바꾸는 문제 '등'에도 관여한다—지젝이 즐겨 사용하는 접속사가 바로 '등'이다. 오늘날 세계 도처에서 활동하는 생태학자는 단순한 뉴에이지 신봉자와는 달리 '신념'을 품고 있다. 지젝이 행동을 위해 꼭 필요하다고 여긴 신념을 가지고 있다. 우리에게 새로운 정치인이 필요하다는 지젝의 제안에는 더욱 동의할 수 없다. 하지만 배제된 자를 자주 지원하는 풀뿌리 생태학자는 지금까지 시행착오를 거치며 늘 변하는 진리에 접근한다고 말할 수 있다. 지젝이 즐겨 인용하는 베케트의 인물이 있는데, 풀뿌리 생태학자도 그 인물과 같은 상황에 있다. "실패할 것이다. 그래도 계속해야 한다."

（7장）

지적과 파롱
자기를 해치는 폭력

에릭 포크트

ERIK VOGT

CURRENT PERSPECTIVES IN
ŽIŽEK STUDIES

Slavoj Žižek

필자는 지젝과 파농이 제시한 폭력 개념들을 살피면서 이 개념들이 상대방의 개념을 서로 조명해주는지 검토할 것이다.[1] 하지만 그들 각자가 폭력을 다루는 방식을 각각 나타낼 수 있다고 주장하는 것이 아니라 그들이 제시한 정치적 분석은 서로 다른 이론적 틀을 사용하고 있지만 예리한 비판으로 수렴된다고 논증할 것이다. 즉 그들은 자본주의를 추구하는 신식민주의 체계 중심에 객관적·체계적 폭력이 도사리고 있지만 그 폭력은 위장된 채 인지된다고 지적한다. 주관적 폭력이 다양하게 표출될 때, 그것을 정치와 무관하게 표상하면 객관적·체계적 폭력을 대체로 위장할 수 있다. 일부 주관적 폭력은 정치적 무기력을 표현한다고 볼 수 있는데, 주체는 정치적으로 무능한 나머지 행동으로 도피passage a l'acte하면서 주관적 폭력을 휘두른다. 파농과 지젝도 이 견해에 동의하지만 행동으로 도피하면서 휘두르는 폭력은 어떤 사회 정치적 궁지를 과감하게 정치화하는 자리가 될 수 있다고 주장한다. 특히 그들은 다음의 견해에도 동의하는 것 같다. 그저 기존 억압 체제를 계속 유지할 뿐인 위반 행동에서 벗어나, 진짜 정치를 위한 기회를 만드는 폭력으로 이행할 때, 그것은 억압받고 착취당하는 주체가 "자신에게 폭력을 가하는" 모습으로 나타날 수 있다. 더구나 자신을 해치는 폭력에는 정치 집단이 만들어지는 주체화 가능성이 씨앗처럼 잠재되어 있다. 저항 세력과 배제된 군중, 자신을 "대지의 저주받은 자"로 여기는 지식인들이 엄격한 평등주의를 공유하면서 서로 만날 (수 있을) 때, 정치 집단이 구성되는 주체화가 일어난다—자신을 해치는 폭력이 일차적으로 겨냥하는 환상 때문에 주체는 스스로 복종하고 억압당한다. 예를 들어 특정한 문화적 정체성이나 심지어 민족 정체성이 자본주의를 추구하는 신식민주의 체계에서 벗어날 대안을 제시할 거라는 환상에 사로잡힌 주체는 스스로 복종할 것이다. 정치 집단을 구성하는 새로운 주체화가 자생적 자발주의로 끝나버리지 않으려면, 정치 조직에 맞는 구조들을 만들어내야 한다. 그렇게 해야 진정으로 보편적인 정치를 시작하고 정착시킬 수 있을 것이다. 더구나 파농과 지젝은 모두 기존 문화와 인종, 민족의 차이가 탈식민주의 보편 정치의 기획에 여전히 의미가 있음을 거부하지 않는다. 다시 말해, 그들은 전투적 주체가 자신이 속한 문화와 문명에 숨겨진 억압하고 억제하는 중핵에 맞서 평등주의를 내세우고 함께 영역을 가로지르며 투쟁함으로써 오히려 그 차이가 유지되는 한 이는 계속 중요하다고 주장한다.

객관적·체계적 폭력과 마주 선 주관적 폭력: 주관적 폭력의 양가성

오늘날 탈정치 사회는 '전체주의적' 보편 정치의 초기 형태를 거뜬히 극복했을 뿐 아니라, 폭력이 정치적으로 중대한 문제를 더는 야기하지 않는다고 암묵적으로 확신한다. 탈정치 사회는 '평화로운' 실용적 토의와 협상으로 합의를 추구하며, 폭력이 정치적으로 중요한 문제를 만들지 않는다는 이데올로기적 확신을 은밀히 전제한다. 다시 말해, 역설적으로 오늘날 폭력은 부인된 모양새로 나타난다. 먼저 시장의 힘에는 객관적, 익명적 기계로서 스스로 자기 길을 간다는 유사 자연주의적 형태의 폭력이 있고, 다른 문화와 인종이 다문화주의와 심지어 탈식민주의가 인정되는 상황에서 결국 공존하게 되었다는 널리 퍼진 그럴듯한 주장으로서의 폭력도 있다. 다른 한편, "과다하고" "비합리적"으로 분출되는 폭력이 있다. 이는 현재 사회경제적 질서와 종속과 배제의 신식민주의적 구조의 지속과 무관하다고 가정되며 여러 다른 종류의 국가 치안 활동을 명령함으로써 처리된다. 말하자면, 우리는 익명적·사회경제적 기계와 대면한다. 이 기계가 "의미를 분산해버리는 바람에" 다수의 인민은 인지 지도를 그리지 못한다. 그리고 주관적 폭력이 완전히 '맹목적인' 반대의 모양으로 표출되고 있다.(지젝 2008: 67-68) 자연화된 사회경제적, 신식민주의 체계가 저지르는 객관적이고 익명적인 폭력과 "무의미한" 주관적 폭력 양식은 서로 보완하는 탈정치적 양극이다. 그런데 양극 가운데 한쪽에 의해 미리 저지당하지 않을 정치를 위한 (어떤) 공간도 (더는) 없는 것 같다.

따라서 폭력은 정치 현상이며, 최근 서구 사회와 여타 사회에서도 정치 현상으로서 계속 작동한다. 하지만 정확히 이 사실이 오늘날 완전히 흐려져 제대로 이해되지 않고 있다. 그런 까닭에 급진 정치사상은 "폭력 위상학이 개념적으로 어떻게 발달하는지" 냉정하게 파악하는 것을 가장 중요한 과제로 삼아야 한다. 이 과제를 수행하려면, 눈에 보이는 '개인' 폭력에 현혹되지 않으면서 '객관적'·체계적 폭력을 드러내야 한다. 오늘날 사회경제 질서는 '정치적으로 중립'이며 폭력적이지 않다고 하지만 바로 이 질서 뒤에 객관적·체계적 폭력이 숨어 있다.(지젝 2008: 3) 그러나 객관적·체계적 폭력을 드러내려면, 관점을 바꿔 개인의 폭력과 객관적 폭력이 맺은 복잡한 관계를 변증법으로 분석해야 한다. 이렇게 변증법으로 분석할 때, 주관적 폭력은 (종종) 폭력에 대항하는 폭력으로서 널리 퍼진 객관적 폭력에 대한 대응임을 증명할 수 있다. 더구나 이렇게 변증법적으로 조사할 때만 주관적 폭력에 내제된 진정한 정치적 차원을 식별할 수 있다. 그래서 '비합리적으로' '지나치게' 폭력을 남발하는 현상을 최근 사회경제적 신식민지 체계가 휘두르는 구조적 폭력의 보완적 양상으로 파악해야 한다. 사회경제적 신식민지 체계는 숨 쉬기조차 힘들

만큼 사회경제적 울타리를 치면서, '자동으로' '자연스럽게' '잉여' 인간과 집단을 더 많이 만들어내는 것 같다. 잉여 인간과 집단은 사회가 밑바탕부터 양극화되면서 배제된다. 따라서 변증법으로 현대사회의 폭력을 분석하면서 보편 정치의 기획을 다시 그려내려고 할 때, 우리는 '맹목적으로' 폭력을 분출하는 행위 안에서 '생성되는 보편성'이 가능함을 깨달아야 한다.

> 보편성이 존재하려면, 보편성이 스스로 '정립'되려면 길은 하나뿐이다. 보편성은 자신과 완전히 반대되는 모양으로 나타나야 한다. 즉 지나치게 '비합리적' 변덕으로서 나타날 수밖에 없다. 이렇게 폭력적으로 **행동으로 이행하는 것**은 밑바탕에 깔린 적대를 증언하는데, 이 적대는 적당한 정치 용어로 기술되며 더는 상징으로 표현될 수 없다. 이렇게 지나치게 비합리적으로 폭력이 분출하는 것에 대응하는 유일한 길은 모든 것을 포용하고 관용하겠다는 탈정치적 논리 안에 미리 배제된 것이 있는지 조사해보고, 이 배제된 차원을 어떤 새로운 정치 주체화 양식 안에서 되살리는 것이다.(지젝 1999: 204)

지젝은 2005년 가을 파리 교외에서 일어난 폭동을 설명하는데, 이것은 방금 인용한 주장을 잘 보여주고 있다. 사람들은 정치적 요구와 사회경제적 요구를 하지 않은 채 그저 '의미 없이' '맹목적으로' 폭력을 휘둘렀다. 이 폭동은 "행동으로의 도피"를 완벽하게 그려내는 사례로 보인다. 행동으로의 도피란 "좌절감을 견딜 수 없어 일단 무조건 행동하며, 말이나 생각으로 표현하지 못하는 상태"를 뜻한다.(지젝 2008: 65)[2] 폭동은 세밀한 사회경제적 목표를 추구했다기보다 "그저 자기 행동을 봐달라고" 호소했다.(지젝 2008: 65) 폭동에 가담한 이들은 사회경제적 영역에서 배제되어 있는데, 포함과 배제라는 신식민주의적 장벽이 여전히 존재한다는 사실에 도전했다. 그래서 프랑스 안에도 프랑스식 신식민주의가 계속 존재하며 더는 무시하면 안 되는 문제라고 이를 지적했다.[3] 따라서 폭동 가담자가 휘두른 폭력은 그저 "공허하지" 않았다. 그들은 자신을 봐달라고 요구하면서, 신식민주의를 추구하는 프랑스 공화국에서 배제당했다고 외쳤다. 이는 이들의 주장을 인정해달라는 요구로 번역할 수 있다. 인정 요구는 인정을 보장하는 새로운 보편적 구조를 정치적으로 구성해야 한다고 암묵적으로 요청한다.

더구나 프랑스 폭동 가담자가 보여준 행동으로의 도피는 신식민주의적 사회경제 착취와 억압이 프랑스에서 계속되고 있음을 알린다. 이 도피는 다음 사실을 보여준다. '비합리적' 폭력 분출은 신식민주의적 사회경제 상황이 휘두르는 폭력에서 거리를 두고, (그 후에) 일정한 정치화가 진행될 공간을 열 수 있다. 이 정치화는 기존 사회정치 체계를 단순히 개혁하는 것에 그치지 않고 근본 구성을 변혁하도록 밀어붙이는 정치를 할 기회를 만들어낼 수 있다. 이런 진짜 정치로 이행하는 것이 중요하다고 보기 때문에, 지젝은 "프란츠 파농이 품은 반식민주의적 문제의식"으로 돌아가자고 주장한 것 같다.(달리와 지젝 2004: 121) 파농이 제시한 반식민주의 정치는 (개별 이데올로기가 만들어낸 궁지를 깨버리는 외상적) 폭력이 반드시 필요하다는 중요한 통찰을 담고 있을 뿐 아니라 (사회를 변혁하는) 정치 폭력을 '부정성이 일궈 낸 작업'이라고 정의한다.(달리와 지젝 2004: 121) 부정성이 일궈 낸 작업이란 주체를 이루는 재료를 과감하게 바꾸는 행위를 뜻한다. 한편 개별 이데올로기가 만들어낸 궁지를 깨버리는 외상적 폭력을 종종 무시하거나 강하게 비판하는 일부 후기근대 사상가와 탈식민주의 사상가가 있다.[4] 그러나 파농의 (반식민주의적) 폭력 이론이 여전히 중요하다고 할 때, 어떤 뜻에서 중요한 걸까?

(신)식민주의 환상과 정치적 과잉 동일시

『검은 피부, 하얀 가면』에서 파농은 먼저 식민지 지식인의 관점을 고수하면서, '식민화된' 흑인이 사람들의 시야에 나타나게 하려고 애쓴다. 즉 파농은 '식민화된' 흑인은 인종주의를 추구하는 식민주의 체계에 의해 거칠게 배제되었지만, 인종주의적 식민주의 체계에 대항하는 흑인 주체가 될 수 있음을 증명하려고 한다. 인종주의를 추구하는 식민주의는 흑인을 "자신이 책임을 질 수도 없는 본질, 즉 겉모습의 영원한 희생자"라고 규정하기 때문에, 먼저 흑인은 "흑인의 정체성을 정의하려는 자들에게 '아니오'라고 말해야 한다".(파농 1967: 35; 36) 또한 흑인이 유럽인이 부과한 분리 정책을 받아들여 '인종의 색깔에는 위계가 있다는 원리에 복종할 때에만, 인종주의를 추구하는 식민지 기구는 흑인 주체를 사회에 통합시킨다. 따라서 이런 전략에서 벗어나려면 흑인 주체는 자신을 있는 그대로 '알려야 한다'.(파농 1967: 82-83; 115) 인종주의적 식민주의는 흑인의 문화나 역사가 절대 존재하지 않는다고 가정한다. 이런 환경에서 흑인이 자기 존재를 인정받으려면 어떻게 해야 할까? 파농은 이 문제를 고민하며, "흑인 문명이 있다는 사실을 백인 세상에" 기어이 증명해 보이는 것을 고려하게 된다.(파농 1967: 34) 파농은 이 구상을 전개하면서, 식민화된 지식인이 네그리튀드négritude(흑인다움 ― 옮긴이) 운동에 참여하는 방식에 먼저 주목한다.[5] 여기서 식민화된 지식인은 '흑인the negro'을 복권하는 '흑인 문화'와 대면한다. 이 문화 덕분에 그는 인정받을 수단을 얻는다. "결국 나는 인정을 받았고 더는 텅 빈 존재가 아니었다."(파농 1967: 129)

그러나 파농은 장폴 사르트르의 작품인 「검은 오르페Black Orpheus」를 접하자마자, 네그리튀드 덕분에 얻은 흑인의 자기 정체성을 도둑맞았다고 느낀다. 파농은 흑인의 자기 정체성을 네그리튀드라는 주관적 폭력으로 얻는다고 생각했다. 인종주의를 추구하는 식민주의자가 흑인에게 부과한 부정적 가치를 긍정적으로 재평가하는, 인종주의자에 반대하는 인종주의로 흑인의 자기 정체성을 획득한다는 말이다. 하지만 사르트르의 작품에서 이렇게 획득한 흑인의 자기 정체성은 그저 '변증법의 한 단계'일 뿐이다.(파농 1967: 132) 사르트르는 네그리튀드가 휘두르는 주관적 폭력이 그저 상대적이라고 단언하면서 결국 무시해버릴 뿐 아니라, 파농이 기술하듯이, "이 타고난 헤겔주의자는 의식이 절대자라는 어두운 밤에 자신을 잃어버려야만 자기에 대한 의식에 도달할 수 있음을 망각했다".(파농 1967: 133-134) 사르트르는 흑인이 구사하는, 인종주의자에 반대하는 인종주의를 유사 변증법으로 해석하고 극복해버리는데, 그의 방법은 인종과 무관한, 추상적 '탈식민주의' 종합에 도달하는 것을 너무 빨리 목표로 삼아버린다. 그래서 흑인의 반인종주의적 인종주의 안에서 지지되는 주관적 폭력과 그것이 구성하는 흑인의 자기 정체성이라는 중요한 차원을 놓쳐버리며, 폭력적이고 인종주의적인 식민주의가 구성한 흑인의 정체성이 그들의 존재와 사회적 실존까지 결정해버린다는 것을 인지하지 못한다.

이런 이유로 파농은 "네그리튀드에 몰입"할 필요가 있다고 주장한다.(BS 186) 그러나 네그리튀드에 몰입하는, '비합리적' 분출의 목적은 (잃어버린) 안정된 인종적·문화적 자기 정체성을 회복하거나 주장하려는 것이 아니라 인종주의적 식민주의 억압에 도전하는 급진 정치를 구성하려고 첫걸음을 떼는 것이다. 식민화된 지식인은 식민주의 억압과 착취의 자리를 재검토함으로써 기존 인종주의적 식민주의 체계에서 한 걸음 물러난다. 그러고 나서 그가 탈식민화 운동에 동참한다면, 네그리튀드가 인종주의적 식민주의에 맞서는 저항 문화의 동력이라고 더는 오인하지 말아야 한다. 식민화된 지식인은 오히려 네그리튀드에 내재된 애착을 재상연하고, 그 애착과 과잉 동일시[6]해야 한다. 네그리튀드는 인종주의적 식민주의의 사회적 상징질서에 특별한 리비도적 애착을 갖는다. 예를 들어 네그리튀드는 '흑인'이나 '아프리카' 같은 (자기) 정체성을 구성한다고 가정되는 속성과 실천을 불러내려고 한다. 이런 속성과 실천은 조사해도 쉽게 발견되지 않는 불가사의한 실체다. 과잉 동일시는 네그리튀드를 환상처럼 꾸며진 과거나 도래할 집단 정체성으로 은밀하게 조직하는 암묵적 전제와 규칙을 문자 그대로 드러내면서, 네그리튀드가 인종적, 문화적 환상으로서 어떻게 식민주의와 공모하는지 폭로할 때 온전한 전복적 효과를 낼 수 있다. 더구나 식민화된 지식인이 네그리튀드가 만들어낸 환상 안에서 "압력과 분리 정책, 억압, 강간, 차별, 방해"를 간파하려고 한다면, 환상과 과잉 동일시하는 것이 필요하다. 그러므로 식민화된 지식인은 "아래로 내려가" 네그리튀드의 밑바닥에서 무슨 일이 벌어지는지 봐야 한다. "오직 그때에만 식민화된 지식인은 '위로 올라갈 수 있다.'"(파농 1967: 195)

이렇게 네그리튀드의 환상을 정의하는 리비도적 요소와 과잉 동일시할 때, 식민화된 지식인은 다음의 사실을 깨닫게 된다. "재발견된 아프리카 문화"에 호소해 문화와 인종 영역에서 인정받으려는 욕망은 문화적·인종적 정체성이라는 물신에서 나오며, 흑인 주체나 아프리카 주체를 반식민주의, 심지어 '탈식민지' 이데올로기의 숭고한 대상으로 고정시켜버리는 행위에서도 나온다. 이 행위는 식민지 체계 안에서 이루어지는 위반에 불과하다. 그래서 파농은 식민화된 지식인을 더 강하게 비판한다. 그들은 심지어 식민지에서 벗어나려는 과정에서도 네그리튀드라는 대의에 심하게 집착하기 때문이다. 파농은 이렇게 말한다. "식민화된 지식인은 서구 문화의 정점에 서서 자기 문화가 존재한다고 증명하려 한다. (…) 그것도 (…) 아프리카 문화를 명분으로 내세우며 그렇게 한다."(파농 2004: 150) 말하자면, 식민화된 지식인은 네그리튀드라는 이데올로기를 불러들여 "식민주의의 독침을 피하려" 하지만 오히려 식민주의 논리 규칙에 "정확히 복종"한다.(파농 2004: 150) 네그리튀드라는 이데올로기를 뒷받침하는 기초는 인종이며, 순수하게 동일한 문화가 있을 것이라는 가정이다. 식민화된 지식인이 식민주의 논리에 정확히 복종하는 모습은 다음과 같은 상황에서 특히 분명하게 드러난다. 식민화된 지식인은 식민지에서 벗어났으나 분열되고 방황하는 사회로부터 "탈식민주의" 공동체를 만들기 위해 네그리튀드를 동원해 향락을 특정하게 조직한다. 그런데 이 공동체는 지젝이 라캉을 따르면서 정의한 "사물로서의 민족"에 의해 하나로 뭉친다.[7] "교화된 계급으로서 식민화된 지식인은" 먼저 "민족 문화가 인정받는 것에 관심을 가지며, 민족 문화가 존재할 권리는 식민화된 지식인이 즐겨 찾는 근거"라고 파농은 지적한다.(파농 2004: 147) 이때 그는 식민화된 지식인이 구축하려는 민족이나 '아프리카' 신화를 거부한다. 식민화된 지식인은 사물로서 존재하는 '민족'이나 '아프리카'를 즐기는 배타주의적이고 미적인 이데올로기 관행[8]으로 민족이나 아프리카 신화를 구축하려고 한다.[9] 그는 지젝처럼 이런 유의 민족주의에 도사린 위험에 주목한다. 예를 들어 네그리튀드를 미적·문화적 도구로 삼아 인종과 문화가 분화된 공동체를 (다시) 세우려 할 때, 개인과 집단은 결국 단일한 동질 문화를 담지하는 주체일 뿐이라고 전제해야 하며, 문화 전통과 문화적 뿌리라는 인류학적 보편자에 의존해야 한다. 또한 네그리튀드는 사물로서 민족을 구성하려는 (과거와 현재의 유럽이 추구하던) 기획과 은근히 친화적이다. 사실 이 기획에는 문제가 상당히 많다. 사물로서 민족 안에서 인종(차별)주의는 환각의 고리를 만들어, (영광스러운 과거) 문화에서 사라져버렸다고 가정된 환상적 지점을 끊임없이 찾아내도록 부추기기 때문이다.[10]

따라서 네그리튀드는 탈식민주의적 민족주의가 만들어낸 문화 환상으로서 정치적 궁지일뿐더러 "종종 배타주의의 저장고"에 지나지 않는다.(파농 2004: 160) 정치적 궁지로서 네그리튀드는 식민주의의 뒤집힌 이미지로서 진정한 반식민주의 정치의 필요와 관련하여 정치적 "무책임성"을 드러낸다. 결국 네그리튀드는 (문화와 인종, 민족주의를 지향하는) 정체성 정치로서 (오랜 역사를 자랑하는) 인정의 "정치"를 영속시킨다. 하지만 이 정치에는 모든 진정한 정치를 구성하는 핵심 특징도 없으므로, 자유를 위한 폭력적 투쟁도 없다.[11] 따라서 식민화된 주체는 "죽음의 경련과 극복할 수 없는 소멸"을 감수할 수밖에 없다. 요컨대, 네그리튀드의 문화적 정책들은 문화정치가 반식민주의를 추구하는 전투에서 분리된 채 (서구) 식민주의가 남겨놓은 부르주아 개인주의와 엘리트주의를 오히려 긍정하기 때문에, 네그리튀드 자체는 식민지 종속에서 해방되기 위한 충분조건이 될 수 없다.[12] 이를 고려할 때, (자유주의 부르주아) 대의제를 옹호하며 네그리튀드를 지지하는 자가 반식민주의를 추구하는 급진 정치의 특징인 '불가능성의 가능성'을 왜 끝내 파악하지 못하는지 해명할 수 있다.(파농 1967: 218)

자신을 해치는 폭력,
진정한 정치적 주체화로 가는 길

파농은 진짜 반식민주의 정치를 자세히 해명하면서, 진정한 반식민주의 정치는 식민지에서 벗어나는 과정에서 '불가능성의 가능성'으로 기능한다고 말한다. 탈식민화는 항상 폭력적 사건이다. 종합되거나 화해될 수 없는, 적대하는 두 세력이 완전히 분열된 식민주의의 세상에서 싸우면서 탈식민화가 일어난다고 생각할 수밖에 없기 때문이다.(파농 2004: 1, 2)

식민주의는 식민화된 지식인에게 환상을 심어주는데, 이 환상 덕분에 그는 식민지에서 벗어난 후에도 식민지 체제에서 나오는 잉여 향락에 가담하여 이익을 취한다. 그런 까닭에 식민화된 지식인은 자기가 받는 억압을 지지하고 유지한다. 더구나 그는 식민지에서 벗어나는 과정에서도 "식민지를 만든 자들이 옹호하는 추상적 보편 가치"를 종종 받아들이며, "식민지를 만든 자와 식민 통치를 받는 자가 새 세상에서 평화롭게 살도록 기꺼이 싸울 것이다".(파농 2004: 9) 추상적 보편 담화는 식민지에 존재하는 적대관계를 부인하면서, 식민화된 지식인이 신식민주의 체계에서 어떤 적당한 자리도 차지하지 못한 다른 사람들과 거리를 두면서 존재한다는 사실을 결국 증언할 뿐이다. "농부와 실업자, 굶주린 자. 그러나 그들의 존재가 곧 사태의 진리다."(파농 2004: 13) 자유주의와 인본주의 유산의 전통적 요구를 담고 있는 추상적 보편 담화는 갇혀 있는 식민화된 주체를 온전히 해방시키지 못할 것이다. 반면, 억압받고 억제하는 식민화된 주체성이 반식민주의 투쟁의 중심에 서는 주체성으로 변화할 때, '자기를 해치기'는 중간 단계에서 일어나야 할 사건이다. 여기서 지젝의 통찰이 돋보인다.

> 위험을 무릅쓰고 아파하는 타인에게 곧바로 손을 내밀려면, 타인을 미리 배제하고 추상적으로 만들어버리며, 타인이 겪는 고초와 고통을 모른 체하는 행위를 먼저 중단해야 한다. 아파하는 타인에게 곧바로 손을 내미는 몸짓은 우리 정체성의 중핵을 흔들어놓기 때문에 너무나 폭력적으로 보일 수밖에 없다. 그런데 자기를 해치는 행위에는 또 하나의 차원이 작동한다. 즉 주체는 자기를 해치면서 배설물 같은 존재와 자신을 동일시한다. 이것은 잃을 것이 없는 프롤레타리아의 자리에 서는 것과 같다.(지젝 2002: 252)

더구나 '자기를 해치기'[13]는 억압받는 상태가 억압받는 자를 위한 잉여 향락을 생산하는 리비도적 애착에 의해 지탱된다는 것을 드러낼 뿐 아니라, 해방은 "몸으로 표현함으로써" 일어나야 한다는 사실도 보여준다.(지젝 2002: 253) 물질이 관여하는 실천을 고려하지 않고 억압을 사유할 수 없기 때문에, 우리는 몸으로 상연함으로써 해방해야 한다. 지젝은 객관적 폭력에 내재된, 외상을 일으키는 물리적(사회상징적) 차원을 강조하면서, 주체가 행하는 대항 폭력의 신체적 측면도 중요하다고 지적한다. 더구나 몸은 사회상징적 영역에서 분리될 수 없다. 파농 역시 이렇게 주장한다. 식민화된 주체가 휘두르는 주관적 폭력도 마니교스러운 폭력을 행하는 식민지 체제 안에서는 활력을 잃은 채 정지해 버릴 수밖에 없다. 그래서 식민화된 주체의 주관적 폭력은 일단 "억센 꿈으로, 활동적인 꿈으로, 공격적인 활력이 넘치는 꿈으로" 나타난다.(파농 2004: 15) 지젝은 파리 교외에서 폭동을 일으킨 이들이 대부분 스스로에게 폭력을 가했다고 지적한다.(지젝 2008: 64) 파농도 똑같이 주장한다. "식민화된 주체는 먼저 이 공격성을 연마할 것이다. (⋯) 자기 민족을 공격하려는 성향을 연마할 것이다." "부족과 씨족, 개인이 피를 흘리며 싸우는 일은 주기적으로 발생하는데", 여기서도 자기 민족과 가족을 공격하는 모습을 확인할 수 있다.(파농 2004: 15, 17) 이렇게 자살하듯이 행동으로 도피하는 현상과 함께 파농은 집단이 "'머리를 모래에 처박는' 행위"를 언급한다. 파농은 그저 운명이라 여기며 '종교'와 '신화' '마술' '광란의 춤' '내림굿'에 의지하는 것은 집단적으로 머리를 모래에 처박는 행위라고 지적하며 그것을 거부하라고 말한다.(파농 2004: 19-20)

이 집단적 대체 행동은 내적 위반을 보여주는 사례가 아닐까? 집단적 대체 행동은 식민지 체제가 그저 안전하게 유지되도

록 돕는 조치가 아닐까? 이 행동은 식민주의와 식민화된 주체
의 외설적 이면을 상연만 하고 있지 않은가? 집단적 대체 행동
의 엄격한 특성은 "진정한 (…) 혁명의 가능성을 오히려 반박하
는 증거가 아닐까? 다시 말해, 집단적 대체 행동이 보여주는 과
잉 에너지는 놓쳐버린 혁명의 기회를 ('무의식적으로') 인지하는
것을 꺼리는 반응으로 볼 수 있다."(지젝 2002: 256) "벽에 세우
고 목에 칼을 들이대며, 더 정확히 말해 전극봉을 성기에 들이
대는" 폭력을 당할 때, 식민화된 주체는 이야기를 늘어놓는 짓
을 중단해야 한다고 깨닫는다.(파농 2004: 20) 바로 이때 집단적
대체 행동에 대한 변혁적 접근도 시작된다. 말하자면, "몽롱하게
몇 해가 흐르자 (…) 식민화된 주체는 (…) 결국 자신을 공격하
는 유일한 세력을 마주하게 된다. 바로 식민주의와 대면한 것이
다."(파농 2004: 20) 식민화된 주체는 폭력에 물든 식민주의 현실
을 발견하고, "스스로 행동하고 계획하며 해방을 위한 의제를 세
워서 식민주의를 변혁한다".(파농 2004: 21) 이렇게 발견된 식민
주의의 현실은 모순에 빠져 결국 무기력해 보인다. 그런데 식민
주의의 무기력한 모습은 식민주의에 저항하는 주체와 집단을 더
억압하고 탄압하는 행태로 나타난다. 더구나 억압은 대립 구도
를 바꾼다. 식민화된 주체가 '실천'하기 전에 '막연하게' 휘두르는
폭력은 행동으로의 도피 같은 성격을 띠지만, 막연한 폭력이 실천
으로 변하고 나면, 식민지 체제가 무능한 나머지 휘두르는 과도
한 폭력이 행동으로의 도피 같은 성격을 띠면서, 식민주의는 "(더
는) 존재하지 않는다"는 사실을 거의 숨길 수 없게 된다.

식민화된 주체가 폭력을 절대적 실천으로 이해할 때, '막연한' 폭력은 '능동적' 폭력으로 바뀐다. "사소한 부분에 몰두하는 구경꾼이 폭력을 체험하면서 특별한 위치에 있는 행위자(인 노동자)로 바뀔 때", 막연한 폭력은 능동적 폭력으로 이행한다.(파농 2004: 2, 44) 그러나 폭력이 곧 자신을 해치는 폭력으로 파악되고, 식민화된 주체가 자신을 해치는 폭력을 체험하면서 자기 환상을 확인하며 관통할 때, 비로소 능동적 폭력은 식민화된 주체를 진정으로 해방할 수 있다. 환상을 관통하려면, 자신의 상상적·상징적 정체성을 잃을 수 있는 위험을 감수해야 한다. 식민주의에 반대하는 투쟁에 참여하는 식민화된 주체가 처음에 즉흥적으로 반응을 보이다가 나중에 능동적으로 폭력을 행한다면, 그 주체는 생존과 죽음에 대한 공포에 더는 매이지 않는 영역에 접근할 수 있을 뿐 아니라, (실현되지 못한) 혁명 가능성인 잉여 향락을 이 영역 안에서 다시 정치와 연결할 수 있다. 파농은 이렇게 마무리한다. "이 폭력이 식민지 시대 내내 언제 터질지 모르는 폭탄처럼 위태롭게 보이지만 힘을 발휘하지 못함을 목격했다. 이 폭력이 그저 춤이나 신내림처럼 감정으로 표출되는 것도 보았고, 이것이 형제자매를 살해하는 싸움으로 스스로 소진되는 것을 지켜봤다. 이제 이 폭력이 스스로 바뀌도록 이를 장악해야 한다. 이 폭력은 한때 신화 속에서 날뛰고 집단 자살에 이르는 길을 기획하기도 했으나, 새로운 환경에서 방향을 바꿀 수 있을 것이다."(파농 2004: 21)

폭력과 정치적 조직화의 문제

바로 앞서 인용한 '새로운 환경'이란 단어는 혁명적 폭력이 어떻게 지속될 수 있는지를 묻는다. 즉 혁명적 폭력이 지속되려면 어떤 환경과 어떤 상황이 조성되어야 할까? 이 문제는 정치 조직화와 뗄 수 없이 붙어 있다. 이 질문에 적절하게 답하지 않는다면, 식민지 반대 투쟁은 "이 투쟁에 포함된, 끔찍한 반동적 행태에 오염된 맹목적 주의주의"에 굴복할 것이기 때문이다.(파농 2004: 21) 파농은 식민화된 주체의 폭력을 조직하는 힘을 연합에서 찾는다. (농촌 지역의) 대중과 룸펜 프롤레타리아트, 불법을 저지를 수밖에 없는 도시의 혁명론자와 지식인들이 연합할 때 폭력을 조직할 수 있다는 뜻이다. 이들은 연합하여 정치 조직을 이루고 "겉모습만 화려한" 초기의 주의주의를 극복해야 한다. 이 주의주의는 "식민화된 인민을 오직 절대 주권에 복종하는 쪽으로 이끌어갈 수 있고", 과거사를 고려할 때 대단히 취약하다는 것이 증명되었기 때문이다.(파농 2004: 88) 파농이 지적하듯이, 반란을 이끄는 지도자는 당의 조직 원리를 적용하여, 자생적으로 일어난 반란을 통제하고 이끌어가야 한다.(파농 2004: 126-127) 그래서 당의 정치 조직 안에서 비로소 '민족의식'이 생겨나 인민이 조직되고 동원될 수 있다. 그러나 이때 생겨나는 민족의식은 네그리튀드를 내세우는 인종중심적 민족주의를 거부하고, 반자본주의를 추구하는, 보편적 국제적 사회주의를 과감히 껴안아야 한다.[14] 그래서 파농은 탈식민주의 정치를 조직하는 구조는 대중과 투사, 지식인이 평등주의를 공유하며 만나는 자리에서 생겨나야 한다고 말한다―여기서 지식인은 과거에 배제되었던 대중과 자신을 동일시하는데, 이 대중은 지식인이 참조하는 정치 준거다. 파농은 혁명 초기에 당이 정치 형식의 중심으로 기능해야 함을 인정하지만 탈식민지 시대에는 당의 권력을 분산시키고 당 조직을 민주화해야 한다고 강조한다.[15]

여기서 파농다운 정치는 지젝다운 정치와 한 번 더 수렴된다. 지젝도 이렇게 주장한다. 배제되고 "와해된 빈민가의 대중"과 "가난해서 아무것도 가지지 않은 자가 (…) 도래할 정치의 주된 지평을 구성한다". 이 대중이 여러 다른 행위자와 정치적으로 조직되고, 그들의 혁명적 힘이 새로운 사회정치적 질서로 변형될 수 있다면, 그들은 도래할 정치의 지평을 구성하는 주요 요소가 될 것이다.(지젝 2008a: 426)[16] 그렇다. 지젝은 정치 조직화의 새 형태를 상세히 해명하면서 '프롤레타리아 독재' 개념에 도움을 요청한다. 이렇게 중앙집권적 국가로서 당에 호소한 것은 파농의 정치 기획과 뚜렷이 다른 것 같다. 그러나 이 겉모습을 믿으면 오해하게 된다. '프롤레타리아 독재'는 대중이 (민주주의를 따르며) 새롭게 참여해 국가 자체를 완전히 변형하자는 뜻이기 때문이다. 지젝은 볼리비아의 모랄레스 정권과 네팔의 마오주의자 정권, 베네수엘라의 차베스 정권에 대해 설명하는데, 서로 다른 이 정권들은 권력을 국가와 다르게 행사하는 데 성공했다. 이 정권들은 자유주의다운 민주주의 대의제와 정당 정치를 거치지 않고 정권 지지자들을 곧바로 동원했다.(지젝 2009b:

155)[17] 예를 들어 우고 차베스는 빈민가 거주자들을 정치와 연결 시키는 데 성공했다. 지젝은 차베스가 자기 정당을 설립할 때 '위험한 선택'을 했다고 지적하며 이렇게 말한다. "그러나 우리는 차베스의 위험한 선택을 전적으로 받아들여야 한다. 차베스가 세운 당을 다른 평범한 당처럼 운영하는 것이 아니라, 새 정치를 위한 정치적 동원이 이루어지는 초점으로 삼아야 한다. 이것이 우리가 맡은 과제다."(지젝 2008a: 427) 당은 정치적 보편화 가능성을 논할 때 핵심적인 역할을 하며, 이것은 계속 강조되어야 한다. 그럼에도 불구하고 조디 딘이 지적하듯이, 당은 '주인' 기능을 더 이상 하지 않고 '촉매'로서 기능한다. 이 촉매는 형식적으로 진리의 자리를 제공한다. 기존 이데올로기 구도가 진리의 자리에서 정지되어야, 새로운 정치 조직화를 위한 공간을 열 수 있다. 요컨대, 당은 더 이상 어떤 객관적·역사적 필연성을 구현한다고 생각되지 않으며, "특이한 증상이나 단절점과 진리 사이의 관계로 간주된다. 당이 내세우는 진리로 바라본 사회의 형상이 사회에서 배제된 요소다."(딘 2006: 201) 더구나 자유주의적 민주주의가 전제하는 국가 형태를 향후 대체할 '프롤레타리아 독재'는 '민주주의'와 외적으로 맞서 있지 않다. 민주주의도 순수하게 형식만 따지자면 독재다.[18] 그리고 프롤레타리아 독재가 지정하는 국가 형식에서는 '프롤레타리아'가 곧바로 새로운 지배 계급이 되지 못할 것이다. 프롤레타리아 독재가 지금까지 설명한 대로 존재하는 한, 프롤레타리아 독재는 민주주의의 폭발을 지칭하는 또 하나의 이름이다.(지젝 2008a: 416) 말하자면, '프롤레타

리아 독재'는 인민demos이 기존 정치 대의제 구조를 중지하는 순간을 일컫는 이름이다. 인민은 바로 사회 전체에서 배제되었지만 자신을 참된 보편성으로 제시하고 정치판에 개입하여 그것을 개조한다. 결국 지젝은 파농이 탈식민주의 정치적 조직화를 나름대로 개조한 작업을 반영하면서 마무리한다. "인민이 참여하는 새로운 방식에 의지하여, 국가 자체가 급격하게 변형될 때에만 프롤레타리아 독재가 실제로 존재할 것이다."(지젝 2010f: 220)

탈식민주의적 보편 정치를 위하여

파농이 추구하는 탈식민주의 혁명 정치는 '정치를 문화화'하는 덫에 걸리지 않는다.(지젝 2008: 119) 정치적 적대는 민족주의나 문화 차이로 번역되지 않는다. 식민지에 반대하는 혁명 투쟁은 새로운 탈식민주의 질서가 시작되었다고 선언하며, 고정되어 있다고 하는 인종과 문화, 민족주의 정체성을 공격한다. 이때 혁명 투쟁은 "가장 국지적인 분쟁에도 보편성에 버금가는 차원이 있다고 주장한다".(파농 2004: 95, 35) (인종적·문화적·민족주의적 정체성은 고정되어 있다고 가정하지만 이 정체성들은 식민주의의 마니교스러운 이원론에서 유래한다.) '흑인'이나 '백인', '아프리카'나 '유럽' 문화가 있다는 환상을 버려야 한다. 특히 특수한 것(민족주의) 문화가 있다는 환상이 존재하는데, 이 환상은 "그 문화의 정체성을 기필코 지키고자 하면서도 보편적 차원을 억눌러야 한다. 여기서 보편적 차원이란 특수한 것(문화 정체성)과 그것을 안에서 뒤흔드는 보편자 사이의 차이를 뜻한다. 보편적 차원은 특수한 문화 정체성 안에서 이미 작동한다".(지젝 2008: 133) 따라서 탈식민주의 세상이 정말 도래한다면, 그곳에는 "나의 행실을 규정했던 흑인 세상도 없고" "백인 세상과 (⋯) 백인 윤리 (⋯) 백인 지능도 없을 것이다."(파농 1967: 228, 229) "세계 곳곳에 있는 사람들이 찾는" "검둥이와 백인"은 이제 없기 때문에, "인간이 인간을 노예로 삼는 역사도 영원히 끝난다".(파농 1967: 231)

'가장 배제된 자'가 서 있는 위치와 동일시하는 몸짓이 파농과 지젝이 추구하는 정치를 지탱한다. 두 사람이 추구하는 정치는 '가장 배제된 자'를 평등주의적 보편성을 주장하는 대변인으로 만든다. 진짜 정치 보편화는 언제 일어날까? 알랭 바디우가 말한 "인류 전체를 나타내는 벡터"가 되면서, 기존 사회질서에서 배제된 사람들이 가담하는 행위에 자신도 가담하는 동일시가 일어날 때, 진짜 정치 보편화가 일어난다.(바디우 2003: 20) 그런데 파농과 지젝의 주장이 정치 보편화가 기존 문화와 인종, 민족 차이를 그냥 무시할 수 있다는 뜻은 아니다. 진정한 탈식민주의 질서를 이루려고 투쟁할 때, 인종 차이와 대결하고, 인종주의자가 주장하는 차이와도 계속 대결하게 된다.(파농 2004: 95) 그런데 이들은 다음과 같이 제안한다. 보편성이 발명되고 구축되려면 이 차이들을 횡단해야 한다. 바디우의 제안은 이 횡단이 무엇인지 가장 잘 보여주는 것 같다. "관습과 의견에 대한 너그러움이 차이에 상관하지 않는 태도를 보여주어야, 비로소 차이를 넘어설 수 있다."(바디우 2003: 99) 다시 말해, 문화 차이나 특수성은 탈식민주의적·보편적 인간성을 구성할 때 어떤 역할을 맡는다. 이 인간성을 구성하는 작업은 단순히 차이와 특수성을 폐지하는 게 아니라 "안에서 고무"시켜, 차이와 특수성이 보편성을 거쳐 주체화될 수 있게 한다. 따라서 탈식민주의 보편성은 "모든 차이에 스스로 노출되어야 한다. 그리고 차이들은 분열되면서, 자신들을 횡단하는 진리를 환영할 수 있음을 보여주어야 한다".(바디우 2003: 106) 다문화주의 관점에 따르면, 일단 앞으로 권리를 수여받을 것이라면, 피해를 입은 정체성은 그 자체가 정치적으로 "해방적이다". 그래서 다문화주의는 권리를 달라는 요구가 현재 상태를 그대로 유지할 수 있을뿐더러 이런 권리 수여는 차별과 배타주의 논리에 의해 규제될 때가 많다는 것을 무시하고 있다.[19] 파농과 지젝은 다문화주의적 독단에 반대하면서 이렇게 주장한다. 피해를 입은 정체성은 정치화되어, 통합을 요구하는 어떤 탈정치적 요구에도 동화되지 않고, 현재 상황에서 자신의 특수성을 안전하게 지키는 행위에도 동화되지 않아야 한다. 이렇게 정치화가 이루어지면, 억압되고 식민화된 주체는 억압하는 (신)식민주의 체제가 만들어놓은 동질적인 공간에서 빠져나와, 자신이 신식민주의 체제에 맞지 않는다고 인정하면서 탈식민주의적 평등주의를 추구하는 집단을 이룰 수 있다. 이 집단을 떠받치는 기초는 무조건적 보편주의이며, 무조건적 보편주의는 (신)식민주의 사회가 그어놓은 분리선을 횡단하면서 기존의 문화적, 인종적 차이를 중지시킨다.

마지막으로, '유럽'이나 '제3세계'를 단순히 긍정한다고 해서, 파농과 지젝이 그리는 탈식민주의 사회를 뒷받침할 수 있는 것은 아니다. 이들에 따르면, 탈식민주의적 인류의 새로운 형태는 마니교스러운 이원론을 넘어서야 하고, 식민주의에 반대하는 혁명적 투쟁에서 떨어져 나가서는 안 된다. 탈식민주의적 새 인류는 문화 정체성이 쉽게 깨지며 절대 동일성을 유지하지 않는다는 것을 처음부터 인정해야 한다. 식민주의에 반대하는 투쟁에 나설 때 비로소 이 사실을 인정할 수 있다. 탈식민주의적 새 인류는 문화적, 자기 정체성 안에 있는 틈이 바로 보편성이라고 처음부터 인정해야 한다. 이 보편성은 어떤 정체성이든 정체성을 정체성 자신과 분리해버린다. 틈으로서 존재하는 보편성에서 새로운 인간 개념이 도출되어야 하고 "완전히 새롭게 발명되어야 한다".(파농 2004: 239) 정확히 이런 맥락에서 파농이 인류에게 호소한 것을 자유주의적 인본주의에 호소했다고 해석해버릴 수 없다. 파농이 인류에게 호소할 때 그는 '유적generic' 인본주의를 구성한다.[20] 사르트르가 내놓은 급진 인본주의에 대해 바디우가 말했듯이, 유적 인본주의는 "텅 빈 자리를 점거"하는 행위로 파악되어야 한다.(바디우 2007: 169) 절대자의 자리에서 인간이 생성되게 하려는 이 기획은 '유적generic 인류'를 목표로 삼는다. 유적 인류는 역사적·정치적 투쟁 가운데 세워지고, 그 투쟁을 거쳐 세워진다. 더구나 급진적 '유적' 인본주의는 지젝이 지지한 급진적 반인본주의와 일정한 환경에서는 잘 어울린다.[21] 바디우는 이런 친화성을 다음과 같이 설명한다.[22] "급진적 인본주의와 급진적 반인본주의는 신 없는 인간이 바로 사유의 열림과 가능성, 기획이라는 점에 동의한다. 이런 이유로 이 두 이념은 일정한 상황들에서 교차할 것이다. 특히 모든 혁명적 정황에서. 한편 이 세기의 정치, 더 일반적으로 혁명적 정치는 급진적 인본주의와 급진적 반인본주의 사이에서 주관적으로 결정될 수 없는 상황들을 창조해낸다."(바디우 2007: 171-172)

파농과 지젝은 '제3세계'를 (문화주의의 한 형태인) 정체성 정치의 용어로 정의하려는 유혹을 분명히 거부한다. 그들은 정체성 정치가 주장하는 '유럽' 개념도 거부한다('제3세계'는 이 유럽 개념을 모방한다). 말하자면 파농과 지젝은 '유럽'을 사고할 때, 모방학의 프로그램을 따르지 않는다. 그렇다고 '유럽적 사유'를 완전히 거부하겠다는 뜻은 아니다. 파농은 기꺼이 이렇게 인정한다. "인류가 맞닥뜨린 중요한 문제들을 푸는 실마리는 모두 유럽적 사유에 존재했었다."(파농 2004: 237) 그래서 파농과 지젝은 유행을 거슬러 '유럽의 사유'를 독해하자고 재촉한다. 통념을 거스르며 유럽의 사유를 독해하는 것은 '유럽'을 몰수하는 것을 뜻한다. "평등주의를 지향하는 '백인' 해방 전통의 핵심 요소들을 전유하여, 이 해방 전통을 다시 정의하자는 말이다. 유럽을 몰수하는 것은 해방 전통을 그 전통이 말한 것에 따라 변형하기보다 말하지 않은 것에 따라 변형하는 것을 뜻한다. 다시 말해, 평등주의가 지배하는 공간에서 흑인을 실제로 배제하는, 암묵적 자격 심사를 없애버린다는 뜻이다."(지젝 2009b: 120) 파농이든 지젝이든 "자신을 정의할 때 사용할 새 용어를 백인 지배 전통 바끝에서 찾기만 하면 된다고 생각하지 않는다. 한 걸음 더 나아가, 자기 전통은 자신만이 정의할 수 있다는 권한을 백인에게서 빼앗아야 한다".(지젝 2009b: 120) 통념을 거스르며 '유럽'을 읽어내는 작업은 파농과 지젝에게 '잃어버린' 혁명 대의를 견지하는 행위이며 혁명적 연대성을 키우는, 새로운 정치 공간을 만들어내는 행위다. 간단히 말해, "유럽을 위해, 우리 자신을 위해, 인류를 위해, 동지들이여, 우리는 새로 출발해야 하고 새로 사고해야 하며 새 인간을 만들어내려고 애써야 한다".(파농 2004: 239) 따라서 파농과 지젝은 '유럽'과 '제3세계'에 있는 혁명 집단들이 집단 안과 바깥에서 연대하는 것을 절대적으로 긍정하는 일에 몰두한다(이 연대는 똑같이 평등주의적 보편성에 의해 유지된다).[23] 그래서 이 혁명 집단들은 문명을 유지하는 조약이 아니라 문명들을 가로지르는, 투쟁의 협정을 대표한다. 즉 혁명 집단들은 "각 문명 안에서 문명의 정체성을 약하게 만들고, 문명의 억압적 핵심에 맞서 싸우는 세력들의 협정을 대표한다".(지젝 2008: 133) 진정으로 식민지에 반대하는 정치는 진짜 탈식민주의 사회를 세우고자 애쓴다. 따라서 이 정치는 문명과 문화 정체성들이 상대를 관용하며 대화하도록 유도하지 않고, 거꾸로 "모든 문화에서 나타나는 억압받는 자와 착취당하는 자, 고통받는 자가" "관용을 베풀지 않으면서" 함께 투쟁하도록 이끈다.(지젝 2008: 134)

지적은 누구를 배신했는가?

레닌과 민족 문제, 그리고 혁명적 국제주의가 남긴 탈식민주의 유산

자밀 카더
JAMIL KHADER

Slavoj Žižek

사고하지 말라는, 논의의 불문법은 전체주의라는 망령을 불러 내면서 소련의 정치범 수용소gulag와 제3세계가 겪은 재난을 지 적하고 공산주의의 실험은 끝났다고 선언한다. 지젝은 이 금기 를 반박하며 10월 (러시아) 혁명에서 나타난 레닌주의적 행동을 오늘날 되살려내야 한다고 주장한다.(지젝 2002: 168). 레닌주의 유산을 비판적으로 대면하는 것을 "반복으로 되찾기Wieder-Hol- ung"(다시 가져오기)라고 부른다.(지젝 2007a: 95) (일당 체제와 프 롤레타리아 독재 같은) 레닌의 유산이 남긴 해법은 치명적으로 실패했다고 기꺼이 인정하지만 레닌의 유산에 "유토피아의 불꽃 이 있으며 이것은 살릴 만하다고 믿는다".[1] 지금 되찾은 레닌은 "생성되는 레닌"이다. 이 레닌은 아직 소비에트 체제의 일부가 되 지 않은 레닌을 가리킨다. 이 레닌은 "열린 상황으로 던져져 있 다".(지젝 2002: 6). 다시 발굴해낸 레닌은 바로 잠재성으로 가득

찬 레닌이다. 그가 말한 가능성의 언어는 그가 하지 못한 것, 즉 놓쳐버린 기회에서 발견될 수 있다. 그런데 이 기회는 절대 예고되거나 미리 차단될 수 없다.(지젝 2002: 310) 레닌을 반복할 때, (지젝이 암송하듯 말한 것처럼) 우리는 "레닌 안에서 레닌을 능가하는 것"을 회복한다.(지젝 2002: 310) 무엇보다 레닌 안에 있는 이 과잉은 신식민주의적 세계 자본주의 통치체가 공통으로 부과하는 논의 검열을 뿌리치고 사고할 자유를 표상한다. 지젝에 따르면, "이 레닌은 오래된 탈이데올로기적 정황을 중지할 위압적 자유를 대표한다. 탈이데올로기적 정황이란 바로 우리가 처한 상황으로서 사고활동을 막는 검열을 일컫는다. 이 레닌은 우리가 다시 사고할 수 있게 되었음을 뜻한다."(지젝 2002: 11) 에이드리언 존스턴이 간결하게 기술하듯, 레닌 반복하기는 대체로 "다시 상상하기를 허용하는, 분열하는 단절을 뜻한다. 다시 말해, 자유민주주의 형식으로 존재하는 자본주의를 대체할, 실현 가능한 대안을 상상하면서, 오늘날 지배 이데올로기들이 강압적으로 차단해버린 기회/가능성을 진지하게 고려하지 못하게 막는 장애물을 없앤다".(존스턴 2009: 115)

그러나 지젝에게 레닌은 신식민주의적, 지구 자본주의 통치체 바깥에서 사유할 수 있는 자유를 뜻하는 데 그치지 않는다. 지젝은 "수동적 공격성"을 논하는데, 그가 레닌의 이름에 호소할 때는 궁극적으로 레닌이 행한 역사적 행위에 호소하는 것이다. 다시 말해, 곧 10월 혁명을 해야 한다는 레닌의 요구에 호소한다.[2] 레닌은 혁명할 형편이 무르익을 때까지 기다릴 수 없다고 생각했고, 어떤 정황에서는 혁명이 일어나게 불을 붙이고 부추기는 것이 정당하며, 심지어 그런 행위를 권장할 수 있다고 믿었다. 지젝은 레닌의 이런 반진화론적 확신에 주목한다.(지젝 2002: 8) 물론 레닌은 도무지 혁명할 상황은 아니라고 의식했지만, 그런 상황조차 정치적 결단을 새로 내리기 위해 창의적으로 이용될 수 있음을 깨달았다.(지젝 2008b: 360) 라캉주의자가 보기에, 레닌이 추구한 혁명적 행위는 "대타자가 보장할 수 없는" 행위다. 레닌은 상황이 무르익지 않았는데도 과감하게 권력을 잡았으며, 자신이 (스스로) 혁명적 변화로 통하는 길에 오르려고 혁명의 성공을 보증하는 온전한 증거를 요구하지도 않았다.(지젝 2002: 8) 어쨌든 레닌은 혁명할 정확한 때는 없다고 주장하면서 "행위 앞에 가로놓인 심연"을 들여다볼 수 있었기 때문이다.

따라서 희망이 완전히 소진된 오늘날이 오히려 레닌이 말한, 실험할 자유를 실행하고 결정론을 거부할 기회를 열어놓는다. "행위를 할 공간은 언제나 있기 때문이다."(지젝 2008b: 361) 프레더릭 제임슨은 지젝의 주장에 은근히 대답하면서 이렇게 주장한다. 지금 레닌이 중요하다면, 그것은 정치나 경제에서 중요하다는 뜻은 아니다. 오히려 정치와 경제가 융합되는 지점에서 레닌이 중요하다. "우리가 혁명이라고 부르는, 과정으로서의 사건과 사건으로서의 과정에서 정치와 경제가 융합될 때", 레닌이 중요해진다.(제임슨 2007: 68) 이에 제임슨은 이렇게 기술한다. "혁명을 생생하게 유지하고, 혁명이 일어난 후에도 혁명이 일어날 가능성을 열어놓으며, 패배할 위험에 처하고 심지어 진부해지고 타협하며 잊어버리게 될 위험이 닥치더라도 혁명이 계속 진행되게 하는 것이 레닌이란 이름의 참된 뜻이다."(제임슨 2007: 68) 지젝 역시 레닌을 다시 취하여 또 다른 혁명을 실행할 필요성을 내세운다. 물론 지젝이 생각하는 또 다른 혁명이 반드시 공산주의 혁명인 것은 아니다. 마르크스가 내세운 공산주의 사회는 "자본주의가 은밀히 꿈꾸는 환상"이기 때문이다.(지젝 2000: 19) 지젝이 말하는 또 다른 혁명은 오히려 추상적이다. 즉 이 혁명을 일으키려면 구도를 다시 짜고 내용을 상세히 명시해야 한다는 뜻이다. 그래서 지젝은 공산주의 유토피아를 거부한다. 존스턴의 표현을 빌리자면, 지젝의 태도는 "(공산주의적) 마르크스주의가 제거된 마르크스주의"를 보여준다.(존스턴 2009: 112) 그렇지만 혁명이 살아 있게 하자는 지젝의 주장에 구현된, 약한 형태의 '긍정적 마르크스주의'는 정확하게 레닌과 마르크스를 향한 충실성을 최고로 드러낸 표현이다. 레닌은 '마르크스주의의 핵심'은 '혁명적 변증법'이라고 선언한다.(레닌 1923: 476-477)

무엇보다 제국주의와 식민주의 아래서 혁명적 기획을 재발명하려고 할 때, 레닌을 반복하자는 호소는 급진적 뜻을 품는다. 하지만 레닌으로 돌아가려는 지젝의 시도는 대안적 역사를 반복해서 구출하려는 사례에 속한다. 그는 이런 구출이 혁명적 입장을 견지하려는 비판적 태도라고 주장한다. 그러나 정말 이상하게도 지젝은 세계 차원에서 혁명을 북돋우려고 레닌이 제안한 연합을 놓치고 있다. 즉 지젝은 탈식민주의 주체에 내재된 혁명 잠재성을 지나쳐버린다. 앞으로 설명하겠지만, 1914년 위기가 지나가고, 제2인터내셔널에 대한 환상에서 깨어난 레닌은 서구 세계의 노동계급이 아니라 식민지의 민족해방운동을 이끄는 주체가 '진짜' 혁명 주체를 보여주는 근본 표상이라고 강조한다. 레닌이 프롤레타리아를 거부하고 프롤레타리아의 세계사적 임무를 내팽개치거나, 혁명적 주체성의 궁극적 자리를 탈식민주의적 주체에 선험적으로 할당한 것은 아니다. 지젝도 완전히 의식하듯이, "혁명을 일으킬 거라고 예정된 주체"는 "절대 없었다". 심지어 노동계급조차 그런 주체는 아니었다.(지젝 2008b: 289) 레닌은 제3인터내셔널이 세워지고 자신이 죽을 때까지, 식민지에 거주하는 "수억 명의 인구가 깨어나고 있다"는 믿음을 더 강하게 드러냈다. 우리는 이 사실을 명심해야 한다.

레닌이 오늘날에도 반복될 수 있다면, 탈식민성은 레닌주의적 행위를 형성하는 원인들의 고리로 소급적으로 간주되어야 한다. 레닌은 민족 문제를 제시했고, 혁명적 국제주의를 전파하는 전위로서 식민지 주체의 역량을 더욱 신뢰하게 되었다. 레닌의 이런 태도를 되살리고 설명하지 않는다면, 레닌 반복하기는 정치 구도를 변혁시키지 못할 것이다. 지젝은 과거의 우연성을 마르크스주의로 해석하면서, "우리를 결정하게 될 과거를 (다시) 결정할 자유가 우리에게 있다"고 말한다.(지젝 2008b: 314) 따라서 레닌이 추구한 혁명적 정치는 중층 결정되어 있다고 말할 수 있다. 혁명적 국제주의의 미래를 결정할 탈식민주의적 연합을 소급적으로 도입하기 때문에, 레닌의 정치는 이중으로 결정되어 있다고 볼 수 있다. 그렇지만 지젝은 사회주의적 국제주의의 세계사적 임무를 탈식민성의 역사에 두드러지게 각인된 가능성과 잠재성의 영역에서는 좀처럼 찾으려 하지 않는다. 그래서 탈식민주의 주체가 프롤레타리아트의 자리를 받아들여 레닌이 기대했던 혁명적 계급이 될 능력도 부인한다.[3] 그는 탈식민성을 티베트 불교처럼 세계 자본주의를 보충하는 이데올로기로 보면서도, 배설물같이 버려진 것으로 보기도 한다. 특히 제3세계의 빈민굴과 브라질의 판자촌favela이 바로 배설물같이 버려진 것이다. 결국 지젝은 탈식민지 세계에서 일어난 민족해방운동의 역사를 지울뿐더러 탈식민성을 자신을 위한 주체로, 특히 역사와 혁명적 국제주의를 이끌 주체로 구성할 가능성을 미리 차단해버린다. 지젝은 다르게 존재할 수 있었던 레닌을 이렇게 배신하지만, 레닌의 저작에서 탈식민주의의 위치를 추적해보면, 지젝이 제안한 혁명적 정치에서 무엇이 배제되었는지 소급해서 부각할 수 있다. 즉 탈식민성의 정치화를 위해 공백을 만들어내는 작업을 내세울 수 있는 것이다.

지젝과 탈식민주의, 배설물같이 남은 것과 보충 사이에서

차별받는 탈식민주의 주체는 지젝의 저작에서 양가적 위치에 있다. 지젝은 탈식민주의를 문화주의로 해석하기도 하고 정치적으로 해석하기도 하는데, 두 해석이 모순을 일으키면서 애매모호한 위치가 생겨난다. 지젝은 문화주의로 탈식민주의를 해석하면서 (주로 티베트 불교 같은) 탈식민지(적인 것)를 환상적 대상인 물신으로 표상한다. 멜랑콜리한 서구의 주체는 불안을 물신에 투사한다. 환상적 대상인 물신은 거짓이 물질 대상으로 구현된 것이다. 물신으로 존재하는 거짓 덕분에 서구의 주체는 자기가 누리는 은밀한 향락의 원천이 바깥에 있지 않고 자기 안에 있다는, 참기 힘든 진리를 견뎌낼 수 있다. 반면 탈식민지를 정치적으로 표상할 때, 지젝은 (주로 남미의 판자촌과 동남아시아의 빈민굴 같은) 탈식민지를 세계적 자본주의와 근대화, 개발주의의 논리를 구현하는 증상으로 여긴다. 이 증상은 계급투쟁이라는 억압된 진리가 "세계 자본주의가 퍼뜨린 거짓말의 영역"으로 돌아오는 지점이 된다.(지젝 2008b: 424) 지젝이 내놓은 두 가지 해석을 살펴보면, 차별받는 탈식민주의 주체를 혁명적 행위가 정말 일어나는 자리로 상상하지 못하고 있음을 확인할 수 있다. 지젝은 탈식민주의 주체를 자신을 위해 투쟁하는 주체로 그려내지 못한 채, 참된 혁명은 오직 유럽을 중심으로 한 '제2세계'에서 일어날 수 있다고 예상한다. 세계를 쥐고 흔드는 미국의 주도권에 맞서는 저항 전선을 제2세계에서 세울 수 있기 때문이다.

유럽과 아시아 사이에서 일어나는 경제적 교류를 고려하면서, 지젝은 서구의 우울한 주체는 티베트의 종교 전통(불교)을 욕망의 사라진 대상 원인과 동일시한다고 추정한다. 그러나 이상향으로 그려진 티베트는 너무 간단하게 추한 대상으로 변해버린다. 이상향을 닮은 티베트는 완전히 부패하고 타락한 "배설물 같은 대상"으로 바뀐다.(지젝 2001: 59) 지젝은 서구의 티베트 표상들은 늘 일치하면서도 모순된다고 지적한다. (티베트) 원주민과 (포탈라) 궁전이 있는 수도 라사는 서구인에게 숭고한 영적 본보기이면서도 부패와 부정의 화신으로 나타난다.(지젝 2001: 64) 티베트는 보석이자 배설물이라는 환상에 거하면서 서구 세계의 분열된 태도를 "'반성적으로 규정한다'. 그래서 티베트는 폭력적 침탈과 존경할 만한 신성화sacralization를 결합한다." 다른 곳에서 지젝은 물신으로 기능하는 티베트는 서구인에게 "서구의 이데올로기적 환상이 투사되는 스크린"이라고 말한다. 이 환상의 무능함을 체험하지 못하게 방해하는 스크린이라는 말이다.(지젝 1997: 103) 동양은 결국 텅 빈, 환영적 현실에 의해 정의된다. 즉 "긍정적 공백"과 무감각, 욕망을 거부해 세상에 무심해지는 태도가 동양을 정의한다. 그러나 동양은 서구의 주체가 찾으려 하는, 욕망의 사라진 대상을 여전히 소유하지만, 서구의 주체는 분투와 고된 순례, 충격적 대면을 통해 이를 얻으려 한다.

서구의 주체가 동양에서 지혜를 찾으려는 시도는 탈정치화된 유럽중심주의라는 것이 지젝의 의견이다. 지젝이 보기에, 유럽중심주의 자체는 분산하기(주변으로 흩어지기)다. 즉 유럽인에게는 유럽의 중심이 없다는 것이 유럽중심주의의 핵심이다. 유럽인은 (욕망의) 사라진 대상을 유럽 안에서 찾지 않고, 유럽 바깥에서, 타자 한가운데서 찾는다. 유럽인의 이런 탐구는 여러 행태로 나타났다. 한편으로 동양이라는 타자에게 미적·성애적으로 집착했지만, 무엇보다 동양의 시장을 잠식하고 종족 학살을 저지르며, 폭력을 휘두르고 경제적 착취를 했다. 그런데 이상하게도 지젝은 식민화가 서구 가치의 주입이나 경제적 착취와 전혀 상관없고 문화적 시기심, 타자를 향한 거짓된 존경과 상관있다고 주장한다. 지젝은 신식민지(신식민주의적) 자본주의를 떠받치는 경제적 자원을 모호하게 만들지 말라고 경고한다. 세계 자본주의 경제에서 티베트인을 향한 경제적 착취를 일찍이 통찰했지만 지젝은 자기 통찰을 너무 빨리 버리는 것 같다. 티베트인은 경제적으로 착취당하는 바람에 미국 원주민과 생활 수준이 같아져버렸다(비슷해졌다). 결국 티베트에 대한 지젝의 논의는 문화주의적 수사를 공격한다. 문화주의적 수사는 유사 정신분석 용어를 적용하지만 지젝은 탈식민주의 이론에서 이런 용어를 사용하는 후기근대적 흐름을 비판한다. 여기서 핵심은 지젝이 동양을 (불교나 공空 같은) 본질로 환원한다는 것이다. 아난다 애비세카라가 주장하듯이, 지젝이 동양을 본질로 환원한 덕분에 만들어진 종교 문화적 차이는 소위 기독교의 핵심과 유산을 돋보이게 하는 포장지로 기능할 뿐 아니라, 유럽 최악의 악몽인 홀로코스트와 반유대주의적 저의를 가리는 스크린으로 기능할 수 있다.(애비세카라 2008: 73-74)[4]

지젝은 탈식민적 동양을 공백과 배설물 같은 잔여의 공간이자 어떤 진정한 주체성도 생겨날 수 없는 공간으로 환원하는데, 이런 태도는 제3세계의 슬럼과 브라질 빈민가에 대한 자신의 표상을 승인하고 있다. 슬럼과 빈민가에 거주하는 "망가진" 사람이 늘어나는 사태를 보면서, 지젝은 이런 대안 집단들과 "잉여"

인민들은 시민권이 보장하는 혜택에서 배제된다고 주장한다. 이들은 "체계를 이룬 사회 영역" 바깥에 있고, 법이 효력을 발휘하지 못하며 국가 통제력이 미치지 못하는 곳에 있다. 이들이 거주하는 곳에서 사회체계는 정지된다.(지젝 2008b: 425) 국가는 정말 슬럼 거주자를 관리하는 통제력을 스스로 거두어들이고 이들을 "무법지대에서 무기력하게 지내도록" 내버려두었다. 물론 슬럼 거주자는 여전히 세계 자본주의 경제에 통합된 채, "체계가 만들어낸 '산송장'"처럼 살아간다.(지젝 2008b: 425) 그렇지만, 이 외곽으로 밀려난 무일푼의 거주 공간들은 "스스로 투명한 조직"의 가능성에 뿌리를 내리고 있다. 그래서 여기에서 행위자와 사회적 의식의 창발하는 형식이 구성되었다. 따라서 지젝은 이 공간을 "해방 지구"라고 부른다. 여기서 "도래할 정치의 지평"이 열린다.(지젝 2008b: 426) 그만큼 슬럼과 (브라질) 빈민가에 거주하는 탈식민적 차이를 지닌 주체 안에 마르크스가 말한 프롤레타리아트의 자리가 주관화되어 있다. 지젝은 슬럼 거주자를 노동계급 같은 경제 용어가 아니라 사회정치적 용어로 정의하긴 했지만, 슬럼 거주자가 "자유롭고" 프롤레타리아다운 혁명 주체의 뜻definition을 구현하며 심지어 능가한다고 논증한다. 지젝은 슬럼 거주자가 온갖 연고에서 "떨어져 나갔다고 말한다. 그들은 텅 빈 공간에 거주하며 경찰에게 규제받지도 않는다. 거대한 집단인 그들은 강제로 다 함께 몰려났다. 그래서 그들은 함께 사는 법을 만들어내야 했다. 기존 생활 방식과 전승된 종교적, 민족적 생활 방식에서 어떤 도움도 얻을 수 없는 형편에서 그들은

함께 사는 법을 새로 발명해내야 한다".(지젝 2008b: 425)

빈민가를 완전히 무시하는 좌파는 종교적 근본주의와 정치 동원을 통한 생존 전략에 일정한 가치를 부여하는 것을 무척 못마땅하게 여긴다. 그러나 지젝은 슬럼과 빈민가가 내뿜는 에너지와 생명력을 찬양하면서, 빈민가 안에 있지만 빈민가를 능가하는 것을 찾는다.[5] 그래도 지젝은 이 유토피아다운 공간이 사회 체제 전체의 전복을 야기할 능력이 있음을 거부할 수밖에 없다. 지젝이 내놓은 분석에 따르면, 한계가 그어진, 정말 혁명과 무관한 잠재성이 이 공간의 특징이기 때문이다. 이 잠재성은 기껏해야 체계에서 벗어나는 것을 허용하며, (체계의) 제약이 잠시 중단되게 한다. 이 공간은 그러나 진정한 "사건이 발생할 장소"가 절대 못 된다. 신자유주의적 세계 자본주의에 대항할, 미래의 혁명적 행위를 개시하고, 체계를 완전히 변혁시킬 사건이 일어날 만한 장소가 되지 못한다는 뜻이다. 여기서 지젝의 주장에는 삼중적 문제가 있다. 첫째, 지젝은 빈민굴과 그 집단들이 체계에서 정확히 어떤 위치에 있는지 표상할 때 일관적이지 않다. 그는 그들이 완전히 체계 바깥에 있다고 하다가, "법에서 절반 정도 벗어난" 지구에 있다고 한다. 국가 통제가 "적어도 조금은" 미치지 못하는 영역에 있다는 뜻이다.(지젝 2008b: 224-225) 둘째, 빈민굴 거주자는 주로 '임시변통'하며 생활한다. 종교적 근본주의 이데올로기와 조직폭력배, 뒷거래(경제), 온갖 사회주의적 연대와 사회 부조 프로그램이 얽혀 있다. 지젝은 이것들이 "새 정치를 일으킬 정치적 동원"을 부추길 수 있다고 믿는 것 같다.[6] 그러나 이런 행위 주체와 저항이 정말 가능하다 해도, 이것이 정당이 할 일을 새로 정하고, "정치적 소외를 막는 민주주의적 통치 능력을 어떻게 곧바로 생산할 수 있는지는 분명하지 않다".(지젝 2006b: 51-53) 그는 심지어 빈민가의 공간에는 "자기 조직화의 최소 형태라도 절박하게 필요"하다고 인정하고 있다.(지젝 2008b: 424)

셋째, 지젝은 슬럼과 빈민가의 공간에는 인간적이지 않은, 부정적인 활력과 에너지만이 뿌리내릴 수 있다고 생각하는 것 같다. 지젝은 이 활력과 에너지를 "신적 폭력"이라고 부른다. 성서에 나오는 메뚜기 떼처럼 (지젝이 보기에) 슬럼 거주자는 뜬금없이 "무모하게" 공격하면서 정의와 복수를 곧바로 요구하고 실행하려고 한다. 이들의 행위나 결정은 "대타자에 의해 보증되지 않으며", 그때그때 결정하는 위험을 무릅쓰고 윤리를 중지할 것을 요구하고자 어떤 외적 보증도 찾지 않는다.(지젝 2008b: 162) 슬럼 거주자가 휘두르는 폭력의 내용은 자코뱅이나 레닌이 휘두른 폭력과 동일하게 보이지만, 폭력의 형식은 거주자들 사이에서 엄청나게 다양하게 나타난다. 그들이 휘두르는 폭력의 형식은 인간답지 않고 동물적이며, 맹목적인 데다 복수심에 가득 차 있다. 그들이 휘두르는 폭력의 내용은 법 바깥에 있으며, 과도한 비인간적 테러를 포함하고, 사회적 상징계를 방해한다. 지젝의 분석에 따르면, 빈민가 거주자는 오직 자기네끼리 폭력을 휘두르는데, 이런 모습은 식민지 시대에 활동했던 야만적인 건달과 폭력배를 은근히 떠올리게 한다. 이런 건달과 폭력배는 체계 자체를 타격하는 저항활동을 조직할 능력이 없다. 지젝이 보기에, 탈식민지 주체 역시 자신에게 폭력을 휘둘러 스스로 해방되지 못할 것이다. 다른 영역에서 저항을 조직할 능력이 없으며 앞으로도 없을 것이다. 그런 탓에 탈식민지 주체는 저항 행위를 진정한 혁명적 행위로 바꾸지 못할 것이다.

"역사의 굴레를 벗어나서": 레닌과 민족 문제, 혁명적 국제주의가 남긴 탈식민주의 유산

세계 자본주의는 티베트와 빈민굴을 문화적으로 상상해내면서, 배제해버린다. 지젝은 탈식민주의를 티베트와 빈민가로 축소하는 바람에 다른 탈식민적 장소와 행위를 간과한다. 특히 혁명적 변혁의 원천이 될 수 있는 민족해방운동을 간과한다. 민족해방운동을 혁명적 변혁과 연결한다면, 레닌을 반복하려는 지젝의 시도를 뒤집을 수 있다. 반식민주의와 민족 문제를 매개하려는 레닌의 시도는 다른 결과를 낳을 수 있었기 때문이다—"과거에 이루어지지 않았던 이 가능성은 계속 우리를 사로잡고 있다."(지젝 2010a: 86) 레닌은 민족해방운동이 세계 혁명을 끌어당길 수 있다고 믿었다. 레닌의 믿음을 살펴보면, 탈식민주의에 포함된 급진적 의미를 읽을 수 있다. 탈식민주의에는 소급적으로 구원하는 힘이 있는데, 이 힘에는 정치적으로 급진적인 뜻이 내포되어 있다. 즉 탈식민지 주체는 혁명적 국제주의 주체의 세계사적 사명을 생산하는 주요 장소로서 구성될 수 있다. 레닌은 식민지에서 일어난 민족해방운동의 관심사를 기술할 새 언어와 더 넓은 이론적 용어를 내놓지 않았다(레닌을 비판하는 전형적 탈식민주의 역시 마찬가지다). 그렇지만 레닌은 희망과 메시아니즘을 표현한 언어를 썼는데, 이 언어는 탈식민지라는 가능성의 땅에서 사회주의적 국제주의의 미래를 기술할 때 사용되었다. 레닌은 혁명을 일으킬 프롤레타리아의 잠재력을 단순하게 부정하지 않았다. 그렇지만 그는 식민지에서 일어난 민족해방운동의 주체가 "하나의 효모나 세균을 능가한다고 생각한 것 같다. 진짜 반제국주의 세력인 사회주의적 프롤레타리아가 등장하도록 돕는 효소나 세균으로 여기지 않았다는 말이다".[7] 케빈 앤더슨이 기술하듯이, 레닌은 민족해방운동을 이끈 주체를 껴안으면서 '정통 마르크스주의의 혁명주체론'을 넓혔다.(앤더슨 2007: 143) 차별받는 식민지 주체가 혁명운동을 이끌 지도력을 발휘할 수 있는지 논의할 때, 레닌은 제3세계 마르크스주의 활동가 및 지식인들과 대화하고 논쟁하면서 자기 의견을 세워나갔다(레닌이 대화하고 논쟁한 인물 가운데 인디언인 M. N. 로이와 이슬람교도인 술탄 가리에브가 가장 유명하다).[8]

레닌은 사회주의적 국제주의 노선을 굳건히 지키면서, 차별받는 식민지 주체의 위치를 규정했다. 레닌은 1907년 슈투트가르트에서 열린 제2인터내셔널 총회에서 처음으로 자기 입장을 드러냈다. 특히 1889년에 있었던 브르노 총회가 중요하다. 브르노 총회에서는 억압받는 자와 서구의 프롤레타리아, 차별받는 식민지 주체의 연대가 주요 쟁점이었다. 반면 제1인터내셔널과 제2인터내셔널의 초기 총회까지만 해도 유럽 내 식민주의가 주로 다뤄졌다.(영 2001: 116) 레닌은 총회에 참석한 사람들 대부분의 확신을 받아들이지 않았다. 그들은 사회주의 운동에 식민주의가 꼭 필요하다고 믿었지만, 레닌은 이런 생각에 깔린 인종차별적 부르주아 정책을 비판하면서 "식민지에 사실상 노예제를 도입하고 원주민을 암묵적으로 비하하며 괴롭힌다"고 지적했다.(영 2001: 116-117)

레닌은 똑같이 억압당하는, 식민지 주민과 프롤레타리아를 하나로 묶으려면 계급투쟁이 중요하다고 생각했다. 레닌의 이런 생각은 1910년 식민지 인민 국제 회의에서 다시 표명되었고 1916년 로잔 회의에서도 발표되었다. 1916년에 발표된 글에서 레닌은 식민지에서 민족자결권을 쟁취하려는 투쟁은 제국주의적 자본주의에 반대하는 주도적 힘이라고 선언했다.(영 2001: 125; 앤더슨 2007: 129) 케빈 앤더슨이 지적하듯이, 레닌은 "20세기 세계 정치에서 반민족주의 운동의 중요성을 처음으로 파악한 주요 이론가였다". 마르크스주의와 비마르크스주의 이론가를 통틀어 레닌이 처음이었다.(앤더슨 2007: 128) 1916년에 출간된 『제국주의』와 1917년에 출간된 『국가와 혁명』에 나온 진술 및 사례는 주로 러시아에서 나온 것이 아니라, 인도와 아일랜드, 중국, 터키, 이란에서 일어난 반제국주의 민족해방운동으로부터 나온 것이다. 레닌은 1916년에 일어난 아일랜드의 이스터 봉기를 주제로 마르크스주의 지도자인 라데크와 트로츠키와 논쟁하면서 레닌은 그들이 부하린에 동조하여 모든 형태의 민족주의는 쓸모없다고 평가한 것에 반대하면서, 식민지 정권이 주장하는 맹목적 민족주의와 민족해방운동이 내세우는 혁명적 민족주의를 구별했다. 레닌은 혁명적 민족주의를 "세계 제국주의의 변증법적 맞수"라고 기술했다.(앤더슨 2001: 131) 10월 혁명이 일어나기 몇 해 전부터 레닌은 프롤레타리아가 민족주의 세력과 함께 식민지 억압에 맞서 싸워야 한다는 사상을 민족주의 및 민족자결권 주장과 어우러지게 하면서, 부르주아 민족주의를 중단하고 해소해야 프롤레타리아 국제주의가 확립될 거라고 예상했다.(영 2001: 121-122)

레닌은 자신이 국제 마르크스주의의 지도자라고 여길 때부터, 세계 혁명과 공산주의적 국제주의를 이루려면 반제국주의 주체성을 만들어내야 한다고 생각했다. 반제국주의 주체성은 식민지에서 일어나는 민족해방투쟁의 변증법을 거쳐 구성된다. 로자 룩셈부르크는 유럽중심적 프롤레타리아 메시아니즘을 내세우면서 "선진 자본주의 국가의 노동자만이 (…) 5개 대륙에서 착취당하고 노예로 전락한 사람들의 군대를 지도할 수 있다"고 주장했다. 그러나 레닌은 로자를 비판하며, "민족 해방의 정치는 식민지 인민들이 제국주의를 상대로 하는 전쟁으로 불가피하게 전개될 것이라고" 강하게 논증했다.(레닌 1972, 22: 307, 강조는 인용자) 1919년에 열린, 제3인터내셔널의 첫 총회인 코민테른(공산주의 인터내셔널)은 룩셈부르크의 믿음을 재승인하면서, 유럽 식민지 국가를 전복하는, 유럽의 도시 프롤레타리아의 메시아다운 위력을 믿었다. 이에 코민테른은 "베트남과 알제리, 벵골,

그리고 페르시아와 아르메니아의 노동자 및 농민들은 독립을 쟁취할 수 있다"고 선언했다. 하지만 제3인터내셔널의 2차 총회부터 레닌은 서구 프롤레타리아에게 유럽에서 곧바로 혁명을 일으킬 능력이 있는지 크게 의심하기 시작했다.(영 2001: 128) 레닌은 술탄 가리에브에게 힘을 실어주면서, "동양에서 혁명이 일어날 잠재력이 더 많다고 생각하려 했다".(영 2001: 129)「동양의 민족해방운동」이란 글에서 이렇게 쓴다. "세계 혁명을 일으킬 결정적 투쟁이 다가오는데, 세계 인민의 다수가 참여하는 이 운동은 처음에 민족 해방을 추구했지만, 자본주의와 제국주의에 대항할 것이고, 아마 예상을 뛰어넘어 혁명에 기여하는 역할을 수행할 것이다. 이것은 매우 분명한 사실이다."(레닌 1969: 289-290)

제3인터내셔널의 2차 총회 이후 레닌은 자신이 행한 제국주의 비판이 인디언 마르크스주의자인 M. N. 로이가 한 비판과 같다고 생각했다. 이에 레닌은 "새 공산주의 정부에서는 식민지 혁명에 우선순위를 두어야 한다고 여겼고, 자본주의에 대항하는 소비에트의 투쟁에서도 식민지에서 일어나는 혁명을 핵심 과제로 삼았다".(영 2001: 125) 로이 덕분에 레닌은 차별받는 식민지 주체를 혁명적 주체성이 자라는 중심지로 인정할 수 있었다. 로이는 점점 부상하는 세계 혁명에서 아시아가 중요한지에 대해 레닌과 논쟁하면서 마르크스의 아일랜드 분석을 언급하고 교정했다. 로이는 이렇게 논증했다. "제국주의 열강은 자신들이 구축한 식민지 체제에 경제적으로 의존하므로, 유럽 혁명운동의 운명은 아시아 혁명의 진행 과정에 전적으로 의존한다. 아시아권 나라에서 혁명이 성공하지 못한다면, 서구 공산주의 운동도 허사가 될 것이다."(영 2001: 131-132. 영의 저서에서 재인용. 강조는 저자.) 레닌은 로이가 사용한 "전적으로"라는 단어는 과장됐다고 생각했지만, 2차 총회에서 이렇게 선언했다. "각 나라에서 착취당하고 억압받는 노동자가 혁명적 맹공을 퍼붓고, 지금까지 역사의 대상일 뿐이었으며 역사 바깥에 그저 서 있던 수억 명의 사람도 혁명적 맹공을 퍼부으면서 이들의 공격이 (…) 합류할 때, 제국주의 세계는 무너질 것이다."(레닌 1972, 31: 207-208) 따라서 '역사의 대상'이 되길 거부하고 혁명 이념을 구현할 잠재력을 재생하는 능력 안에 차별받는 식민지 주체의 힘이 내장되어 있다. 레닌은 정말 이렇게 선언했다. "(일본과 중국, 인도 같은) 동양에서 새로운 계급이 등장하여 투쟁에 눈뜨기 시작했다. (…) 이런 사건 덕분에 마르크스주의를 신선한 관점으로 확증할 수 있게 되었다."(레닌 1972, 33: 234)

제3인터내셔널의 2차 총회부터 죽을 때까지 레닌은 급진적인 아이디어를 내놓는다. 레닌은 차별받는 식민지 주체를 사회주의적 국제주의를 전파하는 전위로 재배치한다. 1913년에 쓴 「반동 유럽과 선진 아시아」에서 이 아이디어를 예고했다.(레닌 1972, 19: 99-101) 이것은 아시아 인민 1차 총회인 바쿠 총회에서 온전한 모양새를 갖추었다. 레닌은 차별받는 식민지 주체에 내재된 혁명적 잠재력을 북돋울 의도로 이 총회를 연다. 여기서 민족해방운동이 전개한 반식민주의 투쟁이 사회주의적 국제주의로 가는 과정에서 우선권을 갖는다고 보았다. 하지만 혁명을 이끌어 갈 프롤레타리아의 잠재력을 의심한 것은 아니다. 오히려 식민지 민족해방운동이 사회주의적 국제주의가 물려준 낡은 유산에 반제국주의 투쟁의 새 언어를 주입했다고 더욱 확신하게 되었다. 마지막으로 쓴 글에서도 다가오는 세계 혁명에서 차별받는 식민지 주체가 앞으로 할 일이 있다고 믿었다. 그래서 식민지에서 민족해방운동이 일어나게 한다면 사회주의는 분명 승리할 거라고 말했다.(레닌 1972, 45: 416-417) 이 입장은 "구체적 상황을 구체적으로 분석한다"는 레닌의 변증법과 멀리 떨어져 있지 않다. 에티엔 발리바르가 주장하듯, 레닌의 변증법은 ("평화롭기도 하고" "폭력을 사용하기도 하는") 프롤레타리아 정치 투쟁의 다양한 형태와, 한 형태에서 다른 형태로 이행하는 현상을 모두 혁명 과정에 집어넣었다. 그래서 레닌의 변증법은 혁명이 특정 기간 동안 지속되고, 혁명으로 이행하는 과정에서 모순들이 이어지는 현상을 다룬다.(발리바르 2007: 211) 레닌은 앤더슨과 마찬가지로 다음 주장을 인정한다. 다양한 국제적 반란이 없으면, 사회주의 혁명을 상상할 수 없다.(앤더슨 1995: 135-141) 또한 레닌은 혁명 이념이 유럽 바깥으로 전파될 수밖에 없고, 이미 '전파'되고 있을 거라고 인정한다. 탈식민지 주체성이 품고 있는 혁명적 잠재력에 대한 레닌의 관점을 고려할 때, "10월 혁명의 국제적 중요성"에 대한 스탈린의 언급을 뒤집어 다음과 같이 말할 수 있다. 식민지 민족해방운동이 벌이는 투쟁은 "세계 제국주의에 대항하는 새로운 혁명 노선"을 창조한다—혁명은 억압받는

동양의 국가에서 시작하여 러시아를 거쳐 '서구 프롤레타리아'
로 확장된다.(영 2001: 126)

탈식민주의 가설:
지젝에게 하는 두 가지 조언

레닌의 혁명적 교육학에 나타난 탈식민주의 궤적을 재구성하는
작업은 지젝의 견해와 일치한다. 그에 따르면, "순수한 과거는 행
동의 선험적 조건이지만 행동은 실제로 새로운 현실을 창조할뿐
더러 소급적으로 바로 그 행동의 조건까지 바꾼다."(지젝 2008b:
315) 레닌이 개입한 10월 혁명은 '열린' 상황이 낳을 수 있는
가장 그럴듯하지 않은, 하나의 가능한 결과로 봐야 한다.(지젝
2010a: 86) 레닌이 추구한 혁명적 정치는 탈식민주의를 부추기
는데, 탈식민주의를 부추기는 이 유령은 급진 좌파의 미래와 서
구 혁명 이론 및 정치를 계속 사로잡을 것이다. 이처럼 혁명적 국
제주의 역사에서 탈식민주의를 새로 읽어낸다고 해서, 보수적·
수정주의적 가설로 작업하는 역사가처럼 10월 혁명을 부정하
자는 이야기는 아니다. 혁명적 국제주의 역사에서 탈식민주의를
새로 읽어낼 때, "혁명적 행위가 정말 급하게 필요하다는 느낌"
이 진정으로 표출될 장소가 생겨난다.(지젝 2010a: 86)
　따라서 10월 혁명보다 탈식민지의 혁명 실험의 역사에 더 관
심을 갖는다면, 우리는 혁명을 가로막는 실제 장애물과 더불어

혁명의 궁극적 목적을 더 철저히 사고할 수 있다. 탈식민지에서 일어난 혁명 행위들은 성공 면에서 차이가 나지만, 우리는 탈식민지 혁명의 역사를 단순히 무시해버릴 수 없다. 자본주의 바깥에 있는 사회적 총체성을 다시 상상할 때, 탈식민지 혁명의 역사가 자주 활용되기 때문이다. 오늘날 세계 자본주의의 주도권 아래서 배제를 경험하는, 억압된 지점이 주로 탈식민지 공간인데, 이곳은 자본주의 체제에 내재된 적대(관계)를 심화시키는 가장 중요한 자리를 만들면서도, 이 자리를 다수의 사건이 일어날 수 있는 자리로 바꿔놓는다. 사건이 실패하더라도, 더 정확히 말해 사건이 실패하기 때문에, 우리는 자유주의적 자본주의 사회의 상징적 질서에 도전하고 "혁명적 파열"을 실행할 수 있다.

그래서 필자가 내건 판돈은 다음과 같다. 특히 메자닌 정권이 미국의 제국 권력에 의존하는 것을 거부한 이 시점에 지젝은 새로운 형태의 정치가 제안하는 정치적 동원을 요청하는데, 이 요청은 "아프리카와 다른 지역 출신의 새로운 프롤레타리아"와 "현실적으로 연합"하는 것에만 달려 있어야 하는 것은 아니다. 바디우 역시 그렇게 말한다.(바디우 2010: 99)[9] 오히려 새로운 프롤레타리아는 처음부터 실재의 수준에서 똑같은 새로운 프롤레타리아에 의해 조직되어야 한다. 그들은 자신을 사회주의적 혁명 사건 안에서 인식하기 때문이다. 새로운 탈식민지 프롤레타리아는 사회주의 혁명이라는 사건에 자신이 기입되어 있음을 자각하는 주체다. 신식민주의적 세계 자본주의가 주도권을 쥔 상황에서, 마르크스가 말한 "사라지는" 프롤레타리아의 자리를 지켜왔고,

그 자리를 "자기 것으로 삼을 수 있는" 자는 차별받는 탈식민지 주체다. 바디우가 문화혁명을 논하면서 정확히 지적했고, 다른 탈식민지 혁명 행위가 암묵적으로 가리키듯, 지젝은 "파리코뮌의 원리들"을 궁극적으로 구현한, 여러 갈래로 전개된 탈식민지적 혁명 행동들을 이해하지 못했을뿐더러 "그 행위들의 끔찍한 실패 가운데 나타난 보편성의 요소"도 이해하지 못했다.(바디우 2010: 274, 273) 지젝도 최근에 스스로 이렇게 말한다. 혁명 사건 같은 대의에 주체가 충실하려면, "끊임없는 배신"에 단련되는 수밖에 없다.(지젝 2010a: xiv)

탈식민지 역사에서도 탈식민지 주체는 혁명 이념을 구현하려 했지만 완전히 성공하지 못했다. 하지만 탈식민지 주체는 오늘날 급진적 평등주의 정치와 함께 대안적 정치 조직을 '곧' 다시 발명하고 정착시키는 데 가장 적합한 행위자인 것 같다.(지젝 2008b: 427). 우고 차베스는 제5인터내셔널을 만들자고 요구했고, 튀니지와 이집트, 바레인, 리비아에서 최근에 혁신적 진보가 이뤄졌으며, 사회 불안과 급변의 징조는 예멘과 요르단, 시리아에서 증가하고 있다. 이런 현상들은 탈식민지 해방 정치에 내재된 유토피아적 잠재력이 폭발할 수 있음을 궁극적으로 증거한다.[10] 타흐리르 광장 사건에서 지젝은 "유토피아 같은 미래가 손에 잡힐 듯 다가온 것처럼 행동하는 것이 가능했음"을 볼 수 있어야 한다.(지젝 2002: 260) 실제로 이 혁명적인 탈식민적 순간은 의심의 여지 없이 다음과 같은 주장을 증명하고 있다. "'옳은 선택'은 잘못된 선택을 하고 나서 오직 두 번째로 가능하다. 다시 말해, 오직 처음에 잘못 선택하고 나서야 실제로 옳은 선택을 위한 조건이 만들어진다."(지젝 2010a: 88)

4부

9장

왕과 천민, 섹스 그리고 전쟁

슬라보예 지젝

SLAVOJ ŽIŽEK

CURRENT PERSPECTIVES IN
ŽIŽEK STUDIES

Slavoj Žižek

잭 런던이 쓴 소설인 『마틴 에덴』에서 가장 유명한 구절은 소설 끝 단락에 있다. 잭 런던은 주인공이 자살하려고 물에 뛰어든 장면을 이렇게 기술한다.

그는 꿈같은 환상 속에서 힘없이 떠다니는 것 같았다. 색과 빛이 그를 에워싸고 파고들었다. 이건 뭐지? 등대인가. 그러나 그것은 뇌리 안에 있었고, 밝게 빛나는, 하얀빛이었다. 그 빛은 더 빨리 번쩍거렸다. 오랫동안 쿵쿵대는 소리가 들렸다. 그것은 그가 끝이 보이지 않는, 거대한 계단을 내려가는 소리처럼 들렸다. 계단 끝에 서 그는 어둠 속으로 추락했다. 그건 확실하다. 이미 어둠으로 떨어져버린 것이다. 그는 그걸 깨닫자마자 더는 알고 싶지도 않았다.

(소설의 주인공인) 마틴은 어떻게 이 지경에 이르렀을까? 마틴

을 자살로 몰아넣은 것은 바로 성공이다. 이 소설은 자격을 얻는 것이 위기임을 단순하지만 극히 근본적으로 제시한다. 오랫동안 열심히 일하고 분투하여 마틴은 마침내 작가로서 성공한다. 하지만 부와 명성에 휩쓸려 다니고 있을 때, 어떤 일로 인해 난처해진다.

세상이 그 일을 알았더라면 어리둥절했을 그런 일이었다. 하지만 그에게 그렇게 굉장한 것으로 보인 그 사소한 일보다, 세상은 그의 어리둥절해하는 모습에 더 어리둥절했을 것이었다. 블런트 판사가 그를 정찬에 초대했다. 그것은 그 사소한 일의 발단이었는데, 곧 큰일이 되었다. 그는 블런트 판사를 모욕하고 기분 나쁘게 대했다. 하지만 블런트 판사가 길에서 그와 마주쳤을 때, 그를 초대한 것이다. 마틴은 모스에서 블런트 판사를 수없이 지나쳤지만 판사는 그를 정찬에 초대하지 않았다. 그때는 왜 초대하지 않았을까? 마틴은 자신에게 물어보았다. 이후에도 그는 전혀 바뀌지 않았다. 그때나 지금이나 그는 그저 마틴이다. 무엇이 달라졌는가? 그의 글이 출판되었다는 사실이 차이일까? 하지만 그가 쓴 글은 출판되기 전에 이미 완성되어 있었다. 블런트 판사가 통념을 내세우며 스펜서의 지성을 비웃던 시절에 그의 글은 완성되어 있었다. 따라서 블런트 판사가 그를 초대한 것은 완전히 가식이었다. 그의 소설이 진짜 가치가 있다고 믿기 때문에 그를 초대한 것은 아니었다.[1]

그를 당황하게 한 사소한 일은 점점 커지더니 그의 삶을 아예 강박적으로 사로잡아버렸다.

그의 생각은 원을 그리며 계속 순환했다. 원의 중심에는 '완성된 작품'이 있었는데, 그것은 죽지 않는 구더기처럼 뇌리를 뜯어먹는 것 같았다. 아침에 눈을 뜨자마자 그 생각이 펼쳐졌다. 밤에 꿈을 꿀 때도 그 생각이 그를 괴롭혔다. 모든 삶의 문제가 감각을 통과하여 뇌리에 들어오자마자 그것은 '완성된 작품'과 연결되었다. 그는 엄밀하게 논리에 따라 추론하여 이런 결론에 이르렀다. 그는 아무것도 아니며 전혀 쓸모없는 인간이다. 마틴 에덴! 너는 건달이자 선원이다. 그것이 진짜 마틴이었다. 유명한 작가로서 마틴은 대중의 마음에서 뿜어져 나온 증기다. 이 증기는 대중 심리 덕분에 육체를 가진 건달이자 선원인 마틴에게 주입되었을 뿐이다.

심지어 마틴이 사랑했던 리지도 처음에는 그와 결혼하지 않으려 했지만, 마틴이 성공하자 그에게 매달리면서 정말 사랑한다고 고백해버린다. 마틴을 위해 죽을 준비도 되어 있다고 선언하자 마틴은 조롱하듯 대답한다.

왜 전에는 그런 일을 감행하지 못했소? 내가 일자리가 없었을 때 왜 그런 일을 시도하지 않았소? 내가 한 인간으로서, 한 작가로서 지금과 똑같은 마틴 에덴이었는데, 그때는 왜 그렇게 하지 않았소? 나는 스스로 수없이 이렇게 물어보았소. 당신도 알다시피 나는 하나도 변하지 않았소. 갑자기 내 가치가 높아져 나로서도 내가 변하지 않았는지 새삼 확인까지 할 정도지만 난 정말 변하지 않았소. 똑같은 뼈에 똑같은 살이 붙어 있고, 열 손가락과 열 발가락도 그대로 달려 있소. 난 똑같단 말이오. 내 두뇌도 예전과 똑같소. 문학이나 철학에 대해서도 그 후에 덧붙인 말은 하나도 없소. 아무도 나를 원하지 않았던 때와 똑같은 가치를 가지고 있소. 그들이 왜 지금 나를 원하오? 난 어떻게 된 영문인지 도무지 알 수 없소. 어쨌든 그들은 나 때문에 나를 원하는 것은 아니오. 지금 나는 그들이 원하지 않았던, 과거의 나와 같기 때문이지. 그들은 다른 것 때문에, 나의 본질이 아닌 다른 것 때문에, 내가 아닌 것 때문에 나를 원하는 것이 틀림없소! 그것이 무엇인지 내가 직접 말할까요? 그것은 사람들에게 받은 인정이오. 그 인정이 곧 나 자신은 아니지. 그것은 타인의 마음 안에 있을 따름이오.

마틴은 "있는 그대로의" 자기 모습을 자신이 얻은 상징적 지위(타인이 보는, 타인이 부여한 지위)와 영원히 분리하는 근원적 틈을 도저히 받아들일 수 없었다. 갑자기 마틴은 존경할 만한 대중이 외면하는 하찮은 작가가 아니라, 사회 유명 인사가 초대하는 저명 작가가 된 것이다. 심지어 자신을 원하지 않았던 애인마저 자신에게 몸을 던진다. 그러나 마틴은 안다. 자신이 실제로 전혀 변하지 않았음을. 마틴은 과거의 자신과 같다. 마틴이 쓴 모든 소설도 자신이 무시당하고 경멸받을 때 이미 완성되어 있었다. 마틴의 인격 중심은 "타인의 마음속에 있다". 그러나 마틴은 자신의 중심이 완전히 비어 있음을 받아들일 수 없었다. 마틴은 알맹이 없는 껍데기이며, 타인의 꿈이 집중적으로 투사된 스크린일 뿐이다. 마틴의 아갈마agalma 덕분에 타인이 마틴을 욕망하지만 마틴의 아갈마는 그 안에 있지 않다. 마틴의 아갈마는 그의 자기애를 망칠 뿐 아니라 욕망까지 죽여버린다. "나에게서 어떤 것이 빠져나갔다. 삶이 두려웠던 적은 없어. 그러나 삶이 진저리치게 싫증나리라고는 상상도 못 했지. 생활에 푹 빠져 있었다고나 할까. 그래서 무언가 다른 것을 욕망하지는 않아." 즉 마틴 자신은 (과거에) 그저 아무런 내용 없는 빈 깡통이었다는 이 결론이 그를 광기로 몰아갔다.

지금 여기 있는 평범한 나와 나에게 수여된 상징적 지위를 분리하는 틈을 상징적 거세라고 부른다. (흔히 아빠에게 실망해 '지금 여기 있는 한심한 겁쟁이가 아빠란 말인가?'라고 묻는 사춘기 청소년을 떠올려보라.) 평범한 나와 나에게 수여된 상징적 지위가 부당하게 포개지면서 나와 상징적 지위 사이의 틈이 흐려지고, 나의 상징적 권위가 곧 나의 특성이나 성격으로 나타나는 한 상징적 권위는 기능할 수 있다. 상징적 권위는 이 틈이 드러날 상황에 노출되지 않으려 한다. 예를 들어 정치 지도자는 자신의 무능이 드러날지도 모를 상황을 피하는 법을 잘 안다. 아버지는 자신이 모욕당하는 모습을 아들에게 보이지 않게 하는 법을 안다. (직장 상사가 자신에게 호통칠 때, 아버지는 이것을 아들에게서 감추는 법을 안다.) "체면을 세우기 위한" 전략이 보호하려는 것은 현상appearance이다. 즉 아버지가 정말 무능하다는 것을 잘 알아도 나는 그것을 믿지 않으려 한다. 아버지의 무능함을 드러내 놓고 말하면 후폭풍이 너무 클 수 있기 때문이다. 이렇게 상징적 권위가 모욕당하는 순간을 "거세 체험"이라고 부를 만하다. 아버지가 정말 거세되어 무능해진 것이 아니라, 평범한 실제 모습과 상징적 권위 사이의 틈이 드러나버려, 물신을 섬기듯 거부하는 태도로 그 틈을 더는 무시할 수 없기 때문이다.

헤겔은 왕을 이 메울 수 없는 틈을 받아들이는 주체라고 정의한다. 마르크스를 인용하여 말하자면, 타인이 그를 왕으로 대접해주니까 그는 왕이며, 왕이 되는 다른 길은 없다. 오히려 자신이 '곧' 왕이라고 스스로 생각한다면, 그는 미친 것이다. (라캉의 주장을 떠올려보라. 자신이 왕이라고 생각하는 거지도 미쳤지만, 자신이 스스로 왕이라고 생각하는 왕도 미쳤다.)

전설에 따르면, 1866년 프로이센과 오스트리아가 승패를 가름하는 전쟁을 하고 있었는데, 프로이센 왕은 법으로는 프로이센 군대의 최고 사령관이었다. 그는 가까운 언덕에서 진행되던 전투를 지켜보고 있었는데, 전세가 불리한 듯해 걱정되었다. 프로이센의 일부 부대가 후퇴하는 것 같았다. 폰 몰케 장군은 프로이센의 위대한 전략가이며 이 전투를 기획한 사람이었다. 전세가 확실히 불리한 가운데 몰케 장군은 왕에게 가서 이렇게 물었다. "소인이 이 놀라운 승리를 이끈 당신의 위엄을 처음으로 찬양해도 되겠사옵니까?" 이 물음은 S_1과 S_2 사이의 틈을 있는 그대로 보여준다. 즉 왕은 최고 사령관이었지만 지금 눈앞에 벌어지는 전투의 의미를 전혀 모른다. 반면 폰 몰케 장군은 전투를 기획했다. 결정을 내린 사람을 따진다면 승리는 폰 몰케 장군의 것이다. 그러나 몰케 장군이 자신이 섬기는 왕을 찬양하려 한 것은 옳았다. 주인 인물이 느낀 근심과, 주인은 이미 엄청나게 승리했다는 객관적 상징적 사실 사이의 틈에서 주인의 무능함이 드러난다. 셰익스피어의 희극을 쓴 진짜 저자는 누구인가라는 수수께끼에 얽힌 농담은 이미 잘 알려져 있다. "셰익스피어가 아니라 똑같은 이름을 가진 다른 사람이지." 라캉이 말한 "텅 빈 주체"도 바로 이것을 뜻한다. 주체는 자신의 상징적 정체성을 고정하는 이름과 관계를 맺을 때, 바로 "텅 빈 주체"가 된다. 다시 말해, 존 스미스는 항상 규정상 그 개념 자체로 존 스미스인 것이 아니라 같은 이름을 가진 다른 사람이다. 셰익스피어의 줄리엣이 이미 알았듯이, 나는 절대 '그 이름'이 아니다. 존 스미스가 자신이 정말 존 스미스라고 생각한다면, 그는 정신병자다. 젊은 마르크스가 헤겔의 『법철학』을 비판할 때 놓쳐버린 요점도 바로 이것이다. 그는 281절의 시작 부분을 인용한다.

'의지의 헤아릴 수 없는 최종적인 자아'와 그와 마찬가지로 '자연에 맡겨져 있는 규정'으로서 '헤아릴 수 없는 실존'이라는 두 계기가 분리되지 않은 통일 상태에 있으면, '자의에 의해 움직이지 않는 것'이라는 이 이념이 군주의 위엄을 이룬다. 이 〔두 계기의〕 통일 속에 국가의 현실적 통일이 존립하며, 국가의 현실적 통일은 오직 이 두 계기의 내적이며 외적인 직접성에 의해서만, 특수성, 특정한 자의, 목적 그리고 〔주관적〕 견해의 영역으로 전락할 가

능성으로부터 벗어나며, 왕위를 둘러싼 당파와 당파의 다툼과 국
가권력의 약화와 붕괴로부터도 벗어난다.[2] (『법철학』, 서정혁 옮김,
515쪽)

그리고 마르크스는 (너무나 상식적인) 반어로 가득 찬 논평을
덧붙인다.

의지와 변덕의 우연성과 자연과 출생, (군주) 존엄의 우연성이 두
계기다. 따라서 우연성은 현존하는, 국가의 통일성이다. 헤겔에 따
르면, 국가가 안팎에서 곧바로 현존하는 방식은 (변덕과 파벌 다
툼으로 인한) 갈등에 영향을 받지 말아야 한다. 국가가 곧바로 현
존하는 방식은 놀랍다. 갈등은 바로 국가로 인해 가능하기 때문
이다. (…) 군주의 세습적 성격은 군주의 개념에서 유래한다. 군
주는 전체 인류 가운데 지목을 받은 자여야 한다. 그는 다른 모
든 사람 가운데 구별된 인물이다. 그러나 군주를 다른 모든 사람
과 구분하게 만드는 차이점은 무엇일까? 바로 군주의 몸이다. 몸
에서 최고의 기능은 생식활동이다. 따라서 군주가 행하는 최고의
입헌활동은 생식활동이다. 군주는 생식활동으로 군주를 만들고
자기 몸을 유지하기 때문이다.[3]

마르크스는 비꼬면서 마무리한다. 헤겔이 말하는 군주제는
군주의 생식기에 붙이는 장식에 불과하다. 우리는 마르크스에
게 이렇게 대답해야 한다. 그렇다. 하지만 헤겔이 말하려는 것이

바로 그것이다. 한 인간이 자기 생식기에 붙이는 장식이 되는 전도가, 즉 이런 명백한 소외가 국가의 주권을 구현하는 자처럼 행동할 때 치러야 하는 대가다. (이 상황의 아이러니에 주목하라. 여기 있는 몸과 나의 상징적 정체성 사이의 틈이 거세에 의해 생긴 틈인 한, 내가 생식기로 환원되는 것은 정확히 거세가 일어나는 과정이다.)『법철학』281절에서 분명히 볼 수 있듯이, 세습되는 군주제는 당파들의 쟁투와 변덕을 해소하는 방법이다. 즉 권력의 사회적 형태가 가지는 우연성을 해소하는 방법이다. 이 우연성은 더 깊은 차원에 있는 필연성으로 극복할 수 없다. (예를 들어 플라톤이 주장한 철학자 왕처럼 통치자가 가진 지식이 통치자의 권력을 정당화하는 방식으로 우연성을 극복할 수 없다는 뜻이다.) 오히려 우연성을 더 밀고 나가야 극복할 수 있다. 다시 말해, 자신의 생식기에 붙은 장식으로 환원된 주체가 사회 구조의 꼭대기에 있다고 가정하는 것이다. 이 주체는 (노동이나 활동을 통해) 자기 자신이 되지 않고 곧바로 자기 자신으로 태어난다. (군주는 무언가를 해서 군주가 된 것이 아니라 군주로 태어난다.) 군주가 현명하고 정의로우며 용감한 인물이 된다는 것을 보장할, 더 깊은 차원의 필연성은 없음을 헤겔도 충분히 안다. 한 인물의 실제 자질과 그에게 수여된 지위가 일치하지 않는다는 우연성은 군주에게서 가장 극명하게 드러난다. 다시 말해, 군주에게는 출생만이 중요하다. (이것을 순수하게 철학 용어로 표현하자면, 헤겔이 우연성을 주장할 때 얼마나 급진적인지 여기서 잘 드러난다. 헤겔에게 있어서는 우연성을 배가해야만 우연성을 극복할 수 있다.) 사회

정치적 차원에서는 이 우연한 과정이 낳은 결과를 모든 주체가 받아들여야 사회가 안정될 수 있다. 군주는 탄생한다는 이 우연성이 사회적 투쟁에서 제외되기 때문이다.

여기서 이런 논리를 반박하는 논증을 제시할 수 있겠다. 예를 들어 헤겔도 순수함이라는 환영에 사로잡혀 있지 않은가? 즉 헤겔은 국가 관료제에서 작동하는 전문 지식은 공동선을 증진시키는데 합리적으로 기여할 뿐이라는 생각에 사로잡힌 것이 아닐까? 아니다. 헤겔은 정치의 환원 불가능한 불투명성을 인정한다. (정치는 당파들의 쟁투와 특수 이해들의 우연한 어울림에 사로잡혀 있다.) 단지 헤겔이 품은 허황된 기대는 이런 것이 아니었을까? 군주라는 객관적으로 규정하기 힘든 주관적 요소를 따로 분리해낸다면, 이 요소 때문에 나머지 요소인 국가 관료제는 합리적이 되고 특수 이해들의 충돌에서 벗어날 것이라고 (헤겔은) 기대하지 않았을까? 따라서 국가 관료제를 '보편적 계급'으로 규정한다면, 국가는 정치에서 벗어나고 정치에 고유한 분쟁에서 제외되지 않을까? 헤겔은 정치가 "왕좌를 둘러싼 분파들의 우연한 전쟁"으로 이루어짐을 충분히 의식했지만, 군주가 스스로 이 우연성을 받아들여 국가관료제를 중립적 기구로 마술처럼 바꿔버리는 것이 아니라, 오히려 군주가 생물학적 탄생을 통해 우연히 정해지기 때문에 자신은 형식적 의미에서 정치적 갈등 위로 격상한다고 생각했다.

스스로 운동하면서 모든 내용을 매개하는 개념에서 이 내용을 자유로이 전개하는 행위/선택으로 이행하는 것을 라캉의 용어로 고쳐 쓰면, S₁에서 S₂로의 이행—기표들의 연쇄인 지식에서 수행적 주인 기표로의 이행이 된다.(수행적 주인 기표의 뜻은 헤겔이 말한 절대 앎과 정확히 상응하는데, 절대 앎은 자신의 구체적인 내용에서 '면제되어' 있다.) 따라서 셸링은 헤겔을 잘못 비판했다. 결정하면서 개입하는 행위는 완전히 내재적이다. 결정하는 순간은 사실 진술에서 수행으로 역전되는 '봉합 지점'이다. 헤겔이 군주제를 옹호할 때 국가에서 왕이 하는 역할도 똑같지 않을까? 관료제가 지식을 늘어놓고 나서 왕이 결정한다. 왕의 결정은 의지가 완전히 구체적으로 대상처럼 나타난 것으로서 "특수성을 모두 한 자아로 재흡수하고, 의지가 이러저러하게 끊임없이 진동하면서 찬성과 반대를 저울질하는 것을 중지시킨다. 그래서 '나는 이렇게 결정한다'고 선언하면서 왕은 모든 활동과 현실을 시작한다". 헤겔은 군주가 이렇게 따로 분리되어 있다고 강조하면서 이미 다음과 같이 말했다.

궁극적 자기 결정은 인간 자유의 영역에 속할 수 있다. 궁극적 자기 결정이 특수하고 조건에 매인 모든 것과 분명하게 분리되어 그것들 위로 치솟아 있는 정점에 자리잡고 있는 한 그러하다. 궁극적 자기 결정은 오직 그럴 때에만 현실적이고 자신의 개념과 일치한다." 그래서 '군주 개념'은 이치를 따지고 드는 방식으로는, 즉 반성에 의존하는 오성적 고찰로서는 가장 난해한 개념이다. 왜냐하면 이치나 따지고 드는 처지에서는 개개의 사소한 규정에 그대로 머무른 채 갖가지 이유나 유한한 관점에 대한 것, 그리고 갖가지 이유에서 연역하는 일에 대한 것밖에는 모르기 때문이다. 따라서 그것은 군주의 위상을 단지 형식상으로뿐만 아니라 그의 본분에 대해서까지도 어떤 연역되고 파생된 것으로 나타내준다. 그렇지만 사실 군주의 개념이란 군주는 결코 연역되거나 파생된 것이 아니라 단적으로 자기로부터 시작된 것이라는 데에 있다.(『법철학』, 임석진 옮김, 505-506쪽)

다음 절(280)에서 헤겔은 군주제가 반드시 필요함을 사변적으로 증명한다.

국가 의지의 이 최종 자아는 이러한 그의 추상의 상태에서 단순하며, 따라서 직접적 개별성이다. 그래서 그의 개념 자체에는 자연성의 규정이 들어 있다. 따라서 군주〔일인 통치자〕는 본질적으로 일체의 내용을 추상한 상태에서 바로 이 개인으로 존재하며, 이 개인은 직접적인 자연적 방식으로, 자연적 출생을 통해 군주의 지위에 세워진다.

〔주석〕 순수 자기규정의 개념으로부터 존재의 직접성으로의, 자연성으로의 이 이행은 순전히 사변적인 성질을 띠며, 따라서 이 이행을 인식하는 것은 논리적 철학〔논리학〕에 속한다. 이 이행은 의지 일반의 본성으로 알려져 있고 주체성으로부터 내용을 (표상된 목적으로서) 현존으로 옮기는 과정과 전체적으로 동일한 이행이다.(8절) 그러나 여기서 고찰된 이행과 이념의 본래 형식은, 어떤 특정한 내용을 (행위 속의 어떤 목적을) 통한 매개 없이 의지의

(단순한 개념 자체의) 순수 자기규정이 이것과 자연적 현존으로 직접 뒤엎기다. 소위 신의 현존에 관한 존재론적 증명에는 절대적 개념의 존재로의 동일한 뒤엎기가 있고, (…)(『법철학』, 서정혁 옮김, 513-514쪽)

[추가] 흔히 군주에 반대하는 입장에서 군주가 교양을 제대로 갖추지 않을 수도 있고 어쩌면 국가의 정점을 차지할 만한 값어치가 없을 수도 있으니, 국가가 어떤 운세에 처하느냐는 군주로 인한 우연에 좌우된다느니 하면서 그와 같은 상태를 이성적 상태로 현실에 존재하게끔 한다는 것은 이치에 맞지 않는다는 등의 주장이 내세워지곤 한다. 그러나 개인적 성격의 특수성에 중점을 두는 이런 전제는 지금 여기에는 전혀 합당치 않다. 실로 완성된 국가 조직에서는 오직 형식적 결단을 행하는 정점만이 중요할 뿐이며, 오직 군주의 최측근에 있는 단 한 사람이 '그렇습니다'라는 한마디로 마무리하는 점을 찍기만 하면 되는 것이다. 국가의 정점에 이르러서는 결코 성격의 특수성이 중요한 역할을 하는 일이 있어서는 안 되기 때문이다. (…) 확고한 질서가 잡혀 있는 군주제에서는 객관적인 면이 오로지 법률에만 귀속되어 있고 군주는 다만 이 법률에 주관적 입장에서 '나는 의지한다'는 것을 덧붙이기만 하면 그것으로 충분하다.(『법철학』, 임석진 옮김, 512-513쪽)

"순수 자기규정의 개념으로부터 존재의 직접성으로의, 자연성으로 이행하는" 사변적 순간을 지성은 파악할 수 없다. 다시 말해, 지성은 살아 있는 총체성을 보편적으로 매개하는 것을 잘 파악하지만 이 전체가 자신을 현실로 드러내려면 '자연적이고' 직접적인 단독성의 모양으로 현실에 존재해야 함을 파악할 수 없다. (여기서 헤겔을 경멸하는 마르크스주의자도 위와 같은 사실을 무시하는 바람에 대가를 치렀다. 다시 말해, 마르크스주의 정부라고 자신을 정당화한 정권에서도 지도자가 다시 등장하는데, 그는 이성적 전체를 곧바로 구현할 뿐 아니라 완전한 지식을 가진 자로서 이성적 전체를 온전히 구현한다. 마르크스주의 정권의 지도자는 그저 i 위에 쉼표를 찍는 하찮은 존재가 아니다. 즉 스탈린주의 지도자는 군주가 아니다. 그는 군주의 존재를 더 나쁘게 만든다.) 지성은 그리스도론적 순간을 놓친다고 말할 수도 있겠다. 보편 정신을 구현하려면 특이한 개인이 반드시 필요한데, 지성은 바로 이것을 파악할 수 없다는 뜻이다. 여기서 '자연' 개념을 완전하게 받아들여야 한다. 똑같이, (헤겔) 논리학의 결말을 봐도, 스스로 매개하는 과정을 완결하는 이념은 자신에게서 자연을 출산하고 바깥에 있는 자연적 존재가 되어버린다. 국가는 합리적으로 자신을 매개하는 과정에서, 매개되지 않은 자연적 의지, 말 그대로 '비합리적'이라고 규정된 의지 안에서 현실적 존재가 되어야 한다.

(정확히 왕의 머리를 칠 때 사용되는) 단두대를 찬양하는 체스터턴을 떠올려보자.

단두대에도 죄가 많다. 그러나 정확히 말해 단두대는 진화와 아무런 관계가 없다. 흔한 진화론적 논증은 사형집행용 도끼에서 가장 좋은 해답을 발견한다. 진화론자는 묻는다. '어디에 선을 긋는가?' 혁명론자는 대답한다. '나는 여기에 선을 긋겠습니다. 정확히 당신의 머리와 몸 사이에.' 어쨌든 단두대로 내리친다면 어떤 순간에도 추상적 옳고 그름은 있어야 한다. 다시 말해, 갑작스러운 것이 있다면, 영원한 어떤 것도 있어야 한다.[4]

행동을 이론으로 해명한 이론가 자체인 바디우가 왜 영원을 언급해야 했는지 바로 여기서 이해할 수 있다. 영원(성)이 시간으로 개입하는 사건으로 행동을 이해하지 않는다면, 행동을 파악할 수 없다. 역사주의적 진화론이 도달하는 결론은 결국 끊임없이 미루기다. 상황은 늘 복잡하고, 설명되어야 할 측면은 늘 더 많으며, 찬성과 반대를 묻는 논쟁은 절대 끝나지 않는다. 이런 상황을 돌파하기 위해 행동은 과격하게 단순화된다. 고르디우스의 매듭을 풀듯이 행동은 절단해버린다. 이는 끊임없는 궁리가 단단하게 굳어서 '예' 혹은 '아니오'로 단순해지는 마법 같은 순간이다.

라캉은 학교 시험에 얽힌 이상한 사실을 지적했다. 나의 시험 결과를 평가하는 과정과 그 결과를 등록하는 행위 사이에는 아주 작은 틈과 지연이 있다. 시험문제를 완벽하게 풀었다고 알고 있더라도, 성적이 발표되기 전에는 아주 작은 위험, 즉 우연이 남아 있다. 이 틈은 (사실) 기술과 수행 사이의 틈이며, 결과 평가와 (완전히 상징적 행위인) 결과 등록 사이의 틈이다. 관료제를 뒤덮은 신비를 가장 극적으로 보여준 것이 이 틈이다. 즉 당신은 사실을 알지만 이 사실이 관료제에 의해 어떻게 등록될지 절대

확실히 알 수 없다. 장 피에르 뒤퓌가 지적하듯, 선거에도 같은 논리가 통한다. 선거가 진행될 때, 우연의 순간이 중요하다. 위험, 즉 '당선'의 순간이 결정적이다.[5] 완전히 '합리적'인 선거는 전혀 선거가 아닐 것이다. 그것은 대상이 되어버린 투명한 과정일 것이다. (전근대) 전통 사회는 결과를 '검증'하는 초월적 근원에 호소해 우연성의 문제를 풀었다. 전통 사회는 신이나 왕에게 권위를 부여한 것이다. 근대성은 바로 여기서 궁지에 빠진다. 근대 사회는 자신이 자율적이며 스스로 규율한다고 느낀다. 근대 사회는 (권위) 바깥에 있는 (초월적) 근원에 더는 기댈 수 없다. 하지만 선거가 치러질 때 위기의 순간이 계속 작동해야만 한다. 그래서 시사평론가는 투표(결과)의 '비합리성'을 지적하는 것을 그렇게 좋아하는 것이다. (선거운동이 끝나는 마지막 날까지 표가 어디로 쏠릴지 아무도 모른다.) 다시 말해, 민주주의가 끊임없이 여론조사만 해댄다면 민주주의는 작동하지 않을 것이다. 끊임없이 여론조사만 한다면, 민주주의는 '수행적' 성격을 박탈당한 채 완전히 기계적으로 수치만 생산하는 과정으로 전락할 것이다. 르포르가 지적하듯, 투표는 (희생) 제의로서 유지되어야 한다. 즉 사회를 스스로 허물고 다시 세우는 제의로서 유지되어야 한다.[6] 선거라는 위기는 그 자체로 투명하면 안 되고, 최소한 외부화되고 물화되어야 한다. 이를테면 "인민의 의지"는 고대인이 헤아릴 수 없는 신의 의지나 운명의 힘으로 이해했던 것의 현대적 등가물이다. 사람들은 선거 같은 순수한 위기가 낳은 결과를 자신이 직접 선택한 결과라고 받아들일 수 없다. 하지만 그 결과가

'실재'를 조금이라도 가리킨다면, 그것을 받아들일 수 있다. 헤겔은 오래전에 이것을 알고 있었다. 헤겔이 군주제를 방어한 논점은 이것이 전부이다. 끝으로 하나만 더 말하자면, 사랑도 마찬가지다. 사랑에는 "실재가 전하는 대답"의 요소가 들어 있어야 한다. (예를 들어 "우리는 영원 전부터 예비된 짝이었다".) 그래서 나는 완전히 우연하게 사랑에 빠지게 되었다고 실제로 받아들일 수 없는 것이다.[7]

제라르 르브룅은 헤겔 해석가로서 탁월한데도 '철학자 왕'을 주장하는 플라톤의 전통에 헤겔을 집어넣는 부족함을 드러낸다. 플라톤의 전통을 따르면, 권력을 행사하려면 그것을 뒷받침하는 이유가 있어야 하며, 권력을 행사하는 사람은 지식과 능력을 발휘하여 자격을 증명해야 한다. 그리고 권력은 공동체 전체의 이익(선)을 증진시키는 데 이용되어야 한다. 르브룅은 이런 맥락에서 헤겔의 국가 관료제를 이해한다. 즉 플라톤적 권력 개념이 헤겔의 국가 관료제 개념을 지탱한다고 한다. 국가 관료는 '보편적 계급'으로서 시민사회를 이루는 구성원과 집단들의 특수 이해에 대항하여 국가의 이해를 보호하도록 교육된다.

르브룅에 따르면, 니체는 그런 통념을 반박하면서 그 전제를 의심한다. 어떤 권력자가 자신이 다스리는 자의 이익을 증진시킴으로써 자신을 정당화해야 한다고 생각하는가? 권력을 행사하려면 이유를 제시해야 한다는 주장을 받아들이는 권력이 도대체 권력인가? 이런 권력 개념은 스스로 허물어지지 않을까? 내가 당신의 기준으로 내 권위를 정당화해야 한다고 믿는다면, 내가 어떻게 당신을 지배하는 주인이 될 수 있는가? 이는 내 권위가 당신의 승인에 달려 있기 때문에 당신의 주인으로 행동할 때 실제로는 내가 당신을 섬기고 있음을 함축하지 않는가? (왕은 인민에게 봉사하는 최고의 하인이라는, 유명한 프리드리히 대제의 사상을 떠올려보라.) 진짜 권위는 있는 그대로 수용되므로 자신을 정당화할 이유를 댈 필요가 없지 않을까? 키르케고르가 기술하듯이, 아버지가 현명하고 정직하며 선하므로 아버지에게 복종한다고 말하는 자식이 있다면, 그는 아버지를 모독한 것이다. 그것은 아버지의 권위를 완전히 거부하는 행위다. 라캉의 용어로 기술하자면, "있는 그대로의" 권위에서 정당화된 권위로의 이행은 주인 담화에서 대학 담화로의 이행을 뜻한다. 정당화된 권력이 실행되는 곳에서는 분명히 정치가 방해받는다. 그곳에서는 전문 기술이나 전문 지식으로 통치된다. 그래서 합리적 인간이라면 누구나 이해하고 동의할 수 있는 이유가 권력 행사를 뒷받침해야 한다. 이런 사상 아래에 깔린 전제는 이렇다. 나는 권력 행사자로서 완전히 대체 가능하며, 권력 행사자의 자리에서 다른 모든 사람이 행할 것으로 기대되는 행위를 나도 한다. 정치는 경쟁하면서 싸우는 장이며 해소될 수 없는 사회 적대가 분명하게 표현되는 영역이다. 그러나 정당화된 권력 개념을 따른다면 보편적 이해를 곧바로 실행하는 합리적 행정이 정치를 대체해야 한다.

그런 정당화된 권위 개념을 헤겔에게 전가한 르브룅은 옳았는가? 헤겔은 진정한 권위가 항상 동어반복적 자기 주장의 요소를 언제나 담고 있음을 완전히 인지하고 있지 않았을까? "내가 그렇다고 말했기 때문에 그것은 그렇다." 찬성하거나 반대하는 이유를 끊임없이 제시하는 행위를 중지하는, 우발적 결정 같은 '비합리적' 행위가 바로 권력 행사다. 헤겔은 이런 이유로 군주제를 옹호하지 않았을까? 합리적 전체로서 국가는 그 꼭대기에 '비합리적' 권위를 가진 인물을 필요로 한다. 이 인물의 권위는 자격 심사에 의해 정당화되지 않았다. 공무원은 모두 권한을 행사할 능력을 스스로 입증해야 하지만 왕(군주)은 자신이 왕이기 때문에 정당하다. 오늘날의 용어로 표현하자면, 국가권력 행사의 수행적 차원은 왕의 몫이다. 국가 관료는 국가가 어떤 일을 수행할지 정해두지만, 왕이 서명을 해야 그것을 수행할 수 있다. 왕이 서명을 해야 그것을 사회에 강제할 수 있다. 국가 관료제에 구현된 '지식'과 왕에게 구현된 주인의 권위 사이의 거리 덕분에 사회체(국가)는 '전체주의'의 유혹에 말려들지 않는다는 것을 헤겔은 정확히 의식했다. '전체주의적 정권'은 주인이 무소불위의 권력를 행사하면서 합리적 지식이 암시하는 주장을 무시하는 정권이 아니다. 오히려 (합리적으로 정당화된 권위인) 지식이 곧바로 '수행적' 권력을 취해버리는 정권이 '전체주의적 정권'이다. 스탈린은 자신이 주인이라고 내세우지 않았다. 스탈린은 인민을 섬기는 최고의 하인으로서 지식과 능력을 내세워 자신이 하인임을 정당화했다.

헤겔은 자기 관점을 주인 담화와 대학 담화 사이에 두었다. 헤겔의 통찰력은 여기서 돋보인다. (주인 담화는 전통적 권위를 내세우지만 대학 담화는 근거나 주체들의 민주적 합의로 정당화되는 근대적 권력을 내세운다.) 헤겔은 주인 권위가 내뿜는 지도력이 속임수임을 알았다. 주인은 얼굴마담일 뿐이다. 주인은 주인이라는 자리를 점유하고 있다. 오직 그 사실 덕분에 그는 주인이된다. (주인의 신민이 그를 주인으로 섬기기 때문에 그는 주인이 된다.) 그런데 헤겔은 이 과잉을 없애고 전문가의 지식에 의해 완전히 정당화된 스스로 투명한 권위를 부과하려 한다면 결과가 훨씬 더 나빠질 거라는 사실도 잘 알고 있었다. 그렇게 되면 '비합리성'이 국가의 상징적 우두머리인 왕 안에 갇혀 있지 않고 전체 사회 권력 전체로 퍼져버린다. 카프카가 그린 관료제가 정확히 그런 권력체다. 카프카가 기술한 관료제는 주인이 제거된 전문 지식의 체제다. 벤야민이 일기에 썼듯이, 브레히트는 카프카와 대화하다가 카프카는 "유일한 진짜 볼셰비키 작가"라고 주장했다.[8]

그렇다면 헤겔의 관점은 냉소적인가? 우리는 군주가 지극히 평범한 사람임을 잘 아는데도 군주는 자질이 뛰어나 군주가 되었다는 듯이 군주를 대우하라는 말인가? 하지만 헤겔의 관점은 냉소주의에서 한 걸음 떨어져 있다. 유토피아를 지향하는 듯한 헤겔의 제안은 이렇다. 군주에게 있다고 가정된 자질 때문에 군주를 존경하는 것이 아니라 오히려 군주가 평범하다는 사실 때문에, 그가 인간의 허약함을 대표한다는 사실 때문에 군주를 존경한다. 하지만 이 주장이 그렇게 간단하지는 않다. 사회체제의 꼭대기에 있는 왕과 지도자라는 과잉은 사회체제 밑바닥에 있는 과잉으로 보충되어야 하지 않을까? (왕은 사회체 안에 있지만 자기 몫이 없는 존재에 의해, 사회 안에 자기 자리가 없는 존재에 의해, 헤겔이 찌꺼기Poebel라고 부른 존재에 의해 보충되어야 하지 않을까?) 헤겔은 찌꺼기인 천민이 "자기 몫이 없는 부분"이자 사회적 총체성을 파괴하는 과잉으로서 자신의 이 지위에서 어떻게 총체성 자체의 "반성적 규정"인지 주목하지 못했다. 다시 말해, 천민은 사회 전체의 보편성을 곧바로 구현하는 개별적 요소이며 사회적 총체성은 자신의 구성 요소 안에서 찌꺼기의 모습으로 나타난 자신을 대면함을 파악하지 못한 것이다. 그런데 찌꺼기는 사회 정체성을 구성하는 핵심 요소다.[9] (이런 논리의 변증법적 책략에 주목하라. 사회 전체의 정체성을 '봉합'하는 요소는 "이리저리 부유하며", 사회 구성 요소의 어떤 고정된 정체성도 해소한다.)[10] 헤겔의 『법철학』에 나오는 (찌꺼기를 언급한) 구절에 대한 프랑크 루다의 해석이 옳은 이유도 여기에 있다. 찌꺼기 같은 무리(천민)는 (헤겔 철학 전체는 아니더라도) 헤겔의 『법철학』 전체에서 증상처럼 작동한다.[11] 헤겔이 찌꺼기(같은 무리)가 구현하는 보편적 차원을 볼 수 있었다면, 마르크스처럼 헤겔은 증상을 만들어낼 수 있었을 것이다.(마르크스는 프롤레타리아가 기존 사회가 부딪힌 궁지를 구현하고 있다고 생각했다.)[12] 찌꺼기는 근대의 합리적 국가가 만들어낼 수밖에 없는 '비합리적' 잉여 집단이며, 조직된 근대 국가에 형식적으로 포함되어 있으나 자기 자리는 없다. 이 사실 때문에 찌꺼기 개념은 (근대 국가에서) 증상처럼 작동한다. 찌꺼기는 특이한(단독적) 보편성 범주를 완벽하게 예시한다. (이 특이성은 보편성을 곧바로 구현하면서 개별자를 거쳐 보편성에 이르는 [매개] 과정을 건너뛴다.) 특이한 보편성은 랑시에르가 말한 "자기 몫이 없는 부분"을 뜻한다.

> 사회 구성원에게 필수적인 것으로서 저절로 조절되는 그러한 생계 방식 정도에도 못 미치는 수준으로 많은 대중이 전락해, 그 고유의 활동과 노동에 의해 성립하는 법, 정의와 명예의 감정을 상실하게 됨으로써, 천민이 산출된다. 천민의 산출은 동시에 극소수의 수중에 엄청난 부가 집중되는 것을 더욱더 용이하게 한다.(『법철학』, 서정혁 옮김, 431쪽)

찌꺼기의 지위를 둘러싼 분명한 정치적 논의와, 보편성과 개별성의 관계를 규정한 헤겔 존재론의 기본 관점은 연결되어 있음을 이 인용문에서 쉽게 간파할 수 있다. (보편성과 개별성의 관계는 다른 말로 풀이하면 '구체적 보편성'을 이해하는 문제를 뜻한다.) 기존 해석에 따르면, 구체적 보편성은 보편성이 유기적으로 개별 단계로 분할되는 것을 뜻한다. (거꾸로 개별 단계들이 유기적으로 결합되어 보편성을 이룬다고 말할 수 있다.) 이때 보편성은 개별자가 곧바로 분유하는 추상적 특징이 아니며, 개별자가 보편자에 참여할 때 규정들의 특수한 연결망으로 항상 매개된다면, 이에 상응하는 사회 개념은 법인체가 될 것이다. 즉 유기적 전체로서 사회에서 각 개인은 특정한 자리를 찾아야 하며, 이를테면 특수한 의무나 책무를 완수하여 국가에 참여한다. 이 사회에서 시민은 원래 없다. 개인은 개별 계급의 구성원이 되어 전체가 조화를 이루도록 도와야 한다. 예를 들어 개인은 농부와 공무원, 한 가족의 어머니, 교사, 장인이 되어야 한다. 헤겔이 이런 주장을 했다면, 그는 브래들리다운 원초적 파시스트였을 것이다. 이 헤겔은 원자론적 자유주의를 반대하고 구성 요소가 제 기능을 하는, 살아 있는 유기체인 국가를 옹호한다. 유기체 국가에서 찌꺼기는 비합리적 나머지로 나타나야 하며, 사회질서와 안정성을 위협하는 집단으로 나타나야 한다. 찌꺼기는 배제되어 바깥으로 내몰렸을 뿐 아니라 '합리적' 사회 전체에서 스스로 빠져나왔다.

하지만 헤겔이 '구체적 보편성'으로 말하려는 것이 과연 이것일까? 유genus를 종species에 곧바로 연결하여, 유가 유의 종 가운데 하나로 나타나게 함으로써 다른 종들과 대립하게 하고 부정적 관계를 맺게 하는 것이 변증법적 부정성의 중심이 아닌가? 암베드카가 간디에게 한 대답을 떠올려보라. "카스트 제도가 존속하는 한 부랑자도 있을 겁니다." 카스트 제도가 유지되는 한, 배설물처럼 버려진 무가치한 요소도 있을 것이다. 이 요소는 사회체계에 속해 있긴 하지만 자기 자리가 없다. 이 요소 자체는 사회체계의 (억압된) 보편성을 대변한다. 이런 뜻을 품은 구체적 보편성은 자기 종species 가운데 하나가 되어 개별적 내용이 없는 특이한 단계로 나타난다. 사회 전체 안에 자기 자리가 없는 사람들이야말로 그들을 만들어낸 사회의 보편적 차원을 대변한다. 따라서 사회 전체의 구성을 완전히 바꾸지 않는 한, 찌꺼기 같은 무리도 사라지지 않는다. 헤겔은 이것을 완전히 알았다. 그래서 그는 이 '곤란한 문제'를 외적이고 우연한 이유들이 아니라 엄밀하게 내적, 개념적 이유들로 풀 수 없다고 고백할 정도로 충분히 일관적이다. 물론 (경찰의 단속과 탄압, 자선 사업, 식민지로의 천민 수출같이) 이 문제를 푸는 조치들을 열거하지만, 헤겔은 이는 단지 이차적 완화제일 뿐이며 실제로 문제를 풀 수 없다고 스스로 인정하고 있다. 문제가 너무 어렵기 때문이 아니라, 이를테면 사회의 부가 가난한 자를 돌볼 만큼 충분하지 않기 때문이 아니라, 부가 너무 많기 때문이다. 사회가 부유할수록 가난도 더 커지는 것이다.

빈곤에 처해 있는 대중이 정상적인 생활 방식을 유지할 수 있도록 좀 더 부유한 계급에 직접적인 부담이 부과되거나, 아니면 다른 공적인 소유(부유한 병원, 재단, 수도원)에 [그렇게 할 만한] 직접적 수단이 있다고 한다면, 궁핍한 사람들의 생계가 노동을 매개로 하지 않고도 보장될 수 있을 것이다. 그러나, 이와 같은 상황은 시민 사회의 원리와 그의[시민 사회를 구성하는] 개인들의 자립성과 명예라는 감정의 원리를 위반하는 일이 될 것이다. 또한 [궁핍한 사람들의] 생계가 노동에 의해 (노동할 수 있는 기회를 부여받아서) 매개된다면, 생산량은 증대될 것이다. 그러나 이 경우에 생산의 과잉과 스스로 생산 활동을 하는 소비자의 상대적 부족으로 해악이 발생하며, 이 해악은 이와 같은 두 가지 방식[생산의 과잉과 소비의 부족]으로 단지 증대되기만 할 뿐이다. 여기서 드러나는 점은 부의 과잉에도 불구하고 시민 사회는 충분히 부유하지 못하다는 사실이다. 다시 말해 [시민 사회는] 자신이 보유하고 있는 부의 측면에서, 빈곤의 과잉과 천민의 발생에 대처할 수 있을 만큼 충분히 부유하지는 못하다.(『법철학』, 서정혁 옮김, 431-432쪽)

헤겔이 절묘하게 분석한 부분에 주목하라. 가난은 물질의 빈곤만을 뜻하지 않으며 사회적 인정을 받지 못한, 주관적 처지를 뜻하기도 한다고 지적한다. 그래서 공적 부조나 사적 자선으로 빈자를 돕는 것은 한계가 있다. 빈자는 자기 생활을 스스로 돌보는 즐거움을 빼앗긴 채 살아간다. 더구나 주체가 자신을 규정하는 정체성과 자신이 받는 인정을 궁극적으로 기성의 질서인 사회에서 찾는다고 강조할 때, 헤겔이 주체의 자유는 보편적 윤리 질서가 합리적이어야만 실현될 수 있다고 강조할 때, 그의 주장에는 분명하게 진술되지 않았지만 정반대의 뜻이 함축되어 있다. 즉 사회에서 인정받지 못한 자는 반란을 일으킬 권리를 갖는다는 것이다. 예를 들어 한 무리가 사회 구조상 권리를 박탈당한다면, 인간의 존엄성을 빼앗긴다면, (바로 그런 상태 때문에) 그들은 사회질서를 지켜야 하는 의무에서도 벗어난다. 이 질서는 더는 그들의 윤리적 실체가 아니기 때문이다. 헤겔은 "천민"을 멸시하듯 기술하지만, 천민의 반란은 합리적으로 충분히 정당화될 수 있다고 생각한다. 이 기본 사실을 놓치지 말아야 한다. "천민"은 윤리적 실체에 의한 인정이 거부된 계급이며, 단지 우연만이 아니라 체계적으로 그렇게 된 것이다. 그래서 사회에 빚진 것이 아무것도 없고 사회에 대한 어떤 의무도 질 필요가 없다.

기존 질서 안에 있는 인정되지 않은 요소인 부정성은 질서 안에 있으며 불가피하게 생산되지만 질서 안에 있을 자리가 없다. 그런데 헤겔은 본인의 기준으로 볼 때도 잘못을 저지르고 있다. 헤겔은 찌꺼기 인간은 사회의 보편성을 직접 대변해야 한다는 명백한 결론을 내리지 않는다. 찌꺼기 인간은 배제되고 자신이 있을 자리마저 인정받지 못하지만 보편 자체. 마르크스가 이 논점에 대해 헤겔을 비판한 것은 옳았다. 마르크스는 여기서 헤겔 자신보다 더 헤겔스러웠기 때문이다. '프롤레타리아'는 '합리적' 사회 전체의 '비합리적' 요소를 표시한다. 즉, '자기 몫이 없는 부분'을 표시한다. 사회 전체는 구조상 프롤레타리아라는 요소를 생산하면서도 사회 전체를 정의하는 기본 권리를 프롤레타리아에게 허락하지 않는다. 프롤레타리아 자체가 보편성 차원을 대변한다. 다시 말해, 보편적 해방이 이루어져야, 보편적 해방을 거쳐야 프롤레타리아도 해방된다. 어떤 면에서 모든 행동은 프롤레타리아답다. 다시 말해, "사회적 증상은 오직 하나뿐이다. 즉 모든 개인은 실제로 프롤레타리아답다. 이를테면, 개인은 담화를 통해 인맥을 만들 수 있지만, 그 담화를 마음대로 처리할 순 없다."[13] 담화를 박탈당한 "프롤레타리아 같은" 자리에서만, 기존 사회 연결망 안에 있지만 자기 몫이 없는, 그런 자리에서만 행동이 나타날 수 있다.

그러면 왕과 찌꺼기 인간이라는 나머지는 서로 어떤 관계를 맺을까? 사회 꼭대기에 있는 나머지와 사회 밑바닥에 있는 나머지는 어떤 관련이 있을까? 왕과 찌꺼기 인간이 관련 있다는 것은 대중주의적 권위주의 정권의 공식을 보여주지 않는가? 마르크스는 『루이 보나파르트의 브뤼메르 18일』에서 최초의 대중주의적 권위주의 정권을 분석하면서 이렇게 지적한다. 나폴레옹 3세는 한 계급을 다른 계급과 싸우도록 부추기면서, 이 계급에게서 빼앗아 저 계급의 배를 불렸다. 나폴레옹 3세를 뒷받침하는 계급은 오직 룸펜 프롤레타리아 무리였다. 파시즘의 역설도 비슷한 구조다. 파시즘은 위계질서를 옹호하고 모든 사람에게 자기 자리가 있다고 말하지만, 파시즘을 뒷받침하는 사회적 기반은 오직 찌꺼기 무리다(예를 들어 나치 돌격대). (파시즘) 지도자와 곧바로 연결되는 유일한 계급은 찌꺼기 무리다. 찌꺼기 무리 안에서만 히틀러는 참으로 "편안했다".

물론 헤겔은 객관적 가난은 천민이 발생하는 충분한 조건이 아님을 잘 알고 있다. 찌꺼기 무리가 생겨나려면, 주체는 물질적 궁핍을 심각한 불의로 느껴야 한다. 그리고 그런 불의가 생겨났으므로 자신은 사회에 대해 어떤 의무나 책무도 느끼지 않아야 한다. 헤겔은 이 불의가 실재함을 전혀 의심하지 않는다. 따라서 사회는 자유롭고 자율적인, 존엄한 생활을 위한 조건을 구성원 모두에게 보장할 의무를 진다. 이것은 구성원이 누릴 권리다. 이 권리가 부정당하면, 사회에 대한 의무도 모두 사라진다.

천민이 감당해야 할 최저 수준의 생계 규모는 저절로 정해지게 마련이지만 최저 한도라는 것은 각 민족에 따라 큰 차이가 있다. 영국에서는 극빈자라도 자신의 권리는 가진 것으로 믿는데, 이는 다른 나라의 빈민이 느끼는 만족도와는 사뭇 차이가 있다. 빈곤 그 자체가 사람을 천민화하지는 않는다. 천민은 빈곤에 결부된 마음 자세에 따라, 즉 부자나 사회 또는 정부 등에 대한 내심으로부터의 분노 여하에 따라 비로소 그렇게 규정된다. 게다가 이런 마음가짐을 갖게 되면 인간은 우연에만 의존하게 되고 경박해지며 노동을 기피하게 되는데, 이를테면 나폴리의 걸인들이 그러하다. 이렇게 되면 천민에게는 자신의 노동을 통해 스스로 생계를 꾸려나간다는 데 대한 자부심은 없이 생활비를 얻어 쓰는 일이 스스로의 권리인 양 이를 요구하는 악습이 생겨난다. 인간은 누구도 자연에 대해서는 권리를 주장할 수 없지만, 일정한 사회관계에서 빈곤은 곧바로 어떤 계급에게 가해지는 불법의 형식을 띤다. 이렇게 하면 빈곤을 퇴치할 것인가 하는 이 중대 문제야말로 특히 근대 사회를 뒤흔들며 괴롭히는 문제다.[14] (『법철학』, 주해, 임석진 옮김, 428~429쪽)

여기서 헤겔이 펼친 논증에는 동요와 애매함이 금세 드러난다. 헤겔은 처음에 빈자를 비난하면서 그들이 자신을 천민으로 생각한다고 지적하는 것 같다. 빈자는 스스로 일하여 생존을 유지해야 한다는 자율성의 원리를 버리고, 생존에 필요한 물질을 사회에서 받을 권리가 있다고 주장하는데, 헤겔은 빈자의 이런 주장을 비난하는 것처럼 보인다. 그러다 헤겔은 갑자기 논조를 바꿔 이렇게 강조한다. 인간은 자연과 달라서 사회에 대항할 권리를 가질 수 있다. 그러므로 빈곤은 그저 사실에 그치지 않는다. 빈곤은 한 계급이 다른 계급에게 저지른 불의다. 또한 헤겔의 논증에는 미묘하게 불합리한 부분이 있다. 헤겔은 부자와 사회, 정부를 향한 분노에서 곧바로 자기 존중의 결여로 넘어가버린다. (일하지 않고도 생존에 필요한 물질을 사회에 요구한다는 주장은 자신을 존중하지 않는다는 것을 함축한다.) 다시 말해, 천민은 비합리적이다. 일하지 않고도 번듯하게 사는 것을 요구하며, 이를 통해 자유와 자율의 기반은 자기 매개의 노동이라는 근대의 기본 공리를 부인하기 때문이다. 따라서 노동하지 않고도 생존할 권리는 비합리적으로 보일 뿐이다.

> 자유의지는 객관적 활동으로 자신을 대상으로 세워야만 자유로울 수 있다. (…) 이는 보편적이지도 객관적이지도 않은 권리를 주장하는 것이다. 따라서 헤겔에게 천민이 주장하는 권리는 **권리 없는 권리**다. (…) 그래서 헤겔은 천민을 권리와 의무의 본질적 관계로부터 스스로 벗어나버린 특수성으로 정의한다.[15]

하지만 천민들의 분노는 자기 존중이 결여된 상태와 같지 않다. 그들이 품은 분노가 일하지 않고 생존할 권리를 요구하는 것으로 곧장 나아간 것은 아니다. 거꾸로 자기를 존중하는 자가 분노할 수 있다. 천민들은 사회 재생산 과정에서 불가피하게 생산되므로, 이들이 자유와 권리의 사회적 체계에 참여할 권리를 부정하는 것은 사회 자체다. 천민들은 권리들을 가질 권리조차 부정당한다. 이 '권리 없는 권리'는 실제로 상위 권리이며 반성적 권리다. 다시 말해, 권리를 가질 보편적 권리이며, 자유로운, 자율적 주체로서 행위할 자리를 차지할 권리다. 따라서 일하지 않고도 생존할 권리를 요구하는 것은 더 기본적이자, 전혀 '비합리적'이지 않은 요구의 (아마도 피상적인) 겉모습일 것이다. 오히려 이는 자유로운 자율적 주체로서 행동하며 자유와 의무의 세계에 포함될 기회를 달라는 요구다. 다시 말해, 천민들은 자유롭고 자율적인 삶의 보편적 영역에서 배제되었기 때문에, 그들의 요구는 그 자체로 보편적이다.

천민이 요구한 권리 없는 권리는 잠재된 보편적 차원을 담고 있고 절대 그 자체가 단순한 특수 권리는 아니다. 권리 없는 권리는 천민을 통해 특수하게 표현되지만 잠재적으로 누구에게나 영향을 주고 기성의 국가적 상황에 매이지 않고 평등을 요구할 수 있다는 발상을 제공한다.[16]

헤겔은 빈곤과 부의 맞섬을 제시하느라 분명하게 보여주지 않았지만 프랑크 루다가 상세히 설명한 구분이 있다. 다시 말해, (권리와 자유의 체계에서 배제된) 찌꺼기 무리의 구성원은 구조상 두 유형으로 구분된다. 빈자가 있고 도박꾼이 있다. 자기 의도와 상관없이 누구나 빈자가 될 수 있다. 그러나 이기적 필요와 욕망을 채우려고 일을 할 필요는 없다고 스스로 결심한 자만이 도박꾼이 될 수 있다. 도박꾼은 부르주아 경제의 우발적 운동에 완전히 의존하면서, 똑같이 우발적 방식으로 생계를 유지하길 바란다. 예를 들어 주식시장에서 운으로 돈을 벌고 싶어한다. 그래서 백만장자는 의무와 자유의 체계에 통용되는 규칙을 위반하거나 그 규칙에서 스스로 벗어난다는 뜻에서 찌꺼기 인간에 속한다. 백만장자는 일하지 않고도 생존할 권리를 사회에게 요구할 뿐 아니라, 정말로 그런 삶을 산다. 결국 헤겔은 찌꺼기 인간의 자리를 비판하면서, 그들은 비합리적 개별성으로 존재하며 합리적으로 조직된 보편성에 맞서 개별적 이해를 이기적으로 내세운다고 지적한다. 하지만 찌꺼기 인간들을 빈자와 도박꾼으로 나눌 때, 헤겔의 판결이 적용될 대상은 도박꾼뿐이다. "헤겔이 올바로 판단했듯이, 찌꺼기 인간으로서 부자는 개별자이지만, 찌꺼기 인간으로서 빈자는 헤겔의 판결과 반대로 잠재적, 보편적 차원을 포함한다. 이 차원은 심지어 헤겔의 윤리 개념이 내포한 보편성에도 뒤지지 않는다."

그래서 천민에 대한 논의에서 헤겔이 본인의 변증법적 과정의 모체에 비춰볼 때 일관적이지 않았음을 증명할 수 있다. 실제로 헤겔은 총체성에 대한 진정한 변증법적 개념에서 물러나 사회 전체라는 공동체 모형으로 달려간다. 헤겔이 그저 우연히 경험적으로 잘못을 범해서 이렇게 되었을까? 우리는 헤겔의 논점을 고쳐서 '참된' 헤겔의 체계를 세울 수 있을까? 여기서 요점은 변증법이 제시하는 기본 지침을 적용해야 한다는 것이다. 변증법을 변증법답게 제대로 구사하지 못한 국지적 잘못은 변증법에 내재된 증상이다. 이 잘못은 변증법의 기본 기제에 내재된 근본 결함을 가리킨다. 요컨대 헤겔이 찌꺼기 인간의 보편적 성격을 제대로 기술했다면, 헤겔이 구상한 이성적 국가 모형을 버려야 했을 것이다. 그렇다고 해서 헤겔을 버리고 마르크스로 가기만 하면 이 문제가 모두 풀리는가? 찌꺼기 무리를 프롤레타리아라는 '보편 계급'으로 대체하면 헤겔의 비일관성이 해소되는가? 여기서 리베카 코메이가 헤겔의 사회 정치적 한계를 어떻게 요약하는지 보자.

헤겔은 마르크스가 아니다. 천민은 프롤레타리아가 아니다. 공산주의는 곧 실현될 것 같지 않고 혁명도 해답은 아니다. (…) 헤겔은 시민사회의 모순에서 계급사회의 조종을 볼 준비가 되어 있지 않았다. 또한 자본주의 자체는 스스로 무덤을 판다는 것도, 공민권을 박탈당한 대중 안에서 눈먼, 마구 날뛰는, '초보적이고, 비합리적이고, 야만적이며, 끔찍한' (…) 무리의 파도 이상의 어떤 것도 볼 준비가 되어 있지 않았다. 이 무리의 통합은 실현되지 않았고, 실현될 수 없는 하나의 '당위'로 남아 있다. (…) 하지만 헤겔에게 범상치 않은 이 아포리아는 미완의 것 혹은 헤겔이 완성되었다고 선언한 체계 안에서 이미 무너지고 있는 것을 가리키며, 현실성과 합리성의 실패도 가리킨다. 그런데 이 실패는 그가 다른 곳에서 홉스적 언어로 지상의 신성이라고 찬양한, 국가의 견고성을 허문다.[17]

코메이의 지적처럼 헤겔은 그저 역사의 지평에 갇혀 있었을까? '자기 몫이 없는 자리'를 점유한 자가 품은, 해방적 잠재력을 간파하기에 너무 일찍 태어난 것일까? 그래서 자신이 사유했던 이성적 국가가, 풀리지 않았고 풀릴 수도 없는 궁지에 빠져 있다고 솔직히 기술하는 것 외에 다른 일은 할 수 없었던 것일까? 그러나 20세기 역사는 혁명에 대한 마르크스의 기대도 문제가 있다고 말하지 않던가? 오늘날 우리는 후쿠야마가 말한 역사의 종말 이후를 살고 있는데, 지금은 노년의 헤겔이 처한 상황과 똑같지 않을까? 우리는 자유민주주의적 복지국가 체제 안에 이미 부서지고 있는, 미완의 것이 있음을 보고 있다. 후쿠야마가 유토피아로 규정했던 1990년에는 자유민주주의적 복지국가가 마침내 발견된 최고의 정치 경제적 체제로서 '역사의 종말'로 보였을 것이다. 아마 이것은 비동시대성을 보여주는 사례인 것 같다. 예를 들어 헤겔은 마르크스보다 더 옳았다. 20세기는 권리를 빼앗긴 대중의 분노를 사회적 적대를 해소하려는 프롤레타리아다운 행위자의 의지로 지양하려 했지만 결국 실패했다. "시대착오를 범한" 헤겔이 마르크스보다 우리 시대에 더 가깝다.

알튀세르는 중층 결정된 구조와 헤겔적 총체성을 거칠게 맞세웠는데, 이것이 얼마나 잘못되었는지도 간파할 수 있다. 그는 헤겔적 총체성을 자신이 말한 "표현적 총체성"이라는 단순한 동시대성으로 환원했다. 알튀세르의 헤겔에 따르면, 모든 사회적 영역에서 자신을 표현하는 하나의 정신적 원리가 모든 역사적 시기를 지배한다. 그러나, 서로 다른 시기를 거치고 있었던 프랑스와 독일이 증명하듯이, 헤겔에게는 비동시(대)성이 원리다. 예를 들어 독일은 정치에서 프랑스에 뒤지고 있었다(프랑스에서는 혁명이 일어났다). 이에 따라 독일은 혁명을 사상의 영역에서 이어나갈 수밖에 없었다. 하지만 혁명이 프랑스에서 일어난 이유는 오직 프랑스가 독일보다 뒤지고 있었기 때문이다. 프랑스는 내면의 자유를 주장하고 세속과 종교가 어울리도록 한 종교개혁을 놓쳐버렸기 때문에 혁명이 프랑스에서 일어난 것이다. 따라서 시대착오는 예외이거나 우발적 사고가 아니라 의식이 남긴 '서명'이다.

경험은 계속 자신의 가치를 스스로 높이면서 영구적으로 요구를 한다. 이는 세계가 실현하기에는 정비가 되어 있지 않고 인식하기에는 준비가 되어 있지 않은, 그런 요구이다. 그래서 이해는 불가피하게 늦게 오기에 효과를 낼 수도 없다. 오직 사태가 이미 변했기 때문이라면.(6)

이런 (시대착오 같은) 시기상조도 특히 혁명에서는 유효하다. "'프랑스' 혁명은 '독일'의 시대착오를 측정하는 기준을 제시하지만 프랑스 혁명 자체가 이미 시대착오다(시기상조였다). (…) 혁명을 일으킬 정확한 때나 '무르익은 시간'은 없다(그런 때를 찾을 필요가 없을 것이다). 혁명은 언제나 (조건이 구비되지 않았다는 뜻에서) 너무 일찍 도착하고, (시작보다 항상 늦게 불붙는다는 뜻에서) 너무 늦게 일어난다."(7) 여기서 우리는 '비판적 마르크스주의자'가 얼마나 어리석은지 알 수 있다. 이들은 늘 주문을 외듯 혁명을 비난하는데, 최초의 프롤레타리아 혁명은 엉뚱한 곳에서 일어났으므로 스탈린주의가 생겨나고 말았다고 한탄한다. (덜 발달된 '아시아'에서, 서구 유럽이 아니라 전제군주가 다스리는 러시아에서 혁명이 일어났다.) 그런데 혁명은 원래 늘 잘못된 때와 장소에서 일어난다. 혁명은 늘 "어긋나 있다". 프랑스가 절대주의에 갇혀 자본주의적 근대화에서 뒤처져 있었다는 사실이 프랑스 혁명의 배경이 되지 않았던가?

그러나 이렇게 동시대적이지 않은 현상은 되돌릴 수 없는 것일까? 역사가 자신을 따라잡고, 개념과 현실이 동시대에 겹칠 때, (헤겔의 체계가 마무리되는 시점인) 절대 지식에 이르지 않을까? 코메이는 이런 안일한 독법을 거부한다.

> 절대적 앎은 그러한 지체에 대한 해명이다. 이것의 명령은 경험이 구조적으로 불화하는 것을 해명하라는 것이다. 철학이 하여간 보편성을 주장한다면, 이는 달력들의 시간을 일치시키거나 철학 자체의 지체를 지적으로 보상하기 때문이 아니다. 오히려 철학은 이 지체가 여지없이 왜곡되고, 무시되며, 미화되고, 합리화되도록 만드는 기발한 전략을 제시하면서, 그러한 지체의 필연성을 정식화하는 데 기여한다.(6)

이런 지연은 결국 역사적 총체성에 똑같이 속한 요소들의 지연일 뿐 아니라 총체성이 자기 자신에 대해 지연되는 현상이기도 하다. 다시 말해, 총체성은 시대착오적 요소들을 구조상 반드시 포함하게 되는데, 오직 이 요소들 때문에 스스로 총체성으로서 정립될 수 있다. 바로 이런 지연이 변증법적 과정을 추동하는 틈새의 시간적 측면이다. '절대 앎'은 이 틈새를 메우지 않고 있는 그대로 보이게 한다. 절대 앎은 이 틈새가 구조상 불가피함을 보여준다.

> 절대적 앎은 부채를 청산할 때처럼 보상도 아니고 완수도 아니다. 다시 말해, 공백은 절대적 앎을 구성한다. (그렇지만 이는 절대적 앎이 역사적으로 중층 결정되어 있지 않다는 뜻은 아니다.) 개념적 잉여 가치를 축적하여 간극을 메우려고 하기보다 헤겔은 우리가 찾아내 메우려는 환상들을 탈신화화하는 일에 나선다.(125)

역사주의를 추구하는 진화론이 헤겔과 다른 점도 여기서 드러난다. 전자는 역사의 진행을 형태들의 이어짐으로 이해한다. 이 형태들은 성장하고 정점에 이르고 다시 낡고 해체된다. 그러나 헤겔은 해체가 '성숙'의 표시라고 생각한다. 형태와 내용이 어긋나지 않고 완전히 겹치는 순수한 동시성은 존재하지 않는다.
유럽이라는 주제로 돌아와서 생각해보자. 우리는 유럽을 이루는 삼위일체를 보로메오 매듭처럼 묶인 시대착오로 이해해야 한다. 영국의 경제와 프랑스의 정치, 독일의 사상은 각 나라가 내세우는 최고의 자랑거리인데, 이것들은 (다른 영역에서 나타난) 시대착오적 지연에 근거하고 있다. 예를 들어 독일 사상의 탁월함은 독일의 정치 경제적 후진성이 낳은 역설적 결과다. 프랑스의 절대주의 국가 때문에 자본주의가 지연되었고, 프랑스 혁명은 자본주의의 지연을 기반으로 삼는다. 이런 뜻에서 유럽을 이루는 삼위일체는 보로메오 매듭처럼 기능했다. 삼위일체를 이루는 두 나라는 나머지 한 나라를 고리로 삼아야 연결될 수 있다. (정치의 경우 프랑스는 영국과 독일을 이어준다.)

과감하게 한발 더 나아가 세계사적 국가라는 개념 자체를 탈신비화해야 한다. 세계사적 국가는 세계사가 도달한 지점을 구현하는 운명을 감당한다고 한다. 중국에는 이런 농담이 있다고 흔히 말하지 않던가. 누군가를 정말 미워한다면, "그래 한번 흥미진진한 시대를 살아봐!"라며 저주를 퍼붓는다고 한다. 우리 역사에서 '흥미진진한 시대'는 전쟁과 불안정, 권력 투쟁으로 수백만 명의 무고한 주변인들이 비참한 상황에 처한 때다. 헤겔은 이것을 충분히 알고 있었다. "세계사는 행복이 상연되는 극장이 아니다. 행복의 시기는 빈 장이다(아무것도 쓰여 있지 않다). 행복의 시기는 조화의 시기이며 대립이 부재하던 시기다."[18] 위대한 '역사적' 국가들은 진보 시대를 구현하면서 그 불꽃을 다른 역사적 국가들(이란과 그리스, 로마와 독일 등)에 넘겨주었다. 그런데 이런 흐름을 어떤 민족이 세계사적 반열로 일시적으로 격상되는 축복이 아니라 정신적 전염병의 제왕이 전파되는 과정으로 이해해야 하지 않을까? (다시 말해 이 정신적 질병은 한 나라가 다른 나라로 떠넘겨야만 제거될 수 있으며, 이 질병에 감염된 국민은 고통받고 멸망당할 수밖에 없다.) 유대인은 평범한 민족으로서 역사의 '빈 장'인 행복한 시기를 보냈다. 그런데 신은 알 수 없는 이유로 그들을 선택했다. 신의 선택은 유대인에게 오직 고통과

유배를 야기했을 뿐이다. 이 문제에 대한 헤겔의 해결책은 이 짐을 다른 민족에게 떠넘기면 (역사의) '빈 장'인 행복한 시대로 돌아갈 수 있다는 것이다. 알튀세르의 말대로 기술하자면, 사람들은 개인으로서 살아가지만, 때때로 일부는 대타자에 종속된 주체로 호명당하는 불행을 겪는다.

이제 천민으로 다시 돌아가서 이렇게 주장할 수 있다. "보편적 찌꺼기 인간"의 위치는 오늘날 새로운 프롤레타리아가 겪는 곤경을 완벽하게 보여준다. 고전적 마르크스주의가 계급 착취를 설명할 때 사용하는 구도는 다음과 같다. 자본가와 노동자는 형식적으로 자유로운 개인들로서 시장에서 만난다. 같은 법적 질서에 속한 평등한 주체이자 동일한 시민권과 정치적 권리를 가진, 같은 국가의 시민으로서 만난다. 같은 정치적 시민적 공간에 함께 참여한다는 법적 평등의 구도는 오늘날 서서히 허물어지고 사회 정치적 배제가 다른 모양으로 나타나고 있다. 불법 이민자와 빈민촌 거주자, 난민 같은 사람들이 대표적 예다. 이윤에서 지대로 후퇴하는 방향과 병행하여 기존 체제가 계속 기능하기 위해 전근대적 형태의 직접 배제를 되살려야 할 듯하다. 그래서 더는 법적 시민적 권한의 형태로 착취하고 지배할 형편이 되지 못한다. 다시 말해, 고전적 노동계급은 권리와 자유의 영역에 참여하는 것 자체로 착취를 당하고, 자율과 자유라는 형식 자체를 통해, 즉 생계를 유지하기 위한 노동을 통해 사실상 노예가 된 반면, 오늘날 천민은 노동함으로써 착취를 당할 권리조차 인정받지 못한다. 찌꺼기 인간들은 인도주의적 자선을 받는 피해자가 되었다가, 수감되어 제거되는 테러리스트가 되기도 한다. 헤겔이 정확히 기술하듯, 찌꺼기 인간들은 노동하지 않고도 생존할 권리가 자신들의 요구라고 때때로 말한다(소말리아 해적을 보라).

헤겔이 스스로 내세운 기준으로 평가해도 헤겔이 실패한 부분이 있다. 찌꺼기 인간과 성sex이 바로 그것이다. 성과 찌꺼기 인간은 헤겔이 부딪힌 한계의 양면으로서 함께 파악되어야 한다. 성욕은 인간 삶을 뒷받침하는 자연적 토대를 제공하기는커녕 인간이 스스로 자연에서 떨어져 나오는 지점이다. 예를 들어 성도착이나 치명적인 성적 열망은 동물계에 완전히 낯선 현상이다. 헤겔은 성욕을 파악할 때 자기 기준에 미치지 못한 채 철저히 파헤치지 못했다. 헤겔은 문화가 진행되면서 성욕을 구성하는 자연적 질료가 어떻게 교화되고 지양되며 전달되는지 기술하기만 한다. 헤겔은 이렇게 말할 뿐이다. 인간은 더는 출산만을 위해 성교하지 않으며 유혹과 결혼이라는 복잡한 과정에 개입한다. 성욕도 이 과정을 거치면서 남녀 간의 정신적 결합에 대한 표현이 되어버린다. 하지만 여기서 헤겔이 놓친 사실은 일단 우리가 인간의 조건 아래 머물러 있는 한 성욕은 변형되고 문명화될뿐더러 자신의 실체 자체도 훨씬 더 과격하게 변화한다는 것이다. 성욕은 더 이상 출산을 향한 본능적 충동이 아니며, 자연적 목표인 출산에서 벗어나 무한한, 정확히 형이상학적인 열정으로 상승한다. 따라서 성욕을 문화로 만드는 것은 자연을 문화로 만드는 것이 아니라 형이상학적, 성적 열망이라는 진정으로 비자연적인 과잉을 길들이려는 시도다. 이 부정성으로서의 과잉은 성과 찌꺼기 인간에게서 식별될 수 있다. 이 과잉은 쉽게 길들여지지 않는 '강고한 차원'이며, 칸트는 이 차원을 폭력적 자유라고 파악한다. 인간은 폭력적 자유 때문에 동물과 달리 주인을 필요로 한다. 그래서 성욕은 동물적 질료지만 문명화된 양식과 의례로 '지양'되고 길들여지며 훈육된다고 단순하게 말할 수 없다. 오히려 성욕이라는 과잉은 '문명화된' 제약을 폭파하려고 위협하는 무조건적 열정인데, 이것 자체가 이미 문화가 낳은 결과다. 바그너의 작품인 「트리스탄」의 내용에 따르면, 문명은 낮의 세계이며 우리를 하나로 묶어주는 의례와 명예의 세계일 뿐 아니라 밤의 세계다. 밤의 세계는 무한한 열정이다. 열정에 빠진 두 연인은 일상에서 평범하게 살던 자신을 오히려 해체하려 한다. 동물은 이런 열정을 전혀 모른다. 이런 뜻에서 문명과 문화는 자신을 떠받치는 자연적 전제를 소급해서 정립/변형한다. 즉 문화는 자연 자체를 소급해서 '탈자연화'한다. 프로이트가 말한 이드와 리비도가 바로 탈자연화된 자연이다. 또한 이는 정신이 자신의 자연적 장애물, 즉 자신과 맞서는 자연적 실체와 싸울 때 자기 자신과, 자신의 본질과 싸우고 있음을 보여준다.

엘리자베스 로이드는 여성의 오르가슴에 진화에 유리한 기능은 없다고 주장한다. 여성이 느끼는 오르가슴은 진화에서 유리하게 기능하는 생물학적 적응이 아니라는 말이다. 여성의 오르가슴은 남자에게도 있는 젖꼭지처럼 그저 '부록'이다.[19] 남자와 여자는 배아 단계에서 첫 2개월 동안 해부학적 구조가 같다. 그

후에 구조가 달라지기 시작한다. 여성도 오르가슴을 느낄 수 있게 된다. 남성이 나중에 그것을 요구할 것이기 때문이다. 똑같이 남자도 젖꼭지를 갖는데, 여자가 나중에 그것을 요구할 것이기 때문이다. 오르가슴이 정자를 빨아들이는 수축을 초래하여 임신을 돕는다는 '자궁의 빨아들이기' 주장과 같은 표준적 설명은 모두 틀렸다. 반면 성적 쾌락과 심지어 클리토리스마저 적응의 결과이지만, 오르가슴은 아니다. 일부 여성주의자는 이 주장에 대해 분노했으나, 이것은 오늘날 지적 기준이 하락하고 있다는 증거다. 이 여성주의자는 여성의 오르가슴이 부차적이라는 사실 덕분에 여성의 오르가슴은 오히려 더 '정신적' 현상이 됨을 모르는 것 같다. 일부 진화론자가 주장하듯, 언어 자체는 분명한 진화적 기능이 없는 부산물임을 명심하자. 여기서 본질이 진정으로 변증법적으로 전도되고 있다는 것을 놓치지 않도록 주의해야 한다. 바로 직접적인 본질적, "자연적" 출발점이 개시되고 변형되며 매개되고 문명화될뿐더러 본질 자체도 변하는 순간에 말이다. 자연에 작용을 가해 자연을 변형시키면, 다음에는 거꾸로 역전되어 자연 자체가 '본성'을 바꾼다. (비슷하게, 법이 통용되는 시민사회로 일단 들어가면, 명예와 복수의 질서가 지배하는 부족 질서는 고귀함을 잃고 갑자기 일반 범죄로 전락해버린다.) 이런 이유로 출산을 위한 섹스만이 인간답고 욕정에 따른 교접은 동물적이라고 주장하는 가톨릭교도들은 완전히 요점을 놓친 채 인간의 동물성을 찬양하고 마는 것으로 끝난다.

왜 기독교는 성욕을 꺼려하면서도 이것이 생식이라는 자연적 목적에 기여하는 경우에만 필요악으로 받아들이는가? 우리 인간의 저급한 본성이 성욕으로 분출되기 때문이 아니라 성욕은 근원적으로 형이상학적 활동인 순수한 영성과 경쟁하기 때문이다. (짝짓기를 하려는) 동물의 본능에서 성욕(성 충동)으로 가는 길은 생물학적, 동물적 생명이라는 물리적 영역에서 형이상학으로 가는 근원적 이행이다. 동물 본능에서 성욕으로 가는 길은 물리적 영역에서, 탄생과 죽음의 생물학적 순환과 근본이 다른 영원과 불멸로 가는 길이다. (이런 이유로 생식이 없는 성행위, 즉 그 목표가 생식이 아닌 성행위는 동물적이라는 가톨릭의 논증은 틀렸다. 오히려 정반대가 옳다. 성행위는 자연적 목적에서 분리되어 그 자체가 목적이 될 때만 정신적인 것으로 변한다.) 플라톤은 이것을 이미 알았다. 플라톤은 에로스를 논하면서, 아름다운 신체에 에로스적 애착이 생기는데 이것은 최고선으로 가는 첫걸음이라고 말한다. 시몬 베이유같이 기독교의 논리를 분명히 체득한 기독교인은 성적 열망에 절대를 향한 추구가 있음을 알아차렸다. 인간 성욕은 목표에 도달할 수 없으며, 목표에 도달할 수 없다는 사실이 성욕을 영원한 것으로 만든다. 이것이 인간 성욕의 특징이다. 자신들의 사랑은 삶과 죽음을 넘어섰다고 말하는, 위대한 연인이 등장하는 신화에도 이 특징이 나타난다. 기독교는 진정한 형이상학적 특징을 지닌 성욕을 없애야 할 교란으로 이해한다. 그래서 성욕을 출산을 위한 동물 기능으로 환원하여 성욕이라는 경쟁자를 없애려는 자는 역설적으로 기독교 자신이다(특히 가톨릭교다). 기독교는 성욕을 '정상 상태'로 만들려 하고, 영성의 포장지로 성욕을 포장해 영적인 것으로 만든다. (이에 따라 기독교는 성교가 배우자를 향한 존경과 사랑으로 이루어져야 한다고 말한다. 세련되고 교양 있게.) 기독교는 성욕에 내재된 영성을, 무조건적 열정의 차원을 막는다. 심지어 헤겔마저 이런 잘못에 굴복하는데, 이때 그는 성욕의 진정으로 인간적, 정신적인 차원을 오직 그것의 문명화되고 매개된 형식 안에서만 관찰하면서, 이런 매개가 어떻게 소급적으로 매개의 대상 자체를 변환하고 영원한 것으로 만드는지 무시해버린다. 이 모든 사례에서 목표는 영성의 섬뜩한 쌍둥이를 제거하는 것이다. 즉 본능 자체를 영원한 충동으로 절대화하는 과잉으로서, 외설적 리비도적 형상을 지닌 쌍둥이를 없애는 것이다.

여기서 찌꺼기 인간과 성의 유사성을 쉽게 찾을 수 있다. 반면 헤겔은 (국가 관료보다) 찌꺼기 인간 안에서 '보편적 계급'을 인지하지 않으며, 성적 열정 안에서 (문화도 아니고 자연도 아닌) 과잉을 인지하지 않는다. 찌꺼기 인간과 성의 경우, 헤겔이 이렇게 생각하게 된 논리는 서로 다르다. (찌꺼기 인간을 이해할 때, 헤겔은 과잉 요소[어긋난 요소]에 내재된 보편적 차원을 간과했다. 반면 성을 이해할 때, 헤겔은 과잉 자체를 간과해버린다. 헤겔은 과잉이 자연과 문화의 대립 구도를 허문다는 것을 보지 못했다.) 그런데 헤겔이 두 경우에서 모두 핵심을 인지하지 못한 것은 서로 관련이 있다. 과잉은 보편성이 거하는 자리이자, 개별 내용을 조직하는 질서에 보편성 자체가 기입되는 방식이기도 하기 때문이다.

이제 헤겔의 논의에서 발견되는 진짜 문제를 기술해보자. 표준적 '헤겔주의'는 보통 죽음이라는 부정성을 생명을 매개하는 하위 계기로 파악한다. 그런데 실체가 자신을 다른 것과 연결하고 다른 것에 전달하면서 자신에게로 되돌아오는 과정이 생명이 겪는 변증법이라고 인정할 때에만, 부정성에 대한 헤겔주의 해석이 유지된다. 실제로 실체에서 주체로 이행할 때, 생명 원리에서 죽음 원리로 이행할 때, 여기에는 모든 것을 포괄하는 '종합'이 일어나지 않는다. '추상적 부정성'을 내포하는 죽음은 영원히 위협으로 남는다. 즉 (감축될 수 없는) 과잉이다. 이 논리를 사회에 적용해보면, 칸트가 말한 보편적 평화는 헛된 희망이며, 전쟁은 조직된 국가 생활을 완전히 중지시키는 영원한 위협으로 남아 있다고 말할 수 있다. 이 논리를 개인 주체에게 적용하면, 개인은 늘 광기에 빠질 가능성에 시달린다고 말할 수 있다.

이것은 우리가 부정성의 과잉이라는 표준적 자리로 되돌아간다는 뜻인가? 다시 말해, 과잉으로 존재하는 부정성은 화해하는 '종합'이 도무지 '지양'할 수 없는 요소라는 뜻일까? 아니면, 심지어 열려 있는 헤겔의 '방법'과 강제로 닫힌 그의 "체계"가 서로 모순된다는 순진한 엥겔스적 견해로 되돌아간다는 뜻인가? 이런 방향을 지시하는 표시들이 있긴 하다. 정직한 헤겔 주석가들이 지적했듯이, 헤겔이 말년에 저술한 '보수적' 정치 논설은 (영국의 개혁 법안을 비판하면서) 진보가 더 진행될까봐 두려워한다. 즉 시민사회의 '추상적' 자유를 내세우고 국가의 유기적 하나됨을 버리면서 혁명적 폭력이 새로 분출할 길을 열어놓는 발전을 겁낸다.[20] 헤겔은 왜 이렇게 움츠러들었을까? 왜 자신이 내세운 변증법의 기본 규칙을 기꺼이 따르면서 자유의 더 높은 단계로 가는 유일한 길인 '추상적' 부정성을 왜 과감히 껴안지 않았을까?

헤겔은 잘 조직된 근대 국가에서 영위되는 삶의 산문적 성격을 찬양하는 것 같다. 여기서 영웅적 혼란은 고요한 사적 권리와, 필요의 만족에서 오는 안전함 안에서 극복되며, 성욕은 결혼에만 속하고, 미래는 안전하다. 이런 유기적 질서에서 보편성과 개별 이해는 화해하는 것으로 보인다. 즉 주체는 단독자로서 갖는 '무한한 권리'를 인정받고, 개인도 국가의 객관적 질서를 더 이상 자신의 권리를 침해하는 낯선 권력으로 느끼지 않는다. 개인은 객관적 국가 질서 안에서 자신이 누리는 권리의 질료와 구도를 인식하기 때문이다. 르브룅은 여기서 치명적 질문을 던진다. "보편성의 느낌은 이 만족감으로부터 분리될 수 있는가?" (214) 이 질문에 대해 우리는 르브룅과 반대로 답해야 한다. 즉 당연히 분리될 수 있다. 따라서 전쟁도 불가피하다. 전쟁이 일어나면, 보편성은 평범한 사회생활에서 개인이 누리는 만족에 대항하여 자기 권리를 다시 주장한다. 전쟁이 불가피하다면, 그것은 사회적 화해가 실패할 수밖에 없으며 유기적 사회질서는 추상적·보편적 부정성의 힘을 실제로 담지할 수 없다는 궁극적 증거가 아닐까? 이런 이유로 사회생활은 영원히 진동할 수밖에 없는 '거짓 무한성'에 빠지도록 저주를 받은 것이다. 이를테면, 안정된 시민 생활과 전쟁 같은 급변 사이를 사회적 삶은 영원히 왔다 갔다 한다. 여기서 "부정적인 것과 함께 머물기"라는 개념은 훨씬 더 급진적인 뜻을 품게 된다. 다시 말해, 부정적인 것과 함께 머물기는 부정을 그저 '통과'하는 것이 아니라 부정적인 것 안에서 지속하는 것이다.

전쟁의 이런 필연성은 그것의 대립물인 반란의 필연성과 연결되어야 한다. 반란의 필연성 때문에 권력 체제는 자기 만족에서 벗어나 흔들리고, 대중의 지지에 의존하면서도 자신의 뿌리로부터 자신을 "소외"시키는 선험적 경향이 있음을 알게 된다. 제퍼슨도 유명한 말을 하지 않았던가. "지금이나 그때나 작은 반란은 좋은 일이다." 다시 말해, "정부가 진짜 건강하려면 약이 필요하다. 우리에게 약이 되는 반란 없이 20년을 보내는 것을 신은 금지하셨다. 자유의 나무는 때때로 애국자와 군주의 피로 소생해야 한다. 자연의 비료인 셈이다."[21] 전쟁과 반란의 경우 모두 "공포정치적" 잠재력이 풀려난다. 첫 번째 전쟁의 경우, 국가는 절대적 부정성을 분출하여 특수한 자기 만족으로부터 개별적 주체들을 흔들어 깨운다. 두 번째 반란의 경우, 인민 자신이 모든 특수한 국가 구조를 분쇄함으로써 민주주의의 공포 정치적 잠재력을 국가 권력에 상기시킨다. 자코뱅파의 아름다움은 공포정치에서 이렇게 서로 맞선 두 차원을 하나로 결합시킨 데 있다. 이들의 공포정치는 국가가 개인에게 가한 공포정치이자 특수한 국가 제도들이나 자신의 제도적 위치와 과도하게 동일시한 공무원들을 향한 인민의 공포 정치이기도 했다. (당통이 받은 비판은 간단했다. 그는 다른 사람보다 자신을 더 추켜세우려 했다는 것이다. […] 다른 사람보다 더 높은 지위에 오르려 했다는 것이다.) 두말할 필요도 없이 헤겔에게 고유한 방식으로 이 두 개의 맞선 차원은 서로 일치되어야 한다. 즉 개인을 향한 국가 권력의 부정성은 조만간 국가 권력 자체(를 행사하는 개인들)에게로 가차 없이 향하게 된다.

다시 지적하지만 헤겔은 전쟁을 논하면서 자신이 세운 이론적 전제를 끝까지 밀어붙이지 않는다. 만약 끝까지 밀어붙였다면 제퍼슨적 수more를 완수했을 것이다. 즉 변증법에 따라 (국가 간에 일어나는) 전쟁에서 (혁명이나 반란처럼 자신이 속한 국가권력에 저항하는) '내전'으로 나가야 한다고 주장했을 것이다. 내전은 부정성이 비정규적으로 폭발한 현상으로서 권력 구조에 생기를 불어넣는다. 이런 이유로 전쟁의 윤리적 필연성을 정당화한, 법철학의 저 악명 높은 322절에서 324절까지의 내용을 읽을 때 이 구절에서 그의 논증과 자기와 관계하는 부정성이라는 기본 가정 사이의 연관성을 인지하기 위해 매우 주의해야 한다. 자기와 관계하는 부정성은 자유로운 자율적 개인의 핵심을 구성한다. 법철학 322절에서 324절까지 헤겔은 자기와 관계하는 부정성을 그저 국가들의 관계에 적용하고 있을 뿐이다.

> 배타적인 대자존재인 개체성은 다른 국가들과 맺는 관계로서 나타난다. 그리고 각 국가는 다른 국가들에 대해 자립적이다. 현실적 정신의 대자존재는 이 자립성에서 자신의 현존을 지니므로, [개체적 국가의] 자립성은 한 민족[인민]이 지니는 최우선적 자유이며 최고의 명예다.(『법철학』, 서정혁 옮김, 322절, 573쪽)

현존 상태에서 국가가 맺는 이 부정적 자기관계는 타자가 또 다른 타자와 맺는 관계로 나타나며, 마치 부정태가 외면인 것처럼 보인다. 그렇기 때문에 이 부정적 관계의 실존은 우연한 사건이 발생하거나 그 사건에 휩쓸리게 되는 형태를 취하며, 이 우연한 사건은 [한 국가의] 외부로부터 출현한다. 그러나 이 부정적 관계는 국가의 고유한 최고 계기다. 즉, 그것[부정적 관계]은 국가의 현실적 무한성으로서, 국가 속에 존재하는 모든 유한자의 이념상이다. 또한 [국가의 최고 계기인 부정적 관계는] 절대적 위력인 실체가 모든 개별자와 특수자, 삶과 소유, 그리고 특수자의 권리에 반대하고 그 밖의 더 폭넓은 범위들에도 반대하면서 이들의 무실함이 현존으로 드러나도록 하고 의식되도록 하는 그러한 측면이다.(『법철학』, 서정혁 옮김, 574쪽)

(…) 이러한 희생이 요구되는 것을 못마땅해하는 나머지 국가를 단지 시민사회 정도로 간주하고 국가의 궁극적 목적이 개인의 생명과 재산을 보호하는 데만 있다고 여긴다면 이는 커다란 오산이다. 안전하게 지켜야 하는 것을 희생해도 생명과 재산을 보호할 수는 없다. 오히려 그 반대다.(『법철학』, 임석진 옮김, 322절, 563쪽)

(…) 전쟁은 절대적 해악으로 간주되어서는 안 될 뿐 아니라 한낱 외면적 우연으로 간주되어서도 안 된다. 한낱 외면적 우연으로 간주한다는 것은 권력자 혹은 국민의 격앙된 감정이나 불의처럼, 도대체 있어서는 안 되는 것 속에 전쟁의, 따라서 그것 자체가 우

340

연적인 근거가 있다고 보는 입장이다. 우연적인 것을 본성으로 하는 데에는 우연적인 것이 닥치는 법인데, 이렇게 닥치는 운명이야말로 바로 그런 까닭에 필연성이다. 요컨대 개념이나 철학은 한낱 우연성이라는 관점은 없애버리고 단적인 우연성을 가상으로 하여 이 가상으로서의 우연성 속에서 우연의 본질인 필연성을 인식한다. 그런데 점유나 생명 같은 우연한 것이 우연적인 것으로 정립되는 것은 어쩔 수 없는 필연적인 일인데, 왜냐하면 이것이 운명을 떠맡고 있는 유한한 것의 개념이기 때문이다. 다만 이러한 필연성은 한편으로는 자연의 폭력이라는 형태를 띠는데, 이로써 모든 유한한 것은 사멸을 면치 못하게 된다. 그러나 인륜적 실재인 국가에서는 자연의 폭력성이 박탈되고 필연성은 자유의 성과라고 할 인륜적인 것으로 고양되기에 이른다. 이제 이상과 같이 유한자가 소멸된다는 것은 곧 스스로가 의욕하여 다음 단계로 이행하는 것이 되면서 이러한 운동의 근저를 이루는 부정성이 바로 인륜적 실재에 어울리는 고유한 실체적 개체성이 된다.(『법철학』, 임석진 옮김, 322절, 563-564쪽)

평화시일수록 시민 생활은 더욱 신장되면서 모든 영역에서 저마다 둥지를 틀고 들어앉게 되는데, 장기적으로는 이것이 인간을 침체의 늪에 빠져들게 함으로써 그의 분파 근성을 더 완고하고 경직되게 만든다. 말하자면, 건강에는 신체 전체의 통일성이 필요한데, 이때 만약 모든 부분이 제각기 자기 안에서 굳어버리면 죽음이 도래하는 것이다. 흔히 영구평화는 인류가 지향해야 할 이상이라고 하면서 요구되곤 한다. 이러한 뜻에서 칸트는 국가 간의 분쟁을 조정할 군주 동맹을 제안했으며 신성동맹도 거의 이런 기구로 짜일 참이었다. 그러나 국가는 개체이며, 개체성에는 본질적으로 부정의 활동이 포함되어 있다. 그러므로 비록 다수의 국가가 하나의 가족으로 꾸며진다고 해도 이러한 결합체는 개체성을 지닌 채 자기에 대한 대립물을 조성하면서 적을 산출해낼 것임에 틀림없다. 전쟁을 치르면서 민족은 강력해질 뿐 아니라, 내분에 휩싸여 있는 국민이라면 외부와의 전쟁을 통해 국내의 평온을 얻게 된다. 물론 전쟁에 의해 재산의 안전은 위협받지만 이렇게 실재하는 사물이 안정을 잃는다는 것이야말로 필연의 운동에 다름 아니다. 우리는 그토록 자주 설교하는 단상에서 이 세상의 사물은 안전하지 않고 허망하며 무상하다고 논하는 것을 들어오고 있는데, 이때 아무리 그 설교에 감화된다 해도 사람들은 누구나 '그래도 내 것만은 놓치지 않겠다'는 생각을 하게 마련이다. 그렇지만 일단 이 안전하지 않다는 말이 번뜩이는 칼을 앞세운 기마병의 실제 모습으로 심각성을 드러낼 때는 온갖 예언 투의 말로 그토록 심금을 울리던 설교도 언제 그랬냐는 식으로 침략자를 저주하는 데 열을 올린다.(『법철학』, 임석진 옮김, 322절, 566-567쪽)

헤겔이 전쟁의 필연성으로 개념화하는 것의 기능은 유기적 사회 고리를 반복해서 풀어놓는 것이다. 프로이트는 집단 심리학과 자아분석에서 사회적 고리의 힘인 에로스와 맞서 있는 타나토스로서, 사회적 고리를 풀어놓는 "부정성"을 약술하면서, 자신의 자유주의적 한계로 인해 그렇게 풀어놓는 현상들을 교회와 군대 같은 인위적 군중과 반대되는 '자생적' 군중의 열광이라고 너무 쉽게 기각해버렸다. 프로이트에 맞서 고리를 푸는 운동의 양가성을 유지해야 한다. 이는 정치적 개입을 위한 공간을 열어주는 기저수준이기 때문이다. 다시 말해, 사회적 고리를 푸는 것은 정치를 가능하게 하는, 정치 이전의 조건이다. 그와 관련해 진정한 정치적 개입은 모두 '한 걸음을 이미 앞서'가서 주인 기표가 될 만한 새로운 기획에 몰두하는 것이다. (바디우도 순수한 '동물적 삶'에서 정치적 사건으로 너무 곧바로 건너가면서 이 둘 사이에 개입하는 죽음충동이란 부정성을 간과해버린다.) 이렇게 명백하게 추상적으로 보이는 주제도 오늘날 다시 현실로 나타나고 있다. 이를테면 "풀어놓는" 에너지는 대부분 뉴라이트에 의해 독점되고 있다. (미국의 티 파티 운동이 그러한데, 공화당은 질서와 사회적 고리를 풀어놓기 사이에서 점점 분열되고 있다.) 하지만 여기서도 마찬가지로 모든 파시즘은 실패한 혁명의 징후이며, 좌파가 볼 때, 우파의 풀어놓는 운동에 맞서는 유일한 길은 좌파 자신의 풀어놓는 운동에 몰두하는 것이다. 그런 징후가 이미 나타났다. (2010년, 그리스로부터 프랑스와 영국에 이르는 유럽 전역에서 대규모 시위가 일어났다. 여기서 학생들의 대학 등록금 인상 반대 시위는 뜻하지 않게 폭력 시위로 변했다.) 헤겔은 '추상적 부정성'이 기존 질서를 위협하며, 이 위협은 추상적 부정성의 영원한 특성으로서 절대 지양될 수 없다고 주장한다. 이때 헤겔은 마르크스를 능가하는 유물론자로서 말한다. 전쟁(과 광기의)

이론에서 그는 사회적 고리를 폭력적으로 푸는 "추상적 부정성" 이 반복해서 돌아온다는 것을 잘 알고 있었다. 마르크스는 폭력을 새로운 질서가 등장하는 과정에 다시 묶어 넣는 반면 헤겔에게 이 풀어놓는 힘은 지양되지 않은 채 남아 있다. (마르크스에게 폭력은 새로운 사회가 탄생하는 것을 돕는 '산파'다.)

이런 "군사주의적" 숙고들이 헤겔 존재론의 기본적 통찰과 모체에 직접적으로 뿌리를 내리고 있음을 아무리 강조해도 지나치지 않을 것이다. 헤겔은 이렇게 쓴다. 국가는 자신과 부정적 관계를 맺는데, 이 관계는 "한 국가가 다른 국가와 맺은 관계라는 모양으로 세계 안에 구현되어 있다. 부정적인 것은 바깥에 있는 대상이라는 듯이". (국가는 스스로 자율적 행위자라고 선언하는데, 이 행위자가 누리는 자유는 국가가 자신을 이루는 개별 내용에서 스스로 물러서는 행위로 드러난다.) 여기서 헤겔은 우연성과 필연성의 동일성을 보여주는, 엄밀한 변증법적 형상을 떠올리게 만든다. 즉 바깥으로 드러나는 우연한 대립과 필연적으로 자신과 관계하는 부정성의 동일성은 바깥으로 드러나는 우연한 장애물이나 침입의 모양으로 나타나야 한다. (필연적으로 자신과 관계하는 부정성은 부정성의 진정한 본질로서 〔주체가〕 자신과 맺는 부정적 관계를 뜻한다.) 그래서 헤겔이 보기에, 바깥으로 드러난 우연한 대립이 참으로 뜻하는 것은 주체가 부정적으로 자신과 관계를 맺을 수밖에 없다는 필연성이다. 맞서는 것들이 곧바로 일치하는 현상, 즉 자아의 내적 자율성이라는 완전한 내면과, 우연한 대면 같은 완전한 외면이 곧바로 중첩되는 현상은 '극복'

될 수 없다. 양쪽 극은 '매개되어', 안전하고 복잡한 통일체를 이룰 수 없다. 이런 이유로 헤겔은 놀랍게도 "준엄하게 순환되는 역사"를 다시 불러내면서, 역사에는 최종적 지양이 존재하지 않는다고 분명히 강조한다. 예를 들어 사회생활의 개별 형태들이 이루는 복잡한 전체 구조는 계속해서 위험에 빠져야 한다. 이것은 사회 구조가 쉽게 깨지는 가상적 존재자임을 다시 생각하게 만든다. 쉽게 깨지는 가상적 존재자인 사회 구조는 언제든지 허물어질 수 있다. 바깥에서 우연히 가해지는 위협이 아니라 내적 본질 때문에 그렇다. 근본적 부정성이 계속 재생되는 이 과정은 안정된 사회 구조로 '지양'될 수 없다. 이것은 헤겔의 철학이 궁극적으로 유물론임을 규정하는 증거다. 다시 말해, 철저하게 자신과 관계를 맺는 부정성이 모든 유기적 사회 구조를 위협하고 해체시킬 것이라는 지속적 위협은 그런 모든 구조의 지위가 유한함을 가리키고 있다. 이것의 지위는 잠재적, 이상적이다. 어떤 궁극적 존재론적 보장도 결여한 채 어떤 우발적인 외적 침입에 의해 촉발되어 기반을 이루는 부정성이 폭발하는 순간 해체될 위험에 항상 노출되어 있는 것이다. 여기서 서로 맞선 것들의 동일성은 관념론처럼 내면의 정신이 우발적으로 나타나는 외부의 장애물을 '낳는다'는 것을 뜻하지 않는다. 다시 말해, 전쟁을 야기하는 외부의 사건들은 진정으로 우발적이다. 여기서 요점은 그 사건들 자체는 주체성의 중핵인 가장 깊은 곳에 있는 부정성을 "반향"한다는 것이다.

"Pathological Narcissus as a Socially Mandatory Form of Subjectivity"(1989a),
　　　http://www.manifesta.org/manifesta3/catalogue5.htm, 1986.

『이데올로기의 숭고한 대상』(1989b), 이수련 옮김, 새물결, 2013.

『그들은 자기가 하는 일을 알지 못하나이다』(1991a), 박정수 옮김, 인간사랑,
　　　2004.

『삐딱하게 보기』(1991b), 김소연 옮김, 시각과언어, 1995.

『당신의 징후를 즐겨라』(1992), 주은우 옮김, 한나래, 1997.

"Why are Laibach and NSK not Fascists?"(1993a) in Inke Arns (ed.) (2003)
　　　IRWINRETROPRINCIP: 1983–2003. Frankfurt: Revolver (pp. 49–50).

『부정적인 것과 함께 머물기』(1993b), 이성민 옮김, 도서출판 b, 2007.

『향락의 전이』(1994), 이만우 옮김, 인간사랑, 2002.

『나눌 수 없는 잔여』(1996), 이재환 옮김, 도서출판 b, 2010.

"The Palestinian Question."(1997a) Lacan.com. Web.

『환상의 돌림병』(1997b), 김종주 옮김, 인간사랑, 2002.

『까다로운 주체』(1999), 이성민 옮김, 도서출판 b, 2005.

『무너지기 쉬운 절대성』(2000), 김재영 옮김, 인간사랑, 2004.

On Belief(2001) NY: Routledge.

『지젝이 만난 레닌』(2002), 정영목 옮김, 교양인, 2008.

『신체 없는 기관』(2003a), 김지훈·박제철·이성민 옮김, 도서출판 b, 2006.

『죽은 신을 위하여』(2003b), 김정아 옮김, 길, 2007.

『시차적 관점』(2006a), 김서영 옮김, 마티, 2009.

The Universal Exception: Selected Writings(2006b) vol. 2, eds Rex Butler and
Scott Stephens. NY and London: Continuum.

『레닌 재장전』(2007a), 이재원 외 옮김, 마티, 2010.

"Liberal Utopia."(2007b) Address. Athens, Greece. October 4. Web. April 10,
2011.

『폭력이란 무엇인가』(2008a), 김희진·이현우·정일권 옮김, 난장이, 2011.

『잃어버린 대의를 옹호하며』(2008b), 박정수 옮김, 그린비, 2009.

"Nature and its Discontents."(2008c) Substance 117, 37.3: 37−72.

"Ecology," ed. Astra Taylor. Examined Life: Excursions with Eight Contemporary
Thinkers(2009a) Cambridge, MA: New Press, pp. 155−83.

『처음에는 비극으로, 다음에는 희극으로』(2009b), 김성호 옮김, 창비, 2010.

Living in the End Times(2010a) New York: Verso.

"Living in the End Times"(2010b) Interview. VPROinternational. March 11.
Web. April 10, 2011.

『실재의 사막에 오신 것을 환영합니다』(2010c), 이현우·김희진, 자음과 모음,
2011.

"Some Concluding Notes on Violence, Ideology, and Communist Culture."
(2010d) Subjectivity 3.1: 101−16.

"Are We Living in the End Times?"(2010e) Interview with Riz Kahn. Al Ja-
zeera. November 11, 2010. Youtube.com. April 1.

"How to Begin from the Beginning,"(2010f) in The Idea of Communism, Dou-
zinas, Costas and Žižek, Slavoj (eds) London and New York: Verso, pp.
209−26.

"Reply to Adrian Johnston."(2011a) La Revue Internationale de Philosophie.

"Censorship Today: Violence or Ecology as a New Opium for the Masses."(2011b)
www.lacan.com/zizecology 1 and 2 htm. April 15.

"Welcome to Interesting Times!"(2011c) Unpublished manuscript.

주

머리말

1 여기서 지젝 생애를 전기처럼 요약했다. 생애에 대한 정보를 다음 자료에서 가져왔다. Myer 2003: 6-10, Parker 2004: 11-35, 여러 대담. Glyn Daly와 나눈 대담은 *Conversation with Zizek* (Cambridge, UK: Polity, 2004)에 나온다. 유고슬라비아의 최근 역사가 지젝의 지적, 이념적 발달을 이끌어간 양상에 대해 마이어와 파커는 의견이 완전히 맞선다.

2 리베카 미드는 지젝의 외모를 기술하고 나서 이렇게 말한다. 지젝은 진지한 좌파 지식인처럼 보이지만 사실 "코미디언"에 가깝다. Rebecca Mead, "The Marx Brother: How a Philosopher from Slovenia became an International Star," *The New Yorker* May 5, 2003:38. Lacanian ink@http://www.lacan. com/ziny.htm에서도 레베카의 글을 볼 수 있다.

3 Fabien Tarby와 대담한 내용. 이 책의 필자인 콘리가 대담을 인용.

2장

1 루카치(1976)를 보라. 수잔 벅 모스는 『헤겔, 아이티, 보편사』라는 놀라운 연구에서 헤겔 사상에 나타난 인종 정치를 논하면서 루카치와 비슷한 방향으로 간다. 모스는 『정신현상학』에서 아이티 혁명을 지지하는 자를 발견하고 인종 간 평등을 암묵적으로 믿는 자를 찾아낸다. 반면 헤겔의 후기 저작인 『역사철학』에서 헤겔이 이 주제에 대해 초기 입장을 견지하지 않고 이론

적으로 물러났다고 모스는 비난한다. 모스는 헤겔이 시간에 대한 인류학/인간학을 해석하면서 (역설적으로) 초기 입장에서 후퇴하게 되었다고 지적한다. 청년 헤겔은 인종 평등주의자였다. 헤겔은 인종차별적 사회과학을 충분히 알지 못했기 때문이다. 그러나 헤겔은 나중에 이 과학을 알게 된다. 헤겔이 아이티 혁명을 어떻게 보는지, 인종에 대한 견해가 어떻게 진화하는지 확인하려면 벅 모스의 저서를 보라.(벅 모스, 2009)

2 마르쿠제를 보라.(Marcuse, 1983)

3 아도르노는 헤겔을 정밀하게 읽는다. 하지만 아도르노는 절대 지식을 논하면서 무척 흔한 해석을 받아들이며, 사유가 사유를 제약하는 세계를 이겼다는 것이 절대 지식이라고 기술한다. 아도르노는 이렇게 지적한다. "헤겔의 사유를 통째로 평가한다면, 헤겔의 사유는 우리를 속인다고 말할 수 있다. 말하자면, 헤겔의 사유는 세계가 가진 더 강한 힘을 이기려 한다. 헤겔은 이 힘이 자기 자신과 싸우다가 결국 다른 것으로 변형되도록 만든다. 헤겔은 이런 식으로 세계의 힘을 굴복시키려 한다."(Adorno 1993: 42-43)

4 데리다와 낭시를 읽어보라.(Derrida 1986, Nancy 2002) 낭시가 정의한 절대자에는 화해가 없고 끊임없는 동요만이 있다. 낭시는 이렇게 말한다. "이 동요가 바로 우리 자신이며 우리가 욕망하는 것이다(의식이 자아와 자아의 대상을 원할 뿐이라고 스스로 믿는다 해도 마찬가지다). 절대자와 가장 가까운 것을 발견하는 장소도 이 동요이며, 절대자와 가장 가까운 것을 우연히 마주치는 장소도 이 동요다. 끊임없는 동요는 (절대자를) 소유하는 것도 아니고 병합하는 것도 아니다. 이 동요는 근접성 자체다. 내재성과 일치로서 리듬의 비트와 같다."(Nancy 2002: 79)

5 알랭 바디우는 20세기 위대한 스피노자주의자인 들뢰즈 안에서 이 문제를 추적한다. 들뢰즈는 내재성의 철학을 제시하는데, 이 철학에서 존재는 다수다. 하지만 바디우가 들뢰즈를 연구하면서 밝혔듯이, 완전한 내재성을 주장하게 되면, 존재가 다수로서 창발할 수 없다. 완전한 내재성 아래서 존재는 일자로 남아 있다. 즉 분화/차이화가 그저 형식적이 되는, 하나의 구조만이 남는다. 바디우의 지적을 보자. "다수가 존재를 받아들이면, 다수는 형식적이어야 한다. 반면 일자만이 실재한다. 그리고 실재만이 감각의 분포를 지지한다. (감각의 분포는 독특하다.)"(Badiou 2000: 25)

6 지젝이 이론을 생산하거나 발견하는 일은 지식인이 맡은 과제라고 말할 때 도달한 결론이 바로 이것이다. 지젝은 『부정적인 것과 함께 머물기』를 시작하면서, 의미화 작용 안에 있는 틈을 분명하게 드러내는 것을 지식인이 맡은 과제라고 기술한다. (이 틈 때문에 주체는 정치적 존재가 될 수밖에 없다.) 지젝에 따르면, "비판적 지식인의 의무는 (…) 바로 모든 때를 점거하는 것이다. 새 질서인 '새로운 조화'가 스스로 안정되면서 구멍 자체를, 이 구멍이 있는 자리를 다시 보이지 않게 할 때조차, 비판적 지식인은 그 때를 점거해야

한다. (이 구멍 덕분에 모든 주인 기표와 거리를 유지할 수 있다.)"(지젝 1993b: 2)

7 지젝은 뉴에이지 철학이나 생태 운동을 논할 때 호통치듯이 말한다. 뉴에이지나 생태 운동은 온전한 타자를 전제하는 버릇이 있기 때문이다. 존재 자체나 자연계가 온전하다고 가정한다는 뜻이다. 이렇게 전제할 때 주체는 정치와 무관해진다. 심지어 자본주의를 비판한다는 명분을 내세우며 이런 관점을 밀고 나가도 그렇다. 온전한 타자를 전제하고 자본주의를 비판할 때, 그 비판은 자신의 주장만큼 혁명적이지 않을 것이다. 그 비판은 정치화된 주체에 절대 접근하지 못하기 때문이다. 혁명적 변화는 정치화된 주체에서 일어날 수 있기 때문이다.

8 지젝은 다문화주의와 정체성 정치를 공격 대상으로 선택하는 버릇이 있다. La Berge는 이것을 비판한다. La Berge 2007.

9 이것은 샹탈 무페가 널리 퍼뜨린 민주주의 모형이다. 무페는 쟁의agonism 를 우선시하는 민주주의를 가장 설득력 있게 옹호하는 사상가다. 무페는 합의 정치를 반박하고, 민주주의 정치 이념은 강한 반대를 (합의보다) 우선시한다고 주장한다. 무페가 보기에, 합의정치는 적대를 불러오면서, 극우 정당이 정치판에서 자기주장을 하게 한다. 쟁의를 부추기는 논쟁만이 이것을 막을 수 있다. 무페는 이렇게 말한다. "좌파와 우파의 경계가 흐려지고, 쟁의를 일으키는 논쟁이 민주주의 정당 사이에서 없어지며 다른 정치 기획들이 충돌하지 않게 되자, 유권자는 분화되어 있는 여러 종류의 민주주의적 정치 정체성 가운데 하나를 선택하여 동일시할 수 있는 기회조차 얻지 못했다. 이렇게 되자 공백이 생기고, 그 공백은 다른 형태의 동일시가 점거한 것 같다. 민주주의 체계가 작동할 때, 이런 상황은 장애가 될 수도 있다."(Mouffe 2005: 69)

10 군주가 없으면, 인민도 더는 국가가 아니며 한 번 더 실체가 된다. (인민은 자신을 실체로 간주한다.) 헤겔은 이렇게 지적한다. "군주 없는 인민이 군주가 필연적으로 즉각 수반하는 전체(의 이념)를 표현한다고 간주할 때, 인민은 형태 없는 무리이지 국가는 아니다."(Hegel 1952: 183)

11 지젝은 20세기 위대한 헤겔주의자인 알렉상드르 코제브와 장폴 사르트르를 은근히 비판한다. 지젝에 따르면, 그들은 주체성을 주체에만 부여하고 실체를 주체로 만드는 헤겔의 생각을 거부한다. 코제브와 사르트르에 따르면, 스스로 분열되는 자는 인간 주체뿐이며, 자연계와 사물계는 있는 그대로 남아 있다. 에이드리언 존스턴은 지젝 철학에 체계를 세우려고 하면서, 코제브와 사르트르의 관점에 내재한 문제를 분명하게 지적한다. "물질 존재의 실재에 빗금이 없다고 주장한다면, 주체성이 존재한다는 것을 부인하거나 실재 대 관념이라는 거친 이분법으로 돌아가야 한다. (여기서 물질 존재에 빗금이 없다는 말은 몸과 자연, 세계는 유기적으로 통합된 실체로서 여러 구성 요소의

기능이 조정되고 협동한다는 뜻이다.)"(Johnston 2008: 107)

12 지젝 1991b와 지젝 1992

13 생산관계만이 모순을 일으키는 원인이 될 수 있다는 주장은 철저한 자본주의자인 에인 랜드가 내세우는 주장이기도 하다. 이것은 완전히 역설이다. 물론 랜드는 정치적으로 마르크스의 적수이지만, 랜드와 마르크스 둘 다 생산양식은 순수하게 재료만 있고 모순은 없는 영역이라고 생각한다. 생산관계를 도입해야 모순이 등장한다. 랜드가 보기에, 생산관계를 도입하면 하여간 국가가 경제 생산을 통제하려고 할 것이다. 반면 마르크스는 노동자가 잉여 가치를 생산할 때 자본가가 중재하는 것을 비난한다.

14 마르크스는 생산관계의 올무에서 생산양식을 정치적으로 풀어놓을 수 있다고 믿었다. 들뢰즈와 가타리도 마르크스처럼 믿는다. 생산양식을 생산관계에서 벗어나게 하면, 탈코드화된 흐름이 완전히 분출할 것이다. 반면 자본주의는 탈코드화된 흐름을 촉발하면서도 제한하려고 한다. 들뢰즈와 가타리는 이렇게 주장한다. "자본주의는 (⋯) 자기 한계를 정해놓지만 계속 밀어내버린다. 그러나 그렇게 할 때, 수많은 흐름이 온갖 방향으로 뻗어나가면서 자본주의 공리계에서 달아난다."(Deleuze and Guattari 1987: 472) 자본주의는 스스로 세운 한계를 파괴한다. 그래서 규제가 없는 생산을 만들어낸다. 그러나 그런 생산은 더는 자본주의가 아닐 것이다. 청년기 마르크스의 생각을 헤겔로 비판한다면 이렇게 비판할 수 있겠다. 생산양식을 생산관계에서 벗어나게 하려는 바람은 한계 자체가 생산성을 가지고 있다는 것을 설명하지 못한다.

15 지젝이 추구하는 정치와 정치범 수용소gulag의 정치는 서로 다른데, 이 차이는 지젝이 흔히 쓰는 표현에서 드러난다. 예를 들어 어떤 사람이 지젝이 동의하지 않는 관점을 드러낼 때, 지젝은 종종 이렇게 말한다. "당신을 5년간 굴라크에 수감할 거요." 약간씩 다른 표현들도 있다. 지젝이 굴라크의 논리에 동의한다면, 지젝은 이런 농담을 할 수 없을 것이다.

16 지젝이 라캉의 견해에 등을 돌린다고 해서 라캉의 사유를 버렸다거나 정신분석을 포기했다고 해석해선 안 된다. 지젝은 라캉의 사유에 개입하면서, 실제로 헤겔에 대한 자신의 해석을 뒷받침하는 근거를 계속 제시한다.

17 지젝은 루이 알튀세르를 강하게 비판하지만 대체로 알튀세르의 이데올로기론을 받아들인다. 그렇지만 지젝은 이데올로기가 사회 적대를 모호하게 하는 작용의 기초를 놓는다고 생각한다. 결국 지젝은 이데올로기의 여러 형태가 갈등할 가능성을 배제한다. 예를 들어 부르주아 이데올로기와 프롤레타리아 이데올로기가 충돌하는 가능성을 고려하지 않는다. 지젝에 따르면, 현실 적대를 옹호하는 자와 이데올로기를 옹호하는 자만이 계속 싸울 것이다. 똑같이 알튀세르도 마르크스주의 과학과 이데올로기가 싸운다고 생각했다. 이 관점을 비판하면서 경쟁하는 이데올로기들도 싸울 수 있다고 사유한 철

학자가 있다. 랑시에르를 보라. Ranciere 1974.

3장

1 알랭 바디우, "The Subject Supposed to be a Christian", *The Adventure of French Philosophy*, ed. and trans. Bruno Bosteels (New York: Verso, 2012), 333쪽

2 슬라보예 지젝, 『무너지기 쉬운 절대성』(김재영 옮김, 인간사랑, 2004), 2쪽

3 슬라보예 지젝, 『죽은 신을 위하여』(김정아 옮김, 길, 2007), 7쪽

4 슬라보예 지젝, 존 밀뱅크, 『예수는 괴물이다』(박치현, 배성민 옮김, 마티, 2013), 240쪽

5 같은 책, 240쪽

6 같은 책, 287쪽

7 『죽은 신을 위하여』, 15쪽

8 『예수는 괴물이다』, 48-49쪽

9 『죽은 신을 위하여』, 24쪽

10 『예수는 괴물이다』, 96쪽

11 슬라보예 지젝, 『믿음에 대하여』(최생열 옮김, 동문선, 2003), 145-146쪽

12 『죽은 신을 위하여』, 90쪽

13 같은 책, 91쪽

14 『믿음에 대하여』, 47쪽

15 『죽은 신을 위하여』, 25쪽

16 『믿음에 대하여』, 89쪽

17 『믿음에 대하여』, 145쪽. 『예수는 괴물이다』, 38쪽

18 『믿음에 대하여』, 85쪽

19 『믿음에 대하여』, 165쪽

20 『예수는 괴물이다』, 106, 205쪽

21 지젝과 바디우가 언급한 "새 인간"과 기독교를 연결하는 이론적 작업이 있다. 그런데 이 작업의 배후에는 가부장제와 반유대주의가 도사리고 있다는 비판이 있다. 다음 글을 보라. Amy Hollywood, "Saint Paul and the New Man", *Critical Inquiry* 35 (2009): 865-876쪽

22 『믿음에 대하여』, 128-129쪽

23 같은 책, 138쪽

24 같은 책, 140쪽

25 『믿음에 대하여』, 150쪽. 『죽은 신을 위하여』, 70쪽. 『예수는 괴물이다』, 267, 291쪽. 헤겔을 통해 기독교를 "도착적으로" 읽는 작업을 해체주의 관점에서 비평한 글이 있다.

John D. Caputo, "The Perversity of the Absolute, the Perverse Core of Hegel, and the Possibility of Radical Theology," in *Hegel and the Infinite: Religion, Politics, and Dialectic*, ed. Slavoj Žižek, Clayton Crockett, and Creston Davis (New York: Columbia University Press, 2011), pp. 47–66.

26 『죽은 신을 위하여』, 66쪽

27 같은 책, 80쪽

28 같은 책, 69–70쪽

29 『프로이트, 종교의 기원』(이윤기 옮김, 열린책들, 2004), 3쪽

30 『죽은 신을 위하여』, 17쪽

31 같은 책, 128쪽

32 『프로이트, 문명 속의 불만』(김석희 옮김, 열린책들, 2004), 55쪽

33 『종교의 기원』, 72, 80쪽

34 『믿음에 대하여』, 4쪽

35 같은 책, 16쪽

36 『죽은 신을 위하여』, 130쪽

37 『예수는 괴물이다』, 252, 260쪽

38 『죽은 신을 위하여』, 39쪽

39 『믿음에 대하여』, 13쪽

40 Karl Marx, *Theories of Surplus Value*, vol. 3 (Moscow: Progress Publishers, 1971), p. 448.

41 카를 마르크스, 『자본 I-1』(강신준 옮김, 길, 2008), 172쪽

42 『믿음에 대하여』, 99–100쪽

43 Alberto Toscano, "Beyond Abstraction: Marx and the Critique of the Critique of Religion," *Historical Materialism* 18 (2010): 13, 15.

44 『예수는 괴물이다』, 75쪽

45 같은 책, 59쪽

46 『믿음에 대하여』, 104쪽

47 『죽은 신에 대하여』, 71쪽

48 『예수는 괴물이다』, 76쪽

49 『믿음에 대하여』, 5쪽

50 같은 책, 8쪽

51 『죽은 신에 대하여』, 53쪽

52 같은 책, 171쪽

53 같은 책, 170쪽

54 『예수는 괴물이다』, 240쪽

55 프로이트, 『문명 속의 불만』, 45쪽

56 같은 책, 47쪽

57 León Rozitchner, *La Cosa y la Cruz. Cristianismo y Capitalismo (En torno a las Confesiones de san Agustín)* (Buenos Aires: Losada, 1997), 12쪽 로치너 책의 제목 *La Cosa y la Cruz*은 헤겔의 『법철학』에 나오는 유명한 구절을 살짝 변형한 것이다. 법철학에서 헤겔은 십자가형을 역사에 나타난 이성으로 보자고 제안한다. "이성을 현재의 십자가에서 피어난 장미로 인식하고, 현재에 기뻐할 수 있는 이 이성다운 통찰이 바로 현실과의 화해다. 개념 파악할 수 있고, 실체적인 것 속에서 주관적인 자유를 유지하면서도 동시에 특수하고 우연한 것이 아니라 즉자대자적인 것[절대적인 것]에서 주체적인 자유와 더불어 존립할 수 있기를 내적으로 요청하는 이들에게, 철학은 그와 같은 화해를 보장해준다." 헤겔, 『법철학』, 임석진 옮김, 한길사, 2008, 12쪽. 로치너는 헤겔의 장미에 해당되는 단어인 la Rosa 대신에 프로이트가 말한 사물에 해당되는 Cosa를 사용한다. 로치너는 아우구스티누스 고백록을 검토하여, 정신분석적 접근법이 기독교가 약속한, 현실과의 화해를 얼마나 찢어놓는지 조사하려고 한다. 물론 지젝 자신이 제시한 논증을 이렇게 요약할 수 있겠다. 화해를 파괴하는 이런 행위는 기독교의 신에게서 이미 일어난다. 따라서 장미와 십자가를 언급한 헤겔은 이미 기독교의 도착적 중핵을 가장 훌륭하게 표상한다.

58 León Rozitchner, *La Cosa y la Cruz*, 9쪽. 보스틸스는 이 주제를 더 상세히 논의한다. Bruno Bosteels, "Are there any Saints Left? León Rozitchner as a Reader of Saint Augustine," *Cities of Men, Cities of God: Augustine and Late Secularism*, ed. Leo Russ, special issue of *Polygraph: An International Journal of Culture and Politics* 19–20 (2008): 7–22.

59 Rozitchner, *La Cosa y la Cruz*, 10쪽

60 같은 책, 11쪽

61 León Rozitchner, "La cuestión cristiana," in *Volver a "La cuestión judía,"* ed. Esteban Vernik (Barcelona: Gedisa, 2011), p. 199. 나는 『라틴 아메리카의 마르크스와 프로이트』의 4장과 5장에서 로치너 저작을 더 자세히 살폈다. 다음 책을 보라. *Marx and Freud in Latin America: Politics, Psychoanalysis, and Religion in Times of Terror* (London: Verso, 2012).

4장

1 슬라보예 지젝, 『잃어버린 대의를 옹호하며』(그린비), 314쪽

2 같은 책, 315쪽

3 지젝이 들뢰즈를 어떻게 비판했는지 잘 알려져 있다. 『신체 없는 기관』을 보라. 지젝은 최근에 들뢰즈와 베르그송스러운 시간 개념을 대체로 긍정하면서 사용한다. 이것은 별로 논의되지 않았다. 이 논문에서 나는 지젝의 이런

모습을 대략 설명할 것이다.

4 들뢰즈, 『차이와 반복』(민음사), 183쪽

5 슬라보예 지젝, 『잃어버린 대의를 옹호하며』(그린비), 315쪽

6 Molly Anne Rothenberg, *The Excessive Subject: A New Theory of Social Change* (Cambridge: Polity), 185쪽

7 슬라보예 지젝, 『잃어버린 대의를 옹호하며』(그린비), 322쪽

8 슬라보예 지젝, 『잃어버린 대의를 옹호하며』(그린비), 324쪽

9 로텐버그는 집단 실천이 양성되면 이것이 일어날 것이라고 제안한다. 집단 실천 덕분에 집단은 가타리가 말한 "횡단하는" 관계를 자기 안에서뿐 아니라 타인과도 즐길 수 있다. 이렇게 하려면, 우리는 외밀함에 투여된 정서에서 물러나거나 그 정서를 막아야 한다. 지젝도 로텐버그의 제안에 거의 동의한다. 예를 들어 지젝은 미적이면서 의례 같은 행위는 혁명이 일어날 수 있는 자리라고 인정한다. 그러나 지젝은 우연성은 폭력이라고 생각할 수밖에 없다고 말하면서 존재론적 판단을 내린다. 내가 보기에 이 판단은 모호하며, 이것은 로텐버그에 대한 지젝의 인정까지 모호하게 만든다.

10 알랭 바디우, 『바그너는 위험한가?』(북인더갭), 158쪽

11 알랭 바디우, 『바그너는 위험한가?』(북인더갭), 156쪽

12 같은 책, 158쪽

13 같은 책

14 「파르지팔」이 이야기를 끌고 나가는 역학을 고려할 때, 쿤드리Kundry는 실패한 예식을 보여주는 증상이다. 예를 들어 쿤드리는 신비스럽고 위치를 정할 수 없다. 한편으로 순수하고 한편으로 죄가 있다. 자유와 진리를 추구하는 유토피아스러운 남성 형제애 안에 있으면서도 밖에 있다. 바디우는 이렇게 제안한다. 쿤드리가 이렇게 위치를 정할 수 없는 인물이라면, 이것은 역사에서 자신이 예식으로 변형되지 않으려고 저항한다는 것을 뜻할 수 있다. 말하자면, 예식 자체가 불가능함을 뜻할 수도 있다.

15 알랭 바디우, 『바그너는 위험한가?』(북인더갭), 159쪽

16 질 들뢰즈, "그는 더듬거리며 말했다"(『비평과 진단』, 인간사랑, 2000, 107-114쪽)

17 슬라보예 지젝, *Living in the End Times* (London: Verso), 2010, 378쪽

18 이 구절은 슬라보예 지젝, 믈라덴 돌라르, 『오페라의 두 번째 죽음』(민음사, 2010)에 나오지만, 지젝 전체 저작에 걸쳐 두루 등장한다. 이 구절이 나오는 책은 너무 많아서 여기에 다 적을 수 없다.

19 지젝은 「파르지팔」의 실패 안에서 오히려 실패가 던지는 긍정적 메시지의 씨앗을 본다. 이 알맹이는 앞으로 반복될 수 있고 반복되어야 한다. 지젝은 「파르지팔」에 대해 다른 플롯을 상상해볼 수 있다고 말한다. 예를 들어 「파르지팔」은 쿤드리를 다시 데려오고 남자만 참여하는 Grail 의례를 폐지하며

남자와 여자의 균형을 회복하여 땅의 생산성을 복구한다. 그러나 지젝은 이런 "포이어바흐"다운 플롯은 거짓이라고 단정한다. 적어도 그 플롯은 완성도가 떨어진다. 에로스는 사랑의 능력을 인정할 수 있지만 아가페의 능력을 인정할 순 없기 때문이다. 사랑은 법에 저항할 때 잠시, 즉각적으로 저항할 수 있다. 반면 아가페는 법을 완전히 취하여 완전히 대체해버릴 수 있다. (발문: 슬라보예 지젝, 알랭 바디우, 『바그너는 위험한가』(북인더갭, 2012), 222쪽)

20 지젝은 예전과 예식을 긍정적으로 평가하는데, 이때 지젝은 제임슨이 『시간의 씨앗』에서 제시한 견해를 따른다. 혁명이 일어난 다음에 이어질 삶을 기술할 때 지젝은 제임슨에게서 아이디어를 얻는다. 혁명 이후의 삶에는 괴짜가 넘쳐난다. 괴상하고, 신경증적이며, 분열증적인 활력이 삶의 곳곳에서 흘러넘친다. 하지만 이 활력은 정신 건강이란 삭막한 기준에서 벗어난 이상 현상이라고 더는 평가되지 않을 것이다. (373-376쪽) 지젝은 이렇게 단언한다. "공유된 의례가 있어야 개인이 번창할 수 있다." 마르크스 자신도 확신했듯이, "개인이 자유로울 때 모든 사람이 자유로워질 것이다."(377쪽)

21 슬라보예 지젝, 『잃어버린 대의를 옹호하며』(그린비), 314쪽

22 슬라보예 지젝, *Living in the End Times* (London: Verso), 2010, 377쪽

23 베르토프Vertov에 대해 지젝은 이렇게 쓴다. "여기서 눈과 응시는 서로 충돌하지 않는다. 의심도 없고, 기만하는 현상을 꿰뚫고 숨겨진 진리나 본질을 찾으려고 애쓰지 않는다." 지젝은 앨트먼 감독을 가리켜 베르토프의 요약본이라고 말한다. 예를 들어 앨트먼 감독이 만든 「숏컷」은 분명 어둡고 세상을 한탄한다. 그런데 「숏컷」에서는 "아직 의식되지 않은 현실"이 실재한다고 지적하며, 이 현실을 자유로운 공간으로 규정한다. 마찬가지로, 들뢰즈와 가타리도 카프카가 제시한 우주를 다음과 같이 해석한다. "찾기 힘든 초월적 중심이 부재한다는 사실이 오히려 여러 경로와 변형이 있음을 폭로한다."(여기서 초월적 중심은 성과 법정, 신을 가리킨다.)

24 슬라보예 지젝, 『잃어버린 대의를 옹호하며』(그린비), 321쪽

25 발문: 슬라보예 지젝, 알랭 바디우, 『바그너는 위험한가』(북인더갭, 2012), 222쪽

26 발문: 슬라보예 지젝, 알랭 바디우, 『바그너는 위험한가』(북인더갭, 2012), 224-225쪽

27 같은 책, 225쪽. 지젝은 자신이 내세운 자유의 존재론을 견지하면서, "죽지 않은 자로 부활한 것"은 풍요로운 초자연적 삶으로 나타나지 않고 산 주검이란 과잉으로 나타난다고 생각한다. 신들의 죽음을 견뎌내고 살아남은 것은 불멸하는 생명이 아니라 산 주검Undeath이다. 산 주검은 주체성에 속하는 차원인데, 즐기라는 초자아의 명령을 통과해버린다. 지젝은 『마지막 때에 살아가기Living in the End Times』에서 이렇게 말한다.

"관념론자는 보통 '죽고 나서 영원한 생명이 이어지나요?'라고 묻는다. 유물

론자는 이 질문에 반박하면서 오히려 이렇게 묻는다. '죽기 전에도 생명이 있었나요?' 유물론자를 괴롭히는 문제는 이렇다. 나는 지금 정말 살아 있는 가? 나는 그저 생존에 급급한 인간 동물로서 식물처럼 살고 있는가? 나는 언제 살아 있다고 말할 수 있을까? 우리는 이 질문에 대해 정확하게 다음과 같이 대답해야 한다. 내가 내 안에 있는 '죽지 않은' 충동을 불러올 때, 나는 정말 살아 있는 것이다. 이것은 에릭 샌트너가 말한 '지나친 것too-much-ness'이다. 행동하는 자가 내가 아니라 '그것'이 나를 거쳐 행동할 때, 나는 절대자에 도달한 것이다. (기독교인은 '그것'을 성령이라고 부른다.)"

그러나 절대자가 그저 선험적 부정성이라면, 다시 말해 절대자가 존재의 직물을 존재 안에서 찢는 것을 뜻한다면, 당연히 이렇게 물을 수밖에 없다. '무엇을 위해서 존재의 직물을 찢는가? 이런 부정성이 겨냥하는 목적은 무엇인가?' 기독교를 살펴보면 이 문제를 지젝이 어떻게 보고 있는지 분명해진다.

"아무것도 사랑으로 구원에 이르는 길을 보증하지 않는다. 구원은 그저 가능할 뿐이다. 여기서 우리는 기독교의 중핵에 도달한다. 말하자면 파스칼의 내기를 했던 자는 바로 신 자신이다. (…) 세세한 부분까지 신경을 쓰고 다스리는 것은 신적 행동과 거리가 멀다. 신적 행동은 새로 시작하도록 가능성을 열어젖히는 것이다. 신적 행동에 맞게 살아가는 것은 인간이 결정할 문제다. 신적 행동의 의미를 규정하고 그것을 위해 분투할지 인간이 결정해야 한다."

28 슬라보예 지젝, *Living in the End Times*(London: Verso), 2010, 87쪽.

29 같은 책, 387쪽.

30 마지막으로 나는 이렇게 주장하고 싶다. 우리가 논의해야 할 쟁점은 지젝이 기독교에 사로잡히는 특정한 방식이다. 지젝은 개신교의 주의주의를 긍정하면서도 가톨릭의 형식주의를 긍정한다. 그러나 이것은 모순이다. 지젝은 조금은 배신자처럼 행동한다. 예를 들어 지젝은 가톨릭의 보편주의를 긍정하면서도 신의 은총이 객관적 실체를 가지고 있다는 가톨릭의 교리를 부정한다. 그리고 개신교의 주의주의를 긍정하면서도, 구원은 확실하다는 개신교적 소망을 부정한다. 기독교에 대한 지젝의 견해가 결국 은유적이든, 유비적이든, 의식과 의례를 긍정하는 지젝의 생각에는 긴장과 갈등이 여전히 꿈틀댄다. (기독교의 구조는 해방 과정과 구조상 유사하다. 그리고 이 구조는 역사에서 형성된 기독교의 특수한 형태와 분리될 수 있다.)

5장

1 『나눌 수 없는 잔여』의 3장과 4장에서 지젝은 처음으로 양자역학을 나름대로 소화한다. (「라캉과 함께 양자역학을」을 보라.)

2 바디우는 스스로 열정적 유물론자라고 선언하면서, 존재론적 차이에 대한

하이데거식 해석에 의존할 수 있을까? 더구나 하이데거식 해석은 경험과학과 실험과학을 기반으로 하는 어떤 존재론도 거부하면서도 그것을 거부할 자격도 갖추지 않고 변증법도 무시한다.(2008a; 2011a: 110; 2011b; 2013)

3   혹은 17세기 철학자인 로버트 보일이 제시한 입자/기계론 철학을 다시 가리키며, "보일링 다운Boyling down"에 대해 이야기할 수 있겠다. (보일링다운은 boiling down을 뜻하는 것 같다. boiling down에는 졸이다, 졸아들다, 압축하다, 단축하다 라는 뜻이 있다 — 옮긴이)

4   한마디 덧붙이자면, 예나 시절 이후로 헤겔 사상은 이렇게 제안한다. 사상이 스스로 자신을 비판하게 될 때, 그런 비판만이 발전시킬 만한 가치가 있다.(1977: 9)

5   철학적 사변이 보여주는 곡예와 뒤틀기를 보려면, 헤겔이 "정신은 뼈"라는 골상학 판단을 어떻게 해석하는지 확인해보라. 헤겔이 보여준 해석의 공연을 지젝과 (그와 가까운 동료인) 믈라덴 돌라르는 높이 평가한다.(Johnston 2008b: 211-234)

6   그런데 지젝은 바로 앞에서 인용한 구절에서 창발 개념을 언급한다. 지젝도 나처럼 이 개념이 아르키메데스의 점이라고 알고 있다. 말하자면 자생적으로 변증법적 유물론스러운 감각을 가진 여러 생명 과학자가 이론을 만들 때 창발 개념을 아르키메데스의 점처럼 활용한다. 더구나 생명과학을 닮은 패러다임으로서 강한 창발론이 헤겔주의와 마르크스주의가 제시한 변증법과 일치할 때, 그 창발론은 어떤 형태의 양자 물리주의적 환원론도 허용하지 않고, (허용하지 않거나) 어디에나 통하는 자연 경제학으로서 특이한 보편성이란 대타자도 허용하지 않는다.

7   이것은 헤겔이 모든 것을 합리적으로 해명하는 범논리주의를 주장했다는 과장된 견해와 다르다. 또한 이것은 존재자와 존재론을 구분하는 하이데거적 생각에 계속 의존하는 바디우와도 다르다. 한마디 더 덧붙이자면, 지젝은 나의 질문에 답하면서 물리학에 고무되어 하이데거가 말하는 존재론적 차이를 의심한다. 지젝의 이런 태도가 일단 마음에 든다.

8   미세 분야에서 과학 탐구가 어떤 방향으로 발전하든, 진정한 유물론은 그 발전을 진지하게 다루어야 한다. 예를 들어 끈 이론이 과학적 근거를 충분히 제시할 때, 진정한 유물론은 끈 이론을 진지하게 탐구해야 한다.

9   이런 생각은 보통 자연을 조화롭고 통일된 스스로 일관된 전체로 표상한다. 자연은 모든 곳에 적용되는 법칙으로서 우리가 피할 수 없는 대타자라는 뜻이다.

10   셸링이 역능 개념을 중심으로 자연과 동일성을 논할 때, 헤겔은 셸링의 절대자가 "모든 젖소가 검게 보이는 밤"과 같다고 조롱했다.(헤겔 1977: 9) 일단 이 유명한 사실을 고려한다면, 지젝이 셸링의 개념인 "역능Potenzen"을 언급할 때, 지젝 역시 헤겔에게 똑같이 비판받을 만한 행동을 한 것이다.

11 창발론과 신경가소성, 후생유전학 같은 생명과학의 자원 때문에 그렇게 된
    것이다. 이 자원들은 모두 기계론적이고 변증법을 따르지 않는 유물론이 전
    제하는 자연주의와 단절한다. 이 자연주의는 결정론과 일원론을 따른다.

12 조금 전에 관찰했듯이, 극복할 수 없는 실제 한계는 시간과 숫자를 고속 처
    리하는 능력과 상관이 있다. 그런데 인간과 생명체가 거주하는 세계와 양자
    세계 사이에 존재하는 유사성에 실체를 부여하여 한 세계가 다른 세계로 환
    원된다고 주장하는 이론가들이 있지만, 극복할 수 없는 실제 한계 때문에
    이들의 주장은 미리 기각된다.

13 이런 사변은 지지하는 사고 틀인데, 이 사변의 최전선에는 헤겔의 절대 관
    념론이 잠복해 있는 것 같다. (헤겔의 객관적 실재론도 마찬가지다.)(Johnston
    2011c; 2014)

14 이 지점에서 논점을 분명히 하고 혹시 모를 혼동과 오해를 미리 막기 위해
    내 주장의 근거를 밝히겠다. 예를 들어 내가 물리학보다 생물학을 우선시
    할 때의 근거는 두 가지다. 첫째, 생물학과 관련된 것이 양자물리학으로 환
    원된다고 가정하고 이 가정을 경험과학으로 증명하려는 시도는 현실에서 이
    루어질 수 없다. 시간과 계산 능력에 한계가 있기 때문이다. (나는 앞서 이것
    을 이미 관찰했다.) 둘째, 생물학과 관련된 것과 양자 물리적 현상 사이에 심
    층적 연속성이 있다고 전제해서는 안 된다. 원리를 고려할 때 그렇게 해서는
    안 된다는 말이다. (또한 내가 이미 보여주었듯, 지젝이 독일 관념론과 라캉주
    의 정신분석이 교차하는 지점에서 구성한 주체성 이론과 존재론의 핵심을 떠받
    치는 철학 원리들을 긍정한다면, 생물 현상과 양자 현상 사이에 심층적 연속성
    이 있다고 전제해서는 안 된다.) 오히려 타자 없는, 빗금 친 실재가 전제하는,
    과학에 영향받는 유물론과 이렇게 일자도 아니고 전부도 아닌 구도에서 유
    전적으로 생성되는 주체를 고려할 때, 우리는 철학적으로 다음과 같이 가
    정해야 한다. 생물학과 물리학은 서로 환원 불가능하며, 이 환원 불가능성
    을 완전히 인지하지 못하게 하는 제약이 있다. 이 제약은 그저 주체의 인식
    능력에 내재한 한계만을 뜻하지 않는다. 이 제약은 실제로 있는 존재론적 틈
    을 곧바로 가리키고 있다. 즉 물리와 생물 사이에 정말 존재하는 차이를 가
    리킨다는 뜻이다. 칸트와 헤겔도 이것을 주장한다. 칸트와 헤겔은 목적론을
    따르면서 스스로 조직되는 구조와 역학을 유기체의 특징으로 규정하면서
    유기체를 다른 물리 대상과 구분한다. 그리고 내가 보기에, 지젝도 자기주
    장이 일관되고 체계를 이루길 원한다면, 양자에 대한 사변을 결국 포기해야
    할 것이다. 그렇게 할 때, 지젝은 자신이 전제한 (헤겔과 라캉을 따르는) 존재
    론에 계속 충실할 수 있다. 여기서 한마디 덧붙이자면, 인간을 생각하는 주
    체로 보는 사상도 여전히 생물학과 상관이 있다. 우리가 합리적으로 사유할
    때 이런 연관성이 요구되며, 경험과학의 수준에서도 이 연관성을 뒷받침하
    는 근거는 확고하다. 반면 양자물리학과 생각하는 주체에 대한 이론 사이에

있다고 하는 연관성은 관심을 끌 만큼 흥미롭지만 여전히 우리가 상상한 것에 불과하다. (펜로즈가 이런 연관성을 주장하면서 논쟁을 불러일으켰지만, 그의 주장은 반박되었다.)

6장

1 폴 비릴리오는 이렇게 주장한다. "새로 생겨난 사회 피라미드"는 꼭대기에 CEO와 언론계, 관료들이 있고 밑바닥에는 소비자가 있다. 비릴리오는 교외 주택지구나 빈민가에서 사는, 전 세계의 다수의 인민에 주목한다. 하지만 비릴리오가 그런 세계에는 지식인이 있을 자리가 더는 없다.

2 자크 랑시에르, *The Night of Labor. The Worker's Dream in Nineteenth Century France*(1989)

3 샘 윈터는 "빈민가 생태학"을 분석하면서 도발적이고 다소 논쟁을 일으키는 주장을 한다. Sam Kwinter(2010)에서 윈터는 이렇게 논증한다. 윈터 자신이 말한 "제3의 생태학"을 이해하고 전유하는 것이 중요한 만큼, 빈민가 거주자도 주류 경제학에 꼭 필요하다. 빈민가 거주자도 주류 경제학과 상호작용한다.

4 적어도 프랑스 문화 연구를 수행한 독자는 『제르미날Germinal』에서 에밀 졸라가 표현한 것이 생각날 것이다. 이 소설은 루공과 마카르의 이야기인데, 프랑스 동북쪽에 있는 탄광촌 아래로 어두운 지하 갱도가 무수히 뻗어 있다. 여기 탄광촌에서도 앞으로 새 공동체가 세워질 거라는 기대가 피어오른다. 졸라가 살던 시대에 빠르게 자라나던 사회 모순과 자연환경의 모순은 졸라에게 기념비가 될 만한 대단한 소재였다. 하지만 지젝은 오늘날 빈민가는 세계 자본주의의 얽히고설킨 신경절 안에 생긴 혹이 될 거라고 예상한다.

5 Peter H. Raven, *Nature and Society: The Quest for a Sustainable World.* Washington, DC: National Academy Press, 2000.

6 지젝은 정신분석에 의존하지만 몸짓/의례적 행위gesture와 행위action를 구분하는 생각에도 의존한다. 사르트르는 전후에 쓴 정치 저작에서 몸짓과 행위를 정교하게 구분했다. 그리고 지젝이 말한 포함된 자 안에도 차이가 생긴다. 그 장소들에 자주 가는 소수와 그곳을 즐길 만한 여유가 없는 다수가 나뉜다.

7 오늘날 주류 정치의 모형은 '탈정치적 생명정치'다. 지젝은 「검열Censorship」이란 글에서 어떻게 이런 일이 벌어졌는지 예리하게 관찰한다. 탈정치적 생명정치는 이데올로기적 투쟁을 전문가 관리와 행정으로 대체하고 인간 삶의 복지를 규제한다. 지젝은 이렇게 결론을 낸다. 정치와 무관해진, 사회적으로 객관적 입장에 서 있는 전문가가 행정을 담당하고 이익을 조정할 때, 이것은 정치의 영점이다. 이런 상황에서 열정을 도입하려면 공포를 일으키

는 수밖에 없다.(II, 3)

8   강제 이주를 보여주는 사례가 있다. 예를 들어 나르마다강에 있는 사르다
르 사로바르 댐 아래로 다시 댐을 여러 개 건설할 때 피해를 입은 사람들이
있다. (아룬다티 로이는 이들의 이야기를 기록했다.) 그리고 캄보디아 메콩강
에 거주하는 사람은 톤레사프 호수의 물을 소모하고 있다. (마르그리트 뒤
라스는 한때 이 호수를 열렬히 찬양했다.) 양쯔강에 있는 삼협댐에 있는 사람
도 마찬가지다. 아랄해가 사라진 후에 (아프리카의) 차드 호수도 사라졌는
데, 이것 때문에 강제 이주가 일어났다. 하지만 강제적 대체 사례도 있다. 환
경에 더 적합한, 옛 농업으로 다시 돌아가는 사례가 있다. 지중해와 인도에
서는 물을 보관하고 나르는 옛 기술이 다시 사용되었다. 심지어 유럽의 라인
강을 따라 습지를 복원하는 사업도 한다.

9   샘 윈터도 비슷하게 결론을 내린다. Sam Kwinter(2010)

10   이런 연속성이나 연관성을 비판적으로 해석한 것을 보려면 에티엔 발리바르
의 글을 확인하라. Etienne Balibar's "Citizen- Subjects" in Eduardo Cardo-
no, Jean-Luc Nancy et al. eds, *Who Comes After the Subject?* New York:
Routledge, 1992.

11   지젝이 쓴 글과 강의 상당수가 온라인에 있다. 이 사실은 지식재산권 개념
을 뒤집는 데 도움이 된다.

12   지젝은 브뤼노 라투르와 여러 사상가가 제안한 연결망 개념을 은근히 비판
한다. 반면 네그리와 하트가 옹호한 연결망 개념을 공개적으로 비판한다.

13   지젝은 반복해서 미학에 의존하면서 새 정치에 대해 자기주장을 펼친다. 지
젝은 「자연의 불만」이란 글에서 아이스킬로스와 베케트를 거쳐 평등주의 정
의를 소개한다. 애스트라 테일러와 나눈 대화인 「생태학」에서 지젝은 쇠퇴
의 미학을 요구한다. 안드레이 타르콥스키가 감독한 「스토커The Stalker」는
쇠퇴의 미학을 보여주는 사례다. 지젝의 책인 『마지막 때에 살아가기』를 자
료로 삼아 제작한 VPROinternational의 대담에서 지젝은 우리가 "이미지
안에서 산다"고 선언한다.

14   지젝은 생태학적 재난에 대응하는 방법을 네 가지 제시한다. 지젝은 정보를
제공한 사람을 "공공의 영웅"이라고 부른다.(69)

15   지젝은 랑시에르가 베르토프를 연구하면서 지적한 주제를 시연한다. 영화
「카메라를 든 사나이」는 곧바로 공산주의를 실현한다. "공산주의에는 모든
운동과 모든 강도 가운데 존재하는 관계만이 존재한다. (⋯) 새 세상이 곧바
로 실현되기 (⋯) 운동이 보편적으로 교환되는 공산주의." (이 말은 랑시에르
가 쓴 *Les Ecarts du cinema*에 나온다.(Paris: La Fabrique, 2011) 41.)

16   슬라보예 지젝, *A travers le réel. Entretiens avec Fabien Tarby*. Paris:
Lignes, 2010.

7장

1   이 책을 편집한 편집자 두 분께 깊이 감사드린다. 그분들은 나의 글에 대해 논평을 하고 유익한 제안을 하셨다. 그래서 나는 논증을 다시 검토하고 분명하게 가다듬을 수 있었다.

2   하지만 Bjerre와 Laustsen이 지적하듯이, 폭동이 일어나자 이것을 말과 생각으로 다시 번역하려는 시도가 이어졌다.(Bjerre/Laustsen 2010: 113)

3   결국 이 사건은 파리 교외 거주자가 옛 프랑스 식민지 출신의 "시민"에게 점거당한 경우가 아닐까?

4   탈식민주의와 포스트모던 사유가 파농스러운 폭력에서 물러나고 심지어 그 폭력을 거부하는 사례는 호미 바하와 버틀러의 책에 나온다.(Bhaba 1999: 179-196), (Butler 2008: 211-231)

5   파농을 다룬 2차 문헌은 파농 사상에서 말하는 네그리튀드negritude를 그저 평범한 의미로 이해한다. 하지만 제임스 페니는 네그리튀드를 환상으로 규정한다. 나는 페니가 제시한 설득력 있는 논증을 따를 것이다.(Penney 2004: 49-67)

6   지젝은 과잉 동일시가 이데올로기를 비판하는 잠재력을 가졌다고 반복해서 강조한다. 과잉 동일시를 처음 설명한 지젝의 저작 가운데 하나를 보자.(지젝 1994: 72)

7   지젝 1993b: 202

8   네그리튀드를 이해할 때, 사람들은 "시의 영역에서 네그리튀드를 탁월하게 이해했다". 하지만 반식민지 정치의 핵심인 반란에 대해 네그리튀드 개념과 아이디어는 여전히 자동사로 남아 있다. (남아 있는 것이 분명하다.)(파농 2004: 157)

9   파농도 똑같이 아랍의 "과거" "유산"을 되살리려는 시도를 비판한다.(파농 2004: 151-152)

10   독일 민족 사회주의는 예술을 도구로 삼아 아리안 민족을 다시 일으켜 세우려 했다. 더구나 유고슬라비아 연방이 해체되면서 민족주의가 다양하게 부상했다. 지젝은 바로 이런 사회·정치적 배경 아래에서 민족이 사물로서 존재한다는 생각을 펼쳐나갔다. 또한 지젝은 세르비아와 크로아티아, 슬로베니아에서 민족주의를 지향하는 유미주의가 형성될 때 예술이 커다란 기여를 했다는 것도 지적한다. 오늘날 유럽의 극우 정치에서, 특히 오스트리아 극우 정치에서 (예술적) 민족은 사물로서 계속 존재하는데, 필자는 (예술적) 민족이 어떻게 사물로서 존재하는지 설명했다.(Vogt 2003: 83-101)

11   파농은 헤겔이 말한 주인과 노예의 변증법을 설명한다. 다음 글을 보라.(Ato Sekyi-Out 1996: 28-31; 58-64) (Gibson 2003: 29-41)

12   그러나 네그리튀드를 완전히 동질적 운동으로 이해하면 안 된다. 네그리튀

드를 내세운 운동들은 정치 영역에서 분명하고 확실하게 다르기 때문이다. 그래서 파농은 Senghor가 제안한 네그리튀드 개념을 단호하게 거부하지만 Cesaire가 내세운 전투적 네그리튀드 개념을 도입한다. 그런데 Senghor와 Cesaire가 제시한 네그리튀드 개념이 정치적으로 다르다는 사실을 사르트르의 작품인 「검은 오르페」에서 이미 확인할 수 있다.

13 파비오 비히와 하이코 펠트너는 해방에는 불가피하게 "피학적" 측면이 있다고 꼼꼼히 해명했다. 나도 이들이 설명한 "자신을 때리기"를 거의 받아들인다. 단지 이들의 논증은 영화 「파이트 클럽」만을 다루지만, 나는 반식민주의 투쟁이라는 정치 혁명적 상황이 이들의 논증을 이해하는 데 더 적합한 맥락이라고 생각한다.(Vhghi/Feldner 2007: 109-120)

14 요약하자면, 파농이 말한 "인민"은 대중주의populism에 포함되지 않는다. 혁명적, 반식민주 투쟁은 "인민"을 다시 개조하는 것을 뜻하기 때문이다. 혁명이 일어난 후에 "인민"을 이해할 때, 대중주의가 말하듯이 한쪽에는 "통일된" 동질적 "인민"이 있고, 다른 쪽에 "바깥의 적"이 있다는 식으로 이해하면 안 된다. 파농이 볼 때, "인민"은 사실 존재하지 않는다. 그래서 파농이 "민족의식"에 호소하는 정치적 주도권 확보 전략을 구사할 때, 파농은 존재론적 정체성 정치를 하자고 부추기는 것이 아니다. 물론 우도 월터는 파농이 그렇게 부추긴다고 주장했지만.(Walter 2001: 204)

15 Gibson 2003: 201

16 지젝에게 핵심 문제는 혁명을 일으키는 폭력을 정치적으로 조직하는 것이다. 여기서 나도 이것이 핵심 문제라고 강조했다. 그러나 이것은 발터 벤야민이 말한 "신적 폭력"을 지젝이 불러들인 것을 내가 조금 덜 강조했다는 뜻도 된다. 나의 태도가 조금은 오해를 불러올 수도 있겠다. 지젝은 이렇게 주장한다. "신적 폭력을 실제로 여기 존재하는 역사 현상과 과감하게 동일시해야 한다. 그리고 신적 폭력을 신비스럽게 파악하려는 반계몽주의적 태도를 피해야 한다."(지젝 2008: 167) 하지만 라인하르트 헤일이 지적하듯이, 지젝이 내놓은 실제 사례가 늘 설득력이 있지는 않다.(Heil 2010: 116) 그래서 나는 혁명적 폭력이 어떻게 정치 조직의 구조로 변형될 수 있는지 레닌주의 노선에 따라 탐구하는 것에 더 비중을 두는 편이다.

17 지젝 2011c: 56-57

18 여기서 지젝은 확실히 레닌에게 의지하고 있다.

19 Vogt 2011: 155-208

20 이것은 호미 바바가 내놓은 주장이다.(Bhaba 1999: 191) 깁슨은 파농의 인본주의를 무척 다르게 설명한다.(Gibson 2003: 188-205)

21 지젝은 반인간주의와 인간 안에 있지만 인간을 능가하는 것에 대해 논의한다. 다음 책을 보라.(지젝 2006a: 337-342)

22 물론 바디우는 사르트르와 푸코를 나란히 비교하면서, 미셸 푸코를 급진적

반인간주의 사상의 대표 주자로 인용한다.

23 지젝은 "유럽중심주의"를 선전한다는 비난을 계속 받고 있다. 지젝 자신도 "진보적 유럽중심주의"를 지지한다고 때때로 선언한다.(지젝 1999: 205-212) 그러나 사태가 그렇게 단순하지는 않다. 최근에 나온 지젝 저작은 "유럽" 바깥에서 일어난 정치 사건들을 반복해서 검토하는데, 지젝은 "유럽의" 이론을 전유하면서도 그것의 권리를 박탈해버리지 않는가? "유럽의" 이론과 정치가 "유럽 바깥의" 사유와 실천에 의해 중층 결정된 방식에 지젝이 더 관심을 기울이고 있는 것은 아닐까? 그래서 "아이티 혁명이 유럽에 대해 가지는 의미"를 제대로 파악하지 못하면 헤겔의 혁명 개념을 온전히 인식하지 못하는 것이 아닐까?(지젝 2009b: 121) 이런 맥락에서 지젝은 벅 모스의 논제에 동의하면서 분명하게 강조한다. "유럽을 고려하지 않고 아이티를 이해할 수 없듯이, 아이티를 고려하지 않고 유럽이 일군 해방의 범위나 한계를 이해할 수는 없다."(지젝 2009b: 121)

8장

1 에르네스토 라클라우는 레닌을 반복하자는 지젝의 요청을 비난하면서 이 요청은 일당 정치체제와 프롤레타리아 독재를 다시 감행할 위험이 있다고 걱정한다. 그러나 지젝이 제안한 약한 형태의 "긍정적 마르크스주의"는 레닌을 반복할 때 정확히 무엇을 반복하는지 선험적으로 규정하는 것을 거의 불가능하게 만든다. 나도 본문에서 그렇게 논증할 것이다. 따라서, 지젝이 행위를 개념적으로 규정할 때 바디우가 말한 사건이 강조된다. 지젝이 라클라우에게 어떻게 대답하는지 보려면 『잃어버린 대의를 옹호하며』에 나오는 "레닌주의자의 몸짓"을 읽어보라.

2 10월 혁명의 역사와 10월에 곧바로 혁명을 해야 한다는 레닌의 놀라운 요구를 보려면, 라비노비치(1976)를 보라.

3 지젝은 마르크스의 구분을 되살려내자고 요청한다. 마르크스는 "객관적" 사회 범주인 노동계급과 주관적 입장인 (칸트식으로 말해) "자신을 위한/대자적" 계급인 프롤레타리아를 구분한다.(지젝 2002: 336) "오늘날 [노동계급의] 자리를 점유하면서 프롤레타리아라고 스스로 의식하는 자는 누구인가? 그렇게 의식할 수 있는 자는 누구인가?"라고 지젝은 묻는다. 나는 애매하지 않게 답할 수 있다. 차별받는 탈식민지 주체가 바로 그런 주체다.

4 지젝은 나치가 저지른 집단수용소를 통한 인종학살을 지적하면서 바가바드기타에 나오는 무사noninvolement 교리에 책임이 있다고 강박적으로 반복한다. 아베이세크라는 지젝의 이런 사고방식이 분명 언짢았을 것이다. 지젝이 보기에 관심을 버리고 행위하라는 무사 교리는 "가스실에 있는 유대인을 불태우는 행위를 정당화한다".(Abeysekara 2008: 81에서 인용)

5 슬럼에 내재한 혁명적 잠재력을 훨씬 비판적으로 분석한 이론가가 있다. 데이비스는 빈민가에서 부흥하는 종교를 반동적 정치세력의 주류로 본다. 그리고 데이비스는 빈민가 거주자는 저항보다 생존에 더 신경 쓴다고 믿는다. 데이비스는 계속 이렇게 쓰고 있다. "견디기는 혁명적이기보다 보수적이다." (데이비스 2006: 18, 35)

6 여기서 지젝이 빈민가favelas에서 부상하는 종교 근본주의를 승인한 것과 헤즈볼라 같은 이슬람 근본주의 운동을 비판한 것을 대조해봐야 한다. 바디우의 용어로 말하자면 헤즈볼라는 자신의 "종교 특수성"에 매여 있다. 지젝은 빈민가의 종교 근본주의는 민주주의의 직접 통치력을 매개할 능력이 있다고 보지만, 헤즈볼라는 "자본주의적 신제국주의와 세속적 진보를 구별하지 못하게 할 뿐"이라고 본다. 예를 들어 헤즈볼라가 세운 이데올로기 공간에서 여성 해방과 동성애자의 권리는 서구 제국주의의 '타락한' 도덕을 보여줄 뿐이다. (지젝, "팔레스타인 사람들") 헤즈볼라는 "메자닌 정권"이 등장하도록 도운 선구자로 흔히 인정받는다. 지젝은 이 정권이 세속적 진보를 가로막는다고 비난하지만, 메자닌 정권은 정확하게 세속적 진보를 제공하고 있는 것 같다.

7 V. I. Lenin, *Collected Works* (Moscow: Progress Publischers, 1972), vol. 22, 357쪽. 이 저작집에서 인용한 글의 경우, 늘 이 저작집의 권수와 쪽수를 표기할 것이다.

8 혁명적 국제주의를 이끌어 갈 진짜 주체에 대한 레닌의 관점을 다시 구성할 때, 제3인터내셔널의 2번째 총회와 바쿠회의의 자료를 모으고 기록한 존 리들의 저작을 참고했다. 영과 케빈 앤더슨의 글도 보라.(Young 2001: 115-139), (Kevin Anderson 1995; 2003) 민족 문제에 대한 레닌의 관점을 논한 영과 앤더슨의 저작도 중요하다. (레닌의 관점은 헤겔 변증법을 기반으로 삼는다.) 레닌을 비판한 평자는 민족 문제라는 쟁점을 무시했지만, 영과 앤더슨은 이 쟁점에 다시 주목했다.

9 메자닌 체제를 더 알고 싶다면, Crawford와 Miscik를 읽어보라.(Crawford and Miscik 2010)

10 지젝은 휴고 차베스와 주앙 에보 모랄레스가 추구한 대중주의 정권을 칭찬하지만 지젝은 라클라우와 벌인 대중주의 논쟁의 틀을 가지고 그들을 평가한다. (정당한 권위의 이면에는 법이 "외설스럽게 무조건 자신을 내세우고 있음"을 인정할 때, 전체주의스러운 과잉이 존재할 수 있다.) "전체주의스러운 과잉"이 이미 늘 주권을 관통한다고 가정하면서 지젝은 이렇게 주장한다. 차베스와 모랄레스 정권은 권력의 전체주의스러운 과잉을 "자기 자리가 없는 자리 점유자"인 박탈당한 자에게 몰아주고, 지젝이 생각하는 "현대적 프롤레타리아 독재"를 실행한다.(지젝 2008b: 379) 그렇지만 이것은 지젝이 라클라우와 논쟁하면서 말한 내용에 불과하다. 민주적 선거를 명분으로 대타자를 중지

하고 대중주의로 빈자에게 헌신하는 것은 "단기적 실용적 타협"일 때만 효과가 있다. 지젝이 볼 때 이런 대중주의는 체계를 근본부터 바꾸지는 못한다. "권력을 정당화하는 진짜 행위자인 대중"은 여전히 대타자의 모양으로서 존재하기 때문이다. 그리고 무엇보다 대중주의는 "과격하게 개입하는 평등주의 논리"를 민주주의에 맞게 규제된 과정으로 정상화할 뿐이기 때문이다. 다시 말해, 대중주의는 자신이 "혁명적 민주주의 테러"가 되어 제도 안에서 기능하지 못했다.(지젝 2008b: 265, 266) 최근에 지젝은 차베스가 표방한 반미주의마저 비난했다. 지젝의 비판을 따르자면, 차베스의 반미주의는 무가베의 실패한 경제정책처럼 "계급 구분을 흐리게 하려고 인종 구분"을 착취하면서 인종 범주를 꺼내들고 옛 백인 식민주의자에게 책임을 떠넘긴다.(지젝 2010a: 385n36)

9장

1 다음 사이트에서 인용함. http://london.sonoma.edu/Writings/MartinEden/. (마틴 에덴, 한기욱 옮김, 한울, 1991)

2 헤겔의 『법철학』을 다음 사이트에서 인용함. http://www.marxists.org/reference/archive/hegel/prindex.htm.

3 다음 사이트에서 인용. http://marxists.catbull.com/archive/marx/works/1843/critique-hpr/index.htm.

4 G. K.Chesterton, *Orthodoxy*, San Francisco: Ignatius Press 1995, p. 116. (『정통』, 홍병룡 옮김, 상상북스, 2010)

5 Jean-Pierre Dupuy, *La marque du sacre*, Paris: Carnets Nord 2008.

6 See Claude Lefort, *Essais sur le politique*, Paris: Editions du Seuil 1986.

7 See Slavoj Žižek, *Looking Awry*, Cambridge (Ma): MIT Press 1991. (『삐딱하게 보기』, 김소연·유재희 옮김, 시각과언어, 1995)

8 Quoted from Stathis Gourgouris, *Does Literature Think?*, Stanford: Stanford University Press 2003, p. 179.

9 나는 벤자민 노이즈가 *The Persistence of the Negative*(Edinburgh: Edinburgh University Press 2010)에서 강조한 것에 완전히 동조한다. 노이즈는 "순수하게 철학" 개념인 부정성의 운명과 급진 정치가 겪은 전환과 급진 정치가 직면한 궁지가 연결되어 있다고 강조하고 이 연관성을 상세히 설명한다. 다시 말해, 부정성을 논할 때 정치는 절대 멀리 떨어져 있지 않다.

10 헤겔에게 남아 있는 반유대주의와 순수 차이를 사유하지 못하는 무능력이 연관 있다고 말해도 된다. 유대인은 유대인이란 정체성을 고집스럽게 붙든다. 헤겔은 유대인에게 느낀 불쾌감에 굴복하고 만다. 다른 민족은 역사가 진행되면서 정체성이 지양된다. 그러나 유대인은 여전히 같은 것을 반복하

는데, 헤겔은 바로 이 특성을 알아차리고 불쾌해진 것이 아닐까?

11 여기서 나는 프랑크 루다가 쓴 *Hegel's Rabble. An Investigation into Hegel's Phi-losophy of Right*(New York: Continuum 2011)에 기대어 말하고 있다.

12 나는 이 공식을 믈라덴 돌라르에게서 빌렸다.

13 Jacques Lacan, "Le troisieme," *Lettres d'Ecole freudienne de Paris*, No 16 (1975), p. 187.

14 Hegel에게서 인용, op.cit.

15 Ruda, op.cit., p. 132.

16 Op.cit., ibid.

17 Rebecca Comay, *Mourning Sickness. Hegel and the French Revolution*, Stanford: Stanford University Press 2011, p. 141. 이어지는 부분에서 페이지를 표기했다.

18 G. W. F. Hegel, *Lectures on the Philosophy of World History*, p. 26-27. (『역사철학강의』, 권기철 옮김, 동서문화사, 2008)

19 See Elisabeth Lloyd, *The Case of the Female Orgasm*, Cambridge: Harvard University Press 2006.

20 헤겔은 1830년에 죽었는데, 프랑스 혁명이 일어나고 한 해가 지난 때였다.

21 Quoted from Howard Zinn, *A People's History of the United States*, New York: HarperCollins 2001, p. 95. (『미국 민중사 1, 2』, 유강은 옮김, 이후, 2008)

1장

Adorno, Theodor and Horkheimer, Max (1979) Dialectic of Enlightenment. London: Verso. (『계몽의 변증법』, 김유동 옮김, 문학과지성사, 2002)

Althusser, Louis (1971) *Lenin and Philosophy, and Other Essays.* London: New Left Books. (『레닌과 철학』, 이진수 옮김, 백의, 1995)

Badiou, Alain (2007) *Being and Event.* London: Continuum. (『존재와 사건』, 조형준 옮김, 새물결, 2013)

_____ and Žižek, Slavoj. *Philosophy in the Present.* Cambridge: Polity, 2009. (『바디우와 지젝, 현재의 철학을 말하다』, 민승기 옮김, 길, 2013)

De Vos, Jan (2012) *Psychologisation in Times of Globalisation.* London: Routledge.

Foucault, Michel (1977) *Discipline and Punish: The Birth of the Prison.* Harmond-sworth: Penguin. (『감시와 처벌』, 박홍규 옮김, 강원대학교출판사, 1991)

Hegel, Georg Wilhelm Friedrich (1805-6) The Philosophy of Spirit (Jena Lectures 1805-6) Part I. Spirit according to its Concept, http://www.marxists.org/reference/archive/hegel/works/jl/ch01a.htm

Kojève, Alexandre (1969) *Introduction to the Reading of Hegel: Lectures on the Phe-nomenology of Spirit.* New York: Basic Books.

Lacan, Jacques (1973) *The Four Fundamental Concepts of Psycho-Analysis: The Seminar of Jacques Lacan, Book XI.* Harmondsworth: Penguin. (『자크 라캉

세미나 11』, 맹정현, 이수련 옮김, 새물결, 2008)

_____ (1988) *On Feminine Sexuality, The Limits of Love and Knowledge, 1972-1973: Encore, The Seminar of Jacques Lacan, Book XX* (trans. with notes by Bruce Fink). New York: Norton.

_____ (2006) *Écrits: The First Complete Edition in English* (trans. with notes by Bruce

Fink in collaboration with Héloïse Fink and Russell Grigg). New York: Norton.

_____ (2007) *The Other Side of Psychoanalysis: The Seminar of Jacques Lacan, Book*

XVII. New York: Norton.

Laclau, Ernesto (1996) *Emancipation(s)*. London: Verso.

_____ and Mouffe, Chantal (1985) *Hegemony and Socialist Strategy: Towards a Radical*

Democratic Politics. London: Verso. (『헤게모니와 사회주의 전략』, 이승원 옮김, 후마니타스, 2012)

Lasch, Christopher (1978) *The Culture of Narcissism: American Life in an Age of*

Diminishing Expectations. New York: Norton. (『나르시시즘의 문화』, 최경도 옮김, 문학과지성사, 1989)

Marx, Karl (1845) "Theses on Feuerbach," http://www.marxists.org/archive/marx/works/1845/theses/theses.htm

Monroe, Alexei (2005) *Interrogation Machine: Laibach and the NSK State*. Cam-bridge, MA: MIT Press.

Parker, Ian (2004) *Slavoj Žižek: A Critical Introduction*. London: Pluto.

_____ (2008) "Conversation with Slavoj Žižek about *Slavoj Žižek: A Critical Introduction*," *International Journal of Žižek Studies*, 2(3), http://Žižek-studies.org/index.php/ijzs/article/view/148/248.

Reich, Wilhelm (1975) *The Mass Psychology of Fascism*. Harmondsworth: Pelican.(『파시즘의 대중심리』, 황선길 옮김, 그린비, 2006)

Simmie, James and Dekleva, Joze (eds) (1991) *Yugoslavia in Turmoil: After Self-Management?* Pinter, London and New York.

Žižek, Slavoj (1989a) "Pathological Narcissus as a Socially Mandatory Form of Subjectivity," http://www.manifesta.org/manifesta3/catalogue5.htm, 1986.

_____ *The Sublime Object of Ideology*. London: Verso.

_____ (1993a) "Why are Laibach and NSK not Fascists?" in Inke Arns (ed.) (2003)

IRWINRETROPRINCIP: 1983–2003. Frankfurt: Revolver (pp. 49–50).

_____ (1999) *The Ticklish Subject: The Absent Centre of Political Ontology.* London: Verso.

_____ (2000) *The Fragile Absolute – or, why is the Christian legacy worth fighting for?* London: Verso.

_____ (ed.) (2002) *Revolution at the Gates: A Selection of Writings from February to October 1917: V. I. Lenin.* London: Verso.

_____ (2008a) *Violence: Six Sideways Reflections.* London: Profile Books.

_____ (2010a) *Living in the End Times.* London: Verso.

_____ and Douzinas, Costas (2010) *The Idea of Communism.* London: Verso.

_____ and Milbank, John (2009) *The Monstrosity of Christ: Paradox or Dialectic?* Boston, MA: MIT Press.

2장

Adorno, Theodor W. (1993) *Hegel: Three Studies,* trans. Shierry Weber Nicholsen. Cambridge: MIT Press.

Agamben, Giorgio (1993) *The Coming Community,* trans. Michael Hardt. Minneapolis: University of Minnesota Press. (『도래하는 공동체』, 이경진 옮김, 꾸리에, 2014)

Badiou, Alain (2000) *Deleuze: The Clamor of Being,* trans. Louise Burchill. Minneapolis: University of Minnesota Press. (『들뢰즈, 존재의 함성』, 박정태 옮김, 이학사, 2008)

Buck-Morss, Susan (2009) *Hegel, Haiti, and Universal History.* Pittsburgh: University of Pittsburgh Press. (『헤겔, 아이티, 보편사』, 김성호 옮김, 문학동네, 2012)

Deleuze, Gilles, and Félix Guattari (1987) *A Thousand Plateaus: Capitalism and Schizophrenia,* trans. Brian Massumi. Minneapolis: University of Minnesota Press. (『천개의 고원』, 김재인 옮김, 새물결, 2001)

Derrida, Jacques (1986) *Glas,* trans. John P. Leavey, Jr. and Richard Rand. Lincoln: University of Nebraska Press.

Hegel, G. W. F. (1952) *Philosophy of Right,* trans. T. M. Knox. London: Oxford University Press. (『법철학』, 임석진 옮김, 한길사, 2008)

_____ (1969) *Science of Logic,* trans. A. V. Miller. Atlantic Highlands, New Jersey: Humanities Press. (『대논리학』, 임석진 옮김, 지학사, 1982)

_____ (1975) *Logic: Being Part One of the Encyclopedia of the Philosophical Sciences,* trans. William Wallace. Oxford: Oxford University Press.

_____ (1977) *The Phenomenology of Spirit*, trans. A. V. Miller. Oxford: Oxford University Press. (『정신현상학』, 임석진 옮김, 한길사, 2005)

Johnston, Adrian (2008) *Žižek's Ontology: A Transcendental Materialist Theory of Subjectivity.* Evanston: Northwestern University Press.

Kant, Immanuel (1998) *The Critique of Pure Reason*, trans. Paul Guyer and Allen W. Wood. Cambridge: Cambridge University Press. (『순수이성비판』, 백종현 옮김, 아카넷, 2006)

La Berge, Leigh Claire (2007) "The Writing Cure: Slavoj Žižek, Analysand of Modernity." *The Truth of Žižek*, eds Paul Bowman and Richard Stamp. New York: Continuum. 9-26.

Lukács, Georg (1976) *The Young Hegel: Studies in the Relations between Dialectics and Economics,* trans. Rodney Livingstone. Cambridge: MIT P. (『청년 헤겔』, 김재기, 서유석, 이춘길 옮김, 동녘, 1987)

Marcuse, Herbert (1983) *Reason and Revolution: Hegel and the Rise of Social Theory*, 2nd edn. Atlantic Highlands, New Jersey: Humanities P. (『이성과 혁명』, 김태경, 윤길순 옮김, 중원문화, 1984)

Marx, Karl (1981) *Capital: A Critique of Political Economy, Volume Three,* trans. David Fernbach. New York: Penguin. (『자본 3-1, 2』, 강신준 옮김, 길, 2008)

Mouffe, Chantal (2005) *On the Political.* New York: Routledge.

Nancy, Jean-Luc (2002) *Hegel: The Restlessness of the Negative*, trans. Jason Smith

and Steven Miller. Minneapolis: University of Minnesota Press.

Rancière, Jacques (1974) "On the Theory of Ideology: Althusser's Politics." *Radical Philosophy* 7: 2-15.

_____ (2010) *Dissensus: On Politics and Aesthetics*, trans. Steven Corcoran New York: Continuum.

Rasmussen, Eric Dean (2004) "Liberation Hurts: An Interview with Slavoj Žižek." *Electronic Book Review* (July 1): http://www.electronicbookreview.com/thread/endconstruction/desublimation.

Rose, Gillian (1981) *Hegel Contra Sociology.* Atlantic Highlands, New Jersery: Humanities P.

Schmitt, Carl (1996) *The Concept of the Political*, trans. George Schwab. Chicago: University of Chicago Press. (『정치적인 것의 개념』, 김효전, 정태호 옮김, 살림, 2012)

Stavrakakis, Yannis (2007) *The Lacanian Left: Psychoanalysis, Theory, Politics.* Albany: State University of New York Press.

Žižek, Slavoj (1989b) *The Sublime Object of Ideology.* New York: Verso.

_____ (1991a) *For They Know Not What They Do: Enjoyment as a Political Factor.* New York: Verso.

_____ (1991b) *Looking Awry: An Introduction to Jacques Lacan through Popular Culture.*
Cambridge: MIT P.

_____ (1992) *Enjoy Your Symptom!: Jacques Lacan in Hollywood and out.* New York: Routledge.

_____ (1993b) *Tarrying with the Negative: Kant, Hegel, and the Critique of Ideology.* Durham: Duke University Press.

_____ (2000) *The Fragile Absolute, or, Why Is the Christian Legacy Worth Fighting For?* New York: Verso.

_____ (2003a) *Organs without Bodies: On Deleuze and Consequences.* New York: Routledge.

_____ (2003b) *The Puppet and the Dwarf: The Perverse Core of Christianity.* Cambridge: MIT P.

_____ (2006a) *The Parallax View.* Cambridge: MIT P.

_____ (2008a) *Violence: Six Sideways Reflections.* New York: Picador.

_____ (2008b) *In Defense of Lost Causes.* New York: Verso.

5장

Althusser, Louis (2006) "The Underground Current of the Materialism of the Encounter." *Philosophy of the Encounter: Later Writings, 1978-1987,* ed. François Matheron and Oliver Corpet, trans. G. M. Goshgarian. London: Verso, pp. 163-207. (『철학과 맑스주의』, 서관모, 백승욱 옮김, 새길, 1996)

Freud, Sigmund (1953-74) *The Standard Edition of the Complete Psychological Works of Sigmund Freud,* 24 vols., ed. and trans. James Strachey, Anna Freud, Alix Strachey, and Alan Tyson. London: Hogarth Press and the Institute of Psycho-Analysis.

_____ "The Uncanny." SE 17: 217-56. (『예술, 문학, 정신분석』, 정장진 옮김, 열린책들, 2003)

Hegel, G. W. F. (1970) *Phänomenologie des Geistes, Werke in zwanzig Bänden,* 3rd
edn., Eva Moldenhauer and Karl Markus Michel. Frankfurt am Main: Suhrkamp. (『정신현상학』, 임석진 옮김, 한길사, 2005)

_____ (1977) *Phenomenology of Spirit,* trans. A. V. Miller. Oxford: Oxford

University Press.

Johnston, Adrian (2007) "Slavoj Žižek's Hegelian Reformation: Giving a Hearing to *The Parallax View.*" *Diacritics: A Review of Contemporary Criticism* 37.1: 3–20.

＿＿ (2008a) "What Matter(s) in Ontology: Alain Badiou, the Hebb-Event, and Materialism Split from Within." *Angelaki: Journal of the Theoretical Humanities* 13.1: 27–49.120 Adrian Johnston

＿＿ (2008b) *Žižek's Ontology: A Transcendental Materialist Theory of Subjectivity.* Evanston: Northwestern University Press.

＿＿ (2010) "The Misfeeling of What Happens: Slavoj Žižek, Antonio Damasio, and a Materialist Account of Affects." *Subjectivity* 3.1: 76–100.

＿＿ (2011a) "Hume's Revenge: À Dieu, Meillassoux?" *The Speculative Turn: Con-tinental Materialism and Realism,* eds Levi Bryant, Nick Srnicek, and Graham Harman. Melbourne: Re.press, pp. 92–113.

＿＿ (2011b) "Repeating Engels: Renewing the Cause of the Materialist Wager for the Twenty-First Century." *Theory@Buffalo* 15: 141–82.

＿＿ (2011c) "Second Natures in Dappled Worlds: John McDowell, Nancy Cartwright, and Hegelian-Lacanian Materialism." *Umbr(a): A Journal of the Unconscious.* "The Work," ed. Matthew Rigilano and Kyle Fetter, pp. 71–91.

＿＿ (2012a) "'Naturalism or anti-naturalism? No, thanks – both are worse!': Science, Materialism, and Slavoj Žižek." *La Revue Internationale de Philosophie* 66, no. 261: 321–46.

＿＿ (2012b) "Slavoj Žižek." *The Blackwell Companion to Continental Philosophy,* 2nd edn., ed. William Schroeder. Oxford: Blackwell Publishing.

＿＿ (2012c) "Think Big: Toward a Grand Neuropolitics – or, Why I am not an immanent naturalist or vital materialist." *Neuroscience and Political Theory: Thinking the Body Politic,* ed. Frank Vander Valk. New York: Routledge, pp. 156–77.

＿＿ (2013) *The Outcome of Contemporary French Philosophy: Prolegomena to Any Future Materialism,* vol. 1: *The Outcome of Contemporary French Philosophy.* Evan-ston: Northwestern University Press.

＿＿ (2014) *A Weak Nature Alone: Prolegomena to Any Future Materialism,* vol. 2: *A Weak Nature Alone.* Evanston: Northwestern University Press, 2012b.

Lenin, V. I. (1972) *Materialism and Empirio-Criticism.* Peking: Foreign Languages Press. (『유물론과 경험비판론』, 박정호 옮김, 돌베개, 1992)

Schelling, F. W. J. (1936) *Philosophical Inquiries into the Nature of Human*

Freedom and matters connected therewith, trans. James Gutmann. Chicago: Open Court Publishing Company. (『인간 자유의 본질』, 한자경 옮김, 서광사, 1998)

Žižek, Slavoj (1996) *The Indivisible Remainder: An Essay on Schelling and Related Matters*. London: Verso.

_____ (2003a) *Organs without Bodies: On Deleuze and Consequences*. New York: Routledge.

_____ (2006a) *The Parallax View*. Cambridge: MIT Press.

_____ (2010c) *À travers le réel: Entretiens avec Fabien Tarby*. Paris: Nouvelle Éditions Lignes.

_____ (2010d) "Some Concluding Notes on Violence, Ideology, and Communist Culture." *Subjectivity* 3.1: 101–16.

_____ (2011a) "Reply to Adrian Johnston." *La Revue Internationale de Philosophie*.

6장

Balibar, Etienne (1998) *Droit de cite*. Editions de l'Aube. (『정치체에 대한 권리』, 진태원 옮김, 후마니타스, 2011)

_____ (1992) "Citizen-Subjects." *Who Comes After the Subject*, eds Eduardo Cardono and Jean-Luc Nancy. New York: Routledge.138 Verena Andermatt Conley

Bateson, Gregory (1975) *Steps to an Ecology of Mind*. New York: Ballantine. (『마음의 생태학』, 박대식 옮김, 책세상, 2006)

Conley, Verena Andermatt (1997) *Ecopolitics. The Environment in Poststructuralist Thought*. New York: Routledge.

_____ (2012) *Spatial Ecologies*. Liverpool: Liverpool University Press.

Cronon, William (1996) *Uncommon Ground*. New York: Norton.

Davis, Mike (1998) *The Ecology of Fear: Los Angeles and the Imagination of Disaster.* New York: Metropolitian Books.

Deleuze and Guattari (1987) *A Thousand Plateaus*, trans. Brian Massumi. Min-neapolis: University of Minnesota Press. (『천 개의 고원』, 김재인 옮김, 새물결, 2001)

Deleuze, Gilles (1995) *Negotiations*, trans. Martin Joughin. New York: Columbia University Press. (『대담 1972-1990』, 김종호 옮김, 솔, 1993)

Derrida, Jacques (2005) *Rogues: Two Essays on Reason*, trans. Pascale-Anne Brault and Michael Naas. Palo Alto: Stanford University Press.

Guattari, Felix (2000) *The Three Ecologies*, trans. Ian Pindar and Paul Sutton. New York: Continuum. (『세 가지 생태학』, 윤수종 옮김, 동문선, 2003)

Gould, Stephen, Jay (1999) *Rocks of Ages: Between Science and Religion and the Fullness of Life*. New York: Ballantine.

Hardt, Michael and Toni Negri (2000) *Empire*. Cambridge: Harvard University Press. (『제국』, 윤수종 옮김, 이학사, 2001)

_____ (2004) *Multitude: Democracy in the Age of Empire*. New York: Penguin. (『다중』, 조정환 외 2명, 세종서적, 2008)

Herzogenrath, Bernd, ed. (2009) *An (Un)likely Alliance: Thinking the Environment(s) with Deleuze/Guattari*. New York: Palgrave.

Kwinter, Sam (2010) "Notes on a Third Ecology." In *Ecological Urbanism*, eds Mohsen Mostafavi and Gareth Doherty. Baden: Lars Müller, pp. 84-95.

Malabou, Catherine (2007) *Les nouveaux blesses: de Freud à la neurologie, penser les traumatismes contemporains*. Paris: Bayard.

Malabou Catherine and Xavier Emmanuelli (2009) *La grande exclusion*. Paris: Bayard.

Morton, Tim (2005) *Ecology without Nature*. Cambridge, MA: Harvard University Press.

Parr, Adrian (2009) *Hijacking Sustainability*. Cambridge, MA: MIT Press.

Prigogine, Ilya and Isabelle Stengers (1984) *Order out of Chaos: Man's New Dialogue with Nature*. New York: Bantam Books. (『혼돈으로부터의 질서』, 신국조 옮김, 자유아카데미, 2011)

Rancière, Jacques (1989) *The Night of Labor. The Workers' Dream in Nineteenth Century France*, trans. John Drury. Philadelphia: Temple University Press.

_____ (1991) *The Ignorant Schoolmaster. Five Lessons In Intellectual Emancipation*, trans. Kristin Ross. Palo Alto: Stanford University Press. (『무지한 스승』, 양창렬 옮김, 궁리, 2008)

_____ (2011) *Les Écarts du cinéma*. Paris: La Fabrique.

Raven, Peter (2000) Nature and Society: The Quest for a Sustainable World. Washington, DC: National Academic Press.

_____ (2004) *Environment*. Hoboken, NJ: Wiley.

Roy, Arundhati (1999) *The Cost of Living*. New York: Modern Library. (『생존의 비용』, 최인숙 옮김, 문학과지성사, 2003)

Serres, Michel (1995) *The Natural Contract*, trans. Elizabeth MacArthur and William Paulson. Ann Arbor: University of Michigan Press.

Shiva, Vandana (2002) *Water Wars: Water Pollution and Profits*. Toronto: Between the Lines. (『물전쟁』, 이상훈 옮김, 생각의나무, 2003)

Žižek, Slavoj (2007b) "Liberal Utopia." Address. Athens, Greece. October 4. Web. April 10, 2011.

_____ (2008b) "Unbehagen in der Natur." *In Defense of Lost Causes.* New York: Verso, pp. 420–61.

_____ (2008c) "Nature and its Discontents." *Substance* 117,37.3: 37-72.

_____ (2011b) "Censorship Today: Violence or Ecology as a New Opium for the Masses." www.lacan.com/zizecology 1 and 2 htm. April 15.

_____ with Astra Taylor (2008d) "Ecology." *Examined Life: Excursions with Eight Contemporary Thinkers.* New York Zeitgeist Film, DVD.

_____ (2009a) "Ecology," ed. Astra Taylor. *Examined Life: Excursions with Eight Contemporary Thinkers.* Cambridge, MA: New Press, pp. 155–83.

_____ (2010a) *Living in the End Times.* New York: Verso.

_____ (2010b) "Living in the End Times." *Interview.* VPROinternational. March 11. Web. April 10, 2011.

_____ with Fabien Tarby (2010c) *A travers le réel.* Entretiens. Paris: Lignes.

_____ (2010e) "Are We Living in the End Times?" Interview with Riz Kahn. Al Jazeera. November 11, 2010. Youtube.com. April 1.

7장

Badiou, Alain (2002) *Ethics: An Essay on the Understanding of Evil,* trans. Peter Hallward. London and New York: Verso. Žižek and Fanon 157 (『윤리학』, 이종영 옮김, 동문선, 2001)

_____ (2003) *Saint Paul: The Foundation of Universalism,* trans. Ray Brassier. Stanford: Stanford University Press. (『사도 바울』, 현성환 옮김, 새물결, 2008)

_____ (2007) *The Century,* trans., with a commentary and notes, by Alberto Toscano. Cambridge UK: Polity. (『세기』, 박정태 옮김, 이학사, 2014)

Bhaba, Homi K. (1999) "Remembering Fanon: Self, Psyche, and the Colonial Condition," in *Rethinking Fanon: The Continuing Dialogue*, Gibson, Nigel (ed.) Amherst and New York: Humanity Books, pp. 179-96.

Bjerre, Henrik Joker and Laustsen, Cartsen Bagge (2010) *The Subject of Politics: Slavoj Žižek's Political Philosophy.* Penrith, CA: Humanities-Ebooks.

Buck-Morss, Susan (2009) *Hegel, Haiti, and Universal History.* Pittsburgh: Uni- versity of Pittsburgh Press. (『헤겔, 아이티, 보편사』, 김성호 옮김, 문학동네, 2012)

Butler, Judith (2008) "Violence, Nonviolence: Sartre and Fanon," in *Race After*

Sartre: Antiracism, Africana Existentialism, Postcolonialism, Jonathan Judaken (ed.) Albany: SUNY Press, pp. 211–31.

Dean, Jodi (2006) *Žižek's Politics*. New York and London: Routledge.

Fanon, Frantz (1967) *Black Skin, White Masks*, trans. from the French by Charles Lam Markman. New York: Grove Press. (『검은 피부, 하얀 가면』, 노서경 옮김, 문학동네, 2014)

_____ (2004) *The Wretched of the Earth*, trans. from the French by Richard Philcox, with commentary by Jean–Paul Sartre and Homi K. Bhaba. New York: Grove Press. (『대지의 저주받은 사람들』, 남경태 옮김, 그린비, 2010)

Gibson, Nigel (2003) *Fanon: The Postcolonial Imagination*. Cambridge, UK: Polity.

Heil, Reinhard (2010) *Zur Aktualität von Slavoj Žižek*. Wiesbaden: VS Verlag.

Penney, James (2004) "Passing into the Universal: Fanon, Sartre, and the Colo-nial Dialectic," in *Paragraph*, vol. 27, no. 3: 49–67.

Sekyo–Otu, Aro (1996) *Fanon's Dialectic of Experience*. Cambridge, MA and London: Harvard University Press.

Vighi, Fabio and Feldner, Heiko (2007) *Žižek: Beyond Foucault*. Hampshire and New York: Palgrave MacMillan.

Vogt, Erik (2003) *Zugaenge zur politischen Aesthetik*. Vienna: Turia + Kant.

_____ (2011) *Slavoj Žižek und die Gegenwartsphilosophie*, foreword by S. Žižek. Vienna: Turia + Kant.

Wolter, Udo (2001) *Das obskure Subjekt der Begierde. Frantz Fanon und die Fall-stricke des Subjekts der Befreiung*. Muenster: Unrast–Verlag.

Žižek, Slavoj (1993b) *Tarrying with the Negative*. Durham, NC: Duke University Press.

_____ (1994) *Metastases of Enjoyment*. London: Verso.

_____ (1999) *The Ticklish Subject*. London and New York: Verso.

_____ (2002) "Afterword: Lenin's Choice," in *Revolution At the Gates*: Žižek *On Lenin, The 1917 Writings*, ed. with an Introduction and Afterword by S. Žižek. London and New York: Verso, pp. 165–336.

_____ and Daly, Glyn (2004) *Conversations With Žižek*. Cambridge, UK: Polity.

_____ (2006a) *The Parallax View*. Cambridge, MA and London: MIT Press..

_____ (2008a) *On Violence*. London: Profile Books. 158 Erik Vogt

_____ (2008b) *In Defense of Lost Causes*. London and New York: Verso.

_____ (2009b) *First as Tragedy, Then as Farce*. London and New York: Verso.

_____ (2010f) "How to Begin from the Beginning," in *The Idea of Communism*,

Douzinas, Costas and Žižek, Slavoj (eds) London and New York: Verso, pp. 209–26.

_____ (2011c) "Welcome to Interesting Times!" Unpublished manuscript.

8장

Abeysekara, Ananda (2008) *The Politics of Postsecular Religion: Mourning Secular Futures.* NY: Columbia University Press.

Anderson, Kevin B. (1995) *Lenin, Hegel, and Western Marxism: A Critical Study.*Champaign, IL: University of Illinois Press.

_____ (2007) "The Rediscovery and Persistence of the Dialectic in Philosophy and in World Politics." In *Lenin Reloaded: Towards a Politics of Truth,* eds Sebastian Budgen, Stathis Kouvelakis, and Slavoj Žižek. Durham and London: Duke University Press, pp. 120–47.

Badiou, Alain (2010) *The Communist Hypothesis.* London: Verso.

Balibar, Etienne (2007) "The Philosophical Moment in Politics Determined by War: Lenin 1914–1916." In *Lenin Reloaded: Towards a Politics of Truth,* eds Sebastian Budgen, Stathis Kouvelakis, and Slavoj Žižek. Durham and London: Duke University Press, pp. 207–21. (『레닌 재장전』, 정병선 외 옮김, 마티, 2010, 323쪽)

Crawford, Michael, and Jami Miscik (2010) "The Rise of the Mezzanine Rulers." *Foreign Affairs,* 89,6 (Nov./Dec.): 123–32.

Davis, Mike (2006) *Planet of Slums.* London: Verso. (『슬럼, 지구를 뒤덮다』, 김정아 옮김, 돌베개, 2007)

Jameson, Frederick (2007) "Lenin and Revisionism." Budgen, Kouvelakis, and Žižek 59–73.

Johnston, Adrian (2009) *Badiou, Žižek, and Political Transformations: The Cadence of Change.* Evanston, IL: Northwestern University Press.

Laclau, Ernesto (2000) "Structure, History, and the Political." In *Contingency, Hegemony, Universality: Contemporary Debates on the Left* by Judith Butler, Ernesto Laclau, and Salvoj Žižek. NY and London: Verso, pp. 182–212. (『우연성, 헤게모니, 보편성』, 박대진, 박미진 옮김, 도서출판b, 2009)

Lenin, V. I. (1972) *Collected Works.* 45 vols. Moscow: Progress Publishers.

_____ (1969) *National-Liberation Movement in the East.* Moscow: Progress Publishers.

Rabinowitch, A. (1976) *The Bolsheviks Come to Power.* NY: Norton.

Riddell, John, ed. (1993) *To See the Dawn: Baku, 1920 – First Congress of the Peoples of the East*. NY: Pathfinder Press.

_____ ed. (1991) *Workers of the World and Oppressed Peoples Unite! Proceedings and Documents of the Second Congress, 1920*. 2 Volumes. NY: Pathfinder Press.

Young, Robert J. (2001) *Postcolonialism: An Historical Introduction*. Malden, MA: Blackwell. (『포스트식민주의 또는 트리컨티넨탈리즘』, 김택현 옮김, 박종철 출판사, 2005)

Žižek, Slavoj (1997a) "The Palestinian Question." Lacan.com. Web.

_____ (1997b) *The Plague of Fantasies*. London and NY: Verso.

_____ (1999) *The Ticklish Subject*. London and NY: Verso.

_____ (2000) *The Fragile Absolute, or Why the Christian Legacy is Worth Fighting For?* London: Verso.

_____ (2001) *On Belief*. NY: Routledge.

_____ ed. (2002) *Revolution at the Gate: Selected Writings of Lenin from 1917* by V. I. Lenin. London: Verso.

_____ (2006b) *The Universal Exception: Selected Writings*, vol. 2, eds Rex Butler and Scott Stephens. NY and London: Continuum.

_____ (2007a) "A Leninist Gesture Today: Against the Populist Temptation." In *Lenin Reloaded: Towards a Politics of Truth*, eds Sebastian Budgen, Stathis Kouvelakis, and Slavoj Žižek. Durham and London: Duke University Press, pp. 74–98.

_____ (2008b) *In Defense of Lost Causes*. NY and London: Verso.

_____ (2010a) *Living in the End Times*. NY: Verso.

**CURRENT PERSPECTIVES IN
ŽIŽEK STUDIES**

지젝,
비판적
독해

초판 인쇄 2021년 11월 15일
초판 발행 2021년 11월 22일

지은이 이언 파커, 토드 맥고원, 브루노 보스틸스, 조슈아 러메이,
에이드리언 존스턴, 베리나 앤더맷 콘리, 에릭 포크트, 자밀 카더, 슬라보예 지젝
옮긴이 배성민
펴낸이 강성민
편집장 이은혜
편집 진상원
마케팅 정민호 김도윤
홍보 김희숙 함유지 김현지 이소정 이미희 박지원

펴낸곳 (주)글항아리 | 출판등록 2009년 1월 19일 제406-2009-000002호
주소 10881 경기도 파주시 회동길 210
전자우편 bookpot@hanmail.net
전화번호 031-955-2696(마케팅) 031-955-1936(편집부)
팩스 031-955-2557

ISBN 978-89-6735-966-9 03100

잘못된 책은 구입하신 서점에서 교환해드립니다.
기타 교환 문의 031-955-2661, 3580

www.geulhangari.com